于丹《庄子》心得

于丹 著

北京联合出版公司
Beijing United Publishing Co., Ltd.

图书在版编目（CIP）数据

于丹：《庄子》心得 / 于丹著．—北京：北京联合出版公司，2016.12（2017.4 重印）
ISBN 978-7-5502-9179-9

Ⅰ．①于… Ⅱ．①于… Ⅲ．①道家 ②《庄子》—研究 Ⅳ．①B223.55

中国版本图书馆 CIP 数据核字（2016）第 256819 号

于丹:《庄子》心得

作　　者：于　丹
责任编辑：夏应鹏　李　红

北京联合出版公司出版
（北京市西城区德外大街 83 号楼 9 层　100088）
北京旭丰源印刷技术有限公司印刷　新华书店经销
字数：214 千字　700 毫米 ×980 毫米　1/16　印张：16.75
2016 年 12 月第 1 版　　2017 年 4 月第 2 次印刷
ISBN 978-7-5502-9179-9
定价：39.80 元

目录

contents

自2006年国庆长假在百家讲坛讲完《〈论语〉心得》之后，我又在2007年春节讲了《〈庄子〉心得》，2008年国庆讲了《〈论语〉感悟》。流光荏苒，再回首时，世界和人心都有了许多变化；而自万古观之，还是恒久不变的东西更多。

我的家也还是原来的模样。阳光灿烂的周末早晨，带着女儿一起读《论语》，我俩坐在沙发上，姥姥在餐桌旁翻着报纸，祖孙三代，一壶淡茶。女儿抱着一个洗旧了颜色的绒毛鸭子，书架在鸭子头顶，童声朗朗。一瞬间，我清晰地看见当初为讲《论语》备课时，这个当时还是簇新的绒毛鸭子也放在这个沙发上，不满一岁的女儿粉嘟嘟地坐在玩具堆里，和鸭子差不多大小，我常常开玩笑地对客人们说："会动的那个是我女儿。"

"妈妈，我能问你一个深奥的问题吗？"

我从恍神儿中被拉回来："什么问题？"

"这个世界公平吗？"

"不公平，孩子。"

"那，孔子在的时候就教人日三省乎己，治国道之以德，为什么到今天还有好人受冤枉？报纸、电视上还有那么多不公平？"

这真的是一个深奥的问题。

中国的今天不够公平，全人类的今天也不够公平，为了谋求最大公平而努力，人们一刻也没有停止过。大家都在寻找一种共同的公约默契，也都在本土寻求着各自的制度出路，问道自己的先贤，从自己的文化基因里探寻着这个民族安身立命的核心价值。孔子和庄子连始皇帝统一中国都不曾见到，他们更不知道互联网和众筹，但他们仍然是千古风尘之前，站在文明肇始之缘的那个坐标，他们的言语里藏着我们价值基因的秘密。尽管，孔子简约到述而不作，庄子汪洋恣肆到无端崖之辞，简与繁，殊途而同归。

“妈妈，那你说为什么孔子今天还能帮到我们？”女儿给姥姥送了杯茶，又从餐桌上端回一盘姥姥刚切好的水果。

“孔子肯定不能像‘百度作业帮’那样帮你找到直接的答案，他帮我们的是认清楚一些根本问题。”

“什么才是根本的问题？”

“你觉得《论语》里什么是根本问题呀？”

孩子想了想，清亮地背出“君子务本，本立而道生。孝弟也者，其为仁之本与”。

——为什么一个从小去教堂的西方孩子的惊叹词会是“Oh, My God”！而一个中国孩子绊个趔趄都会本能地喊“哎呀，我的妈呀”！中国传统家族中的信任几乎等于西方宗教中恒久的神——我搂着孩子的小肩膀，看着笑眯眯的老妈妈，满心感慨。

约定俗成的表现，大多来自文化基因。中国文化中强大的伦理性价值，也许就是我们今天安顿于仓皇万变中的不变之本。农耕时代的中国人，始终有份乡土中的默契：即使是不识文断字，也得通情达理，国有国法，家有家规，门风不正就会败家。从贵胄到平民，长幼有序，图的就是家和万事兴。

“妈妈，那咱们平时还说‘我的天哪’，这又为什么呀？”

“中国人的‘天’可不是简单的sky，这里有天道，有天时，人也得守着天良。想想老子怎么说人跟天地的关系来着？”

女儿会背“人法地，地法天，天法道，道法自然”，但是作为一个城里长大的孩子，她见过的庄稼还没有园林绿地多。

“妈妈，那你给我讲讲老子和庄子吧。”

“这个太难了，再长大点儿咱们再讲吧。”

“不难！妈妈你看大鹏鸟和蓬间雀的对话，还有庖丁解牛的故事我都知道！”

是啊，我们从小都知道的故事，却要用一生去参悟，越成长，越觉得参不透。写完《〈庄子〉心得》之后的这八年间，我看过多少蜗牛犄角里利益的厮杀纷争，听过多少蓬间雀对世相的议论，也看过了多少缄默不语的大鹏襟怀，始知摸索人间世的规则，比认清一头牛的骨骼肌理难得太多。

唯有敬畏。以一生的时光浸润在文化川流中，愿年华渐长，可以渐次接近文而化之的境界。

《周易》有言：“观乎天文以察时变，观乎人文以化成天下。”这种化育世道人心之“文”，也许才是中国文明生生不息的真正意义所在。

一代大儒汤一介先生，即使在恶疾缠身的最后时光里，也一刻都没有停下为“返本开新”的文化理想而努力。卷帙浩繁的《儒藏》，心血累积，一点点呈现出有序的模样。汤先生在一次疾病晚期住院化疗的前夜，研墨拂纸，写下“观乎人文以化成天下”，交由乐先生郑重转交于我，我将此作为先生的殷殷托付。我看到汤先生辞世前的最后一段录像，就是先生沉静坚定地又一次诵读了宋儒张载的名言：“为天地立心，为生民立命，为往圣继绝学，为万世开太平。”

返本问道，可以探寻孔子与庄子的精神气象，远在悠悠千古之前。

倘若我们后辈子孙真从他们的身上领悟了智慧，那是先贤文化血脉的传承；倘若我们偏执一端，一味忽略着甚至批判着他们，他们也依旧站在文明的滥觞之缘，不改缄默微笑。而开新宏愿，还靠更多愿意文而化之的天地之心。

流光无痕，人心有信。孔子称“人能弘道，非道弘人”。这份民族文化的初心一直还在，两千多年的浮沉，经历过太多坎坷困顿，但基因就是基因，但凡对这个民族文化有信、有爱的后辈子孙，总还是能从孔子、庄子的传世箴言中触摸到一团真气，从往昔中清晰辨识出中华文明的未来。

庄子何其人

庄子是诸子百家中一个重要的代表人物。他的文章气势磅礴，纵横恣肆；他的思想深邃宏阔，笼盖古今；他的寓言想象奇特，寓意深远；他的风格嬉笑怒骂，了无拘囿。

他看破功名，不屑利禄，甚至对于死亡，他也有着自己独到的见解。庄子到底是一个什么样的人呢？

今天我们来说一个人：庄子。

庄子这个名字被历代传诵。大家都知道庄子是一个“乘物以游心”，可以“独与天地精神往来”的人。他上穷碧落下黄泉，嬉笑怒骂，说尽天下英雄，但其实他的内心并不激烈。

在《庄子》这本书中，都是一些“谬悠之说，荒唐之言，无端崖之辞”。看起来漫无边际，但其中其实蕴含着大智慧。

我们关于庄子的生平能够知道的很少很少，最早有确切记载的就是司马迁的《史记》。庄子是战国时候宋这个国家的蒙地（今河南商丘东北）人。他曾经做过漆园小吏，相当于现在的保管员。他一辈子就生活在一个战国纷争、战乱频仍，而到处求贤若渴的一个时代里。他隐居不仕，终老天年，没有什么社会名分。

据推测，庄子生活的时间大概在公元前 369 年到公元前286年之间，当然也有一说到公元前275年。他具体的生卒年月更是无从知道了。

《庄子》这本书，被历代奉为经典。但是在所有的先秦经典中，它也许是最不带有经典意味的，它带给我们的是一种无边无际的奇思异想。

天地与我并生，而万物与我为一。
——《齐物论》

根据《汉书·艺文志》上的记载，《庄子》传世作品应该有五十多篇，但是到今天我们可以见到的，就只有三十三篇了。这就是晋代郭象整理出来、流传至今的《庄子》。其中"内篇"七篇，"外篇"十五篇，还有十一篇为"杂篇"。

现在我们能够确定的是，内篇一定是庄子所作，而外篇和杂篇有可能是他的门人、学生、朋友以及后世得到庄子思想真传的人写的一些文章。

所谓"天下熙熙皆为利来，天下攘攘皆为利往"。

人生在世，从古至今，很难看破的就是"名"与"利"这两个字。应该说，大家首先面临的就是利益的纷扰和诱惑，因为在这个世界上，人人都会面临经济的问题、生存的困窘。庄子也不例外。

庄子的生活是什么样的呢？从《庄子》里的故事，我们可见一斑，他的生活一直是相当贫困的。

《外物》篇里有这么一个故事。

庄周家里很贫困。有一天，家里穷得实在是揭不开锅了，等米下锅。他就去找监河侯借米。监河侯是当时专门管水利的一个小官，看河的，生活比他要好一点。

这个监河侯对他非常热情，说："好啊，我马上要去采地收税金，你等着我，一旦把税金全收上来，我一下就借给你三百金。”这个话说得很漂亮，三百金，这是多大的一笔钱啊！

庄子一听，“忿然作色”，气愤得脸色都变了，但他却给这个监河侯讲了一个故事。昨天我也从这个地方过，路上忽然听到有人叫我的名字。我四下看了一下，发现在路上大车轧出来的车辙里面，有一条小鲫鱼，在那儿跳呢。

我就问鲫鱼：“在那里干什么呢？”小鲫鱼说：“我是东海的水官，现在你要有一斗一升的水，就能救了我的命。”

我说：“好啊，我这就要去吴越那个地方，引来西江的水来救你。”

这小鲫鱼说：“你要这么说，不如早一点去卖鱼干的铺子里找我吧！”

你看，庄子虽然幽默而有涵养，但并不是一个衣食无忧、生活富足的人。他还要处处求人，等米下锅。

大家可能就奇怪了：这样一个人有什么资格逍遥游呢？一个人，当他衣食不足、难保温饱的时候，他怎么还能有更高的追求呢？

庄子是怎么看待自己的贫困的呢？在《山木》篇他又讲了一个故事。

有一天庄子去见魏王。他穿着补丁摞补丁的破衣裳，鞋子也没有鞋带，随便拿根草绳绑着，一副邋遢相。

魏王说：“先生，你怎么这般困顿啊？”

庄子回答说：“这是贫穷而不是困顿啊。读书人有道德理想而不能实行，这才是困顿啊。大王你没看见过跳跃的猿猴吗？它们在楠树、梓树和樟树这样的大树上攀援跳跃，唯我独尊，自得其乐，连善于射箭的后羿和逄蒙对它们也没有什么办法；但让它们身处荆棘丛中，它们就只能小心翼翼，胆战心惊，不敢乱跑乱跳了。这不是因为它们身体不灵便，而是处在不利的情势下，难以施展自己的才能啊。我现在就是生不逢时，要想不困顿，怎么可能呢？”

真正的仁人志士不怕生活上的贫困，怕的是精神上的潦倒。
——于丹心语

可见，庄子对自己身处的环境是有清醒认识的。真正的仁人志士不怕生活上的贫困，怕的是精神上的潦倒。

一个人可以困窘于贫困，但是他的内心是不是真正在乎这种贫困，对一个“利”字看得有多重，会决定他面对贫困的态度。

庄子自己对这个“利”字看重吗？他周围有的是有钱的人啊！他在《列御寇》篇又讲了一个故事。

就在他们宋国，有一个叫曹商的人。有一次他很荣幸地为宋王出使秦国。那个时候秦国是西部最强大的国家。

他走的时候，宋国只给他配备了几乘车马。曹商到了秦国，不辱使命，特别得秦王的欢心，回来的时候，秦王浩浩荡荡送了他上百乘的车马。

曹商回国以后，趾高气扬，对庄子说：“我这样一个人啊，要让我住在陋巷的破房子里，窘困地每天织草鞋度日，人也饿得面黄肌瘦的样子，要我这样生活，我估计我没有那能力。我的能力是什么呢？见到大国、强国的国君，讨得他的欢心，换来百乘车马这样的财富，这是我的长处啊！”

他夸耀完以后，庄子是什么态度呢？他淡淡地对曹商说："我听说这个秦王有病，遍求天下名医给他治病。能够治好他脓疮的人，就可以赏他一乘车马；能为他舔痔疮的，就可以赏他五乘车马。给他治的病越卑下，得到的车就越多。曹商啊，你去秦国给秦王治痔疮了吧？要不然你怎么能带回这么多车马啊？"

庄子的话，可谓极尽辛辣讽刺之能。同时也说明，"利"这个字是困不住庄子的心的。庄子的追求，已经远远超越了"利"，尽管他很贫穷。

说到我们今天，一个只拥有十块钱的人，他的快乐未必不如一个拥有亿万身家的人。手中有多少金钱，并不能决定它在你心里的分量。

在我们这个社会上，最快乐的人，既不是穷得叮当响的，也不是家财万贯、富比连城的，往往是那些由温饱到小康的这一批人。因为他们的生活还不至于过分窘迫，同时，他们也还不至于被财富束缚，为财富担忧。这些人是这个社会上的大多数，都属于有资格幸福的人。但是，幸福不幸福都在你的心里。

我有一个朋友，是做媒体出身的，后来开始从事房地产业，资产越做越大，事业越来越成功。他离开媒体的时候非常痛苦，因为媒体是他最喜欢的事业。但是为什么要去做房地产呢？他说："因为我要为我的家庭和将有的孩子负责，要给他们幸福的生活。所以，我违背我的心，我必须要有更多的金钱。"

他结了婚，有了一个非常可爱的儿子，钱挣得也很多

陈传席《高士图》(局部)

了，生活也应该挺好的。忽然，他告诉我，他要移民了，去一个很远很远的国家，而且是先让他的妻子带着孩子去，而他自己还要留在国内挣钱。我问他:“你那么喜欢你的妻子、儿子，为什么要搞得这么妻离子散的啊?”

他的回答大家可能想不到。他说:“以我们家现在的家产，这个孩子如果在国内上学的话，我每天都会担心孩子被绑架。所以，我要把他们送走。”

这就是我们身边的故事。利，真的是越大越好吗?

庄子把这些东西看得很淡了。利束缚不了他。为利辛苦，为利奔波，却丧失了自己很多的自由、很多的快乐，“心为形役”，太不值得了。

俗话说“雁过留声，人过留名”，破利不容易，破名就更难了，有多少人可能不为利所惑，却为名所累。即使一个高洁之士，也希望名垂青史。

那么，庄子是不是在乎名分呢？在高官美誉面前，庄子会采取一种什么样的态度呢？

名利名利，破名比破利还要难。很多人可以不为金钱所动，但是，却难过名这一关。

古往今来，有多少文臣武将一生追求的，就是死后追封的一个谥号，君王封他忠，封他孝，封他文，封他武，等等，等等。当这个谥号刻上墓志铭，大概生前的一切失落都在这一个永恒的墓碑上得到了补偿。

辛弃疾说："……了却君王天下事，赢得生前身后名。可怜白发生！"一生就这么过去了。

庄子在乎名吗？我们知道，庄子这个人好学深思，富有雄才大略，但是他不爱说。

庄子说："天地有大美而不言，四时有明法而不议，万物有成理而不说。"所以他不爱说什么。

《秋水》篇里记载了这么一个故事。

庄子有个好朋友，名叫惠施，人称惠子。惠施当时就是个天下有名的雄辩家。

惠子在梁国做宰相，庄子就去梁国看望他。当时就有人跑去跟惠子说："庄子这个人来这里，是要代替你做梁国宰相。"

那惠子一听，心里就害怕了，于是，就发动他手底下的人到全国去找庄子，一连找了三天三夜。他一定要找到庄子，千万不能让他直接见梁王，万一梁王真的把相位给他，自己怎么办呢？

庄子听说这个事，就自己直接去找惠子，说："南方有一只鸟，名叫鹓鸰。这鹓鸰从南海飞到北海，不是梧桐树它不停下来休息，不是竹子的果实它不吃，不是甜美的泉水它不喝。它是这样一只圣洁的鸟。有一只猫头鹰找到一只腐烂的老鼠，抬头看见鹓鸰刚刚飞过，就仰头看着，大喊一声：'吓！'惠子啊，你现在这么兴师动众地找我，是想用你的梁国来怒斥我吗？"

其实，这就是庄子眼中的名。梁国相位，在他看来，就是一个腐烂的老鼠。

也许有人说，梁国这么一个小国的相位，庄子可能也不在乎。其实，还有更大的相位送上门来的。

《秋水》篇里讲了这么一个故事。

大家知道，战国时期，楚国是个大国。那天，庄子正逍逍遥遥在濮水上钓鱼呢。楚王派了两个大夫去到庄子那里，毕恭毕敬地说："想要用我们国家的事劳烦先生您啊！"话说得很客气，就是想要请他出山为相，希望把楚国的相位授给他。

庄子手拿鱼竿，头也不回，说："我听说楚国有一只神龟，死了都三千年了，楚王还把它包上，藏在盒子里，放在庙堂之上。你们说，这只龟是愿意死了留下骨头被人尊贵呢，还是愿意活着拖着尾巴在泥地里爬呢？"

两个大夫回答："当然是愿意活着在泥地里爬啊！"

庄子说："那好吧，你们请便吧，让我拖着尾巴在泥地里活着吧！"

这就是庄子对送上门来的"名"的态度。

人心为什么有自由？因为人可以不在乎。人的一生只能被你真正在乎的事情拘束住。如果你不在乎，那么，还有什么可以束缚你？

在很多时候，人生的劳顿要先问一问目的是什么。也许有一个很高尚的回答，为了家人的幸福，为了单位的成功，为了贡献社会，等等。但是，背后潜在的动机是什么？我们每个人都问问内心：我们是不是给名和利在找一个堂而皇之的托词？人生的很多时候，我们就是因为被名利一步一步吸引着，陷进了一种无事忙的人生循环。

大家知道，人有时候会有一股无名火。你心里不痛快，可又不能跟别人说，于是一个小小的事情就可以点燃导火索，让这无名火轰然燃烧起来。

比如有一家公司，地位最高的是老板。老板因为某件事情不顺利，就随意指责呵斥下属："这个工作你为什么做不好？你的执行力为什么这么差？回去自己反省！赶紧写一份检查！明天你要加班，把这个事情做好！"

下属无话可讲，只能唯唯诺诺，点头称是。回家以后，这股无名火怎么办呢？就开始跟老婆喊："我辛辛苦苦在外挣钱，撑着这个家，让你能过这么好的日子。你呢？家没管好，孩子也没管好。你就让我过这样的生活吗？"把老婆臭骂一顿。

老婆只好点头哈腰，因为每个月要从丈夫手里拿钱。但是，心里又委屈，不平衡，无名火无处发泄，见到孩子进门，她就去训孩子："我为你这么辛苦，我这一生都付出了，如此操劳，你学习还不努力！你现在这个成绩，对得起我吗？”

孩子没头没脑挨一顿骂，心里愤怒，又不敢跟妈妈吵，回头就骂家里的小狗，一生气又把小狗给打一顿。

狗得听主人的，它也有无名火，等一出门，无名火就撒在野猫的身上，追着野猫要咬。

猫知道打不过狗，也只好忍气吞声，就拼命地到处去找耗子。只有在耗子的身上，猫的愤怒才能得到宣泄。

一个老板的愤怒跟一个耗子的委屈之间，到底有多少个环节呢？愤怒把他们联结在一起。

其实，我们每一个人心里都可能有无名火，我们真的想让自己平息吗？

是别人给我们这么多委屈呢，还是我们自己看不破名与利呢？

天下人为了名和利，熙熙攘攘，来来往往，其实都是心有拘囿。只要我们自己打破这个边界，我们才有可能达到一种自由和逍遥。

庄子生活贫穷，但他不在乎利；庄子思精才富，但他不在乎名。那么，他面对生死，又是什么态度呢？

很多人活着的时候，对“名”与“利”两个字看得最重。到了最后终极大限，名利可能不再重要了，还可以看得透，但是，生死那可就难以看透了。

红尘在世，庄子曾说过，“宁其生而曳尾于涂中”，活在泥塘里也比死了好啊。那么，庄子能看破生死吗？

庄子在《至乐》篇有这么一个著名的故事。

庄子的结发妻子先他而走了，他的好朋友惠子去吊唁。

到了他家一看，庄子正坐在地上“鼓盆而歌”，敲着盆在那儿唱歌呢。

惠子质问庄子：“你妻子为你生儿育女，现在老而亡故了，你不哭也就算了，却敲着盆在那儿唱歌，你也太过分啦！”

庄子就淡淡地对惠子说：“不是这样的啊！她刚走的时候，我心里怎么能不难受呢？但是我追本溯源，去观察最初的开始，人不都没有生命吗？没有生命就没有形体，没有形体就没有气息。生命又是怎么形成的呢？天地之间，若有若无之际，聚起来一股气息，气息逐渐变成形体，形体又孕育出了生命，人就是这样来的，现在生命又走向了死亡。这生老病死不就是跟春夏秋冬四季变化一样吗？现在我妻子又循着这条路回去了，此时此刻她在天地之间安安静静、踏踏实实地睡了，我却要在这里哭哭啼啼，不是太不懂生命的真谛了吗？”

看，这是亲人的死亡！庄子能够有这样一种坦然的欣慰，因为他参透了生命的真谛。

这种坦然的欣慰，在中国民间也能够看到。比如，民间讲究办喜事有两种，叫作红白喜事。嫁娶和生子，是红喜事，这是生命繁衍的开始，自然是一桩喜；寿终天年，为老人送行，是白喜事，也是一桩喜。

所谓红白只是生命的两端，红是生命来临之前的迎接，白是生命寂灭之后的相送。生与死之间，不过是一种生命形态的转化。

如果我们真的具有庄子这样的心态，也许我们会少了很多的牵绊和苦楚。但是，生老病死，人生极多忧苦坎坷，一旦自己骤然面临生死，我们能坦然面对吗？

那么，庄子是怎么看待自己的死亡的呢？庄子在《列御寇》篇中讲了这么一个小故事。

庄子快死了的时候，他的很多学生就商量，老师如果真的死了，我们一定要厚葬他。就是要好好安葬他，礼仪用品一定要豪华。

庄子听了，跟他的学生们说，他死了以后，要“以天地为棺椁，以日月为连璧，星辰为珠玑，万物为赍送”。这广大天地就是我的棺材，日月星辰就是我陪葬的珠宝，天下万物就是送我的礼物。

这是多么奢侈的葬礼啊！这是多么宏大的气魄啊！

实际上，庄子的意思就是，你们不要搞什么厚葬啦。我不要棺材，不要陪葬，不要礼物，你们就直接把我扔在旷野里，交给天地自然就行了。

学生们显然很为难。他们大概以为老师快死了说胡话吧。想来想去，他们还是要劝劝老师，就说：“老师啊，要这样，我们怕乌鸦、老鹰把你吃了。还是做个棺材埋在地下吧。”

庄子说：“把我放旷野里，乌鸦、老鹰要吃我；把我埋在地下，那些蚂蚁也要吃我。你抢下乌鸦、老鹰的口粮，喂给地下的蚂蚁吃，干吗这么偏心呢？”

这个回答是那么豁达和幽默。形体归于天地，生死归于自然。这就是庄子对自己的形体和生死的看法。

我们社会上现在有很多抗癌俱乐部，有很多的抗癌明星。过去一听说人得了癌症，那几乎就是判死刑的同义词。可是现在很多癌症患者还能活很多年，为什么？就是因为他们的内心乐观豁达，不惧怕死亡，所以才可能战胜死亡。

其实庄子从来就是一个不惧怕死亡的人。他不惧怕的方式就是“乐生”这两个字，也就是说，活得好比怕死要强得多。

这个观点跟儒家的思想不谋而合。孔夫子回答他学生关于死亡的问题时，回答了六个字：“未知生，焉知死？”人活还没有活明白呢，干吗去想死亡的事呢？在这一点上可以说儒道相通。

孔子给我们揭示的是一种温暖的情怀和一种朴素的价值，就是“活在当下”。人活在当下，在当下看破了名，穿透了利，不惧生死，那么，我们的心灵将拥有一个多大的空间、一份多大的境界啊！

人活在当下，在当下看破了名，穿透了利，不惧生死，那么，我们的心灵将拥有一个多大的空间、一份多大的境界啊！

——于丹心语

可以说，庄子在他的这本书里，留下了很多隐约的生活的影子。这里面有很多判断跟儒家彼此呼应，只不过儒家所看重的永远是大地上圣贤的道德，永远是人在此生中建功立业的信念；而道家看重的永远是更高旷的苍天之上的精神自由，永远是人在最终成全以后的超越。

中国的儒家思想在社会这个尺度上，要求人担当；但道家思想在生命层面上，要求人超越。担当是我们的一份社会职责，超越是我们的一个生命境界。所以，从这个意义上讲，看过《庄子》中的很多故事，会通达他的一套生命哲学，这不是简单的积极或消极，而是在我们生命的不同体系上给我们建立起来的一套参照系统。

人生至高的境界就是完成天地之间的一番逍遥游，也就是看破内心重重的樊篱障碍，得到宇宙静观天地辽阔之中的人生定位。

——于丹心语

以庄子的话说，人生至高的境界就是完成天地之间的一番逍遥游，也就是看破内心重重的樊篱障碍，得到宇宙静观天地辽阔之中的人生定位。

在这样一个浩瀚的坐标系上，让人真正成为人，让我们的内心无所拘囿，让我们风发扬厉，成为理想中的自己。

让现实中种种的窘困只在当下，可以看破，而在永恒生命的引领上，有这样一番逍遥游的境界，值得我们每一个人永远去追寻。

境界有大小

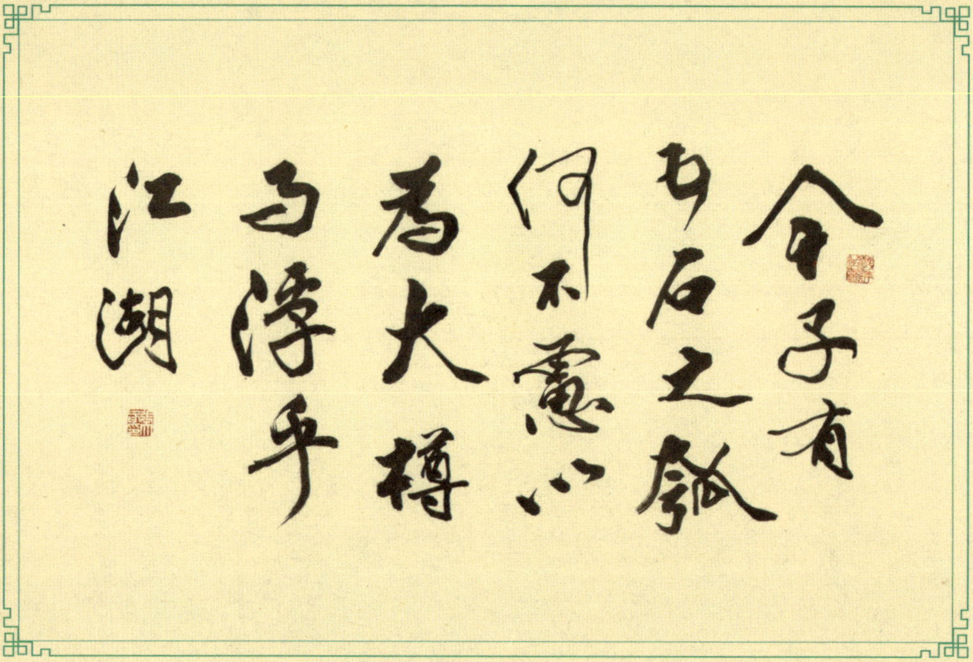

庄子用许多寓言故事告诉我们：一个人境界的大小决定了对事物的判断，也可以完全改变一个人的命运。

站在大境界上，就会看到天生我材必有用。而站在小境界上，只能一生碌碌无为。

那么，我们应该怎样区别境界的大小？又如何才能达到那个大境界？

在《庄子》的《逍遥游》篇中，有一个核心的命题，就是，什么是大？什么是小？

《逍遥游》无限地拓展了我们的想象空间，告诉我们，世间的大，远远超乎我们的想象；世间的小，也同样远远超乎我们的想象。因为真正的大与小不仅仅在眼界之中，还在人的心智之中；它绝不单纯是一种文学描写中的境界，更多的时候，它表现为生活里面很多实用的规则。也就是说，人的这一生，小大之境应用不同，会带给你不同的效果、不同的人生。

大家都知道惠施和庄子是好朋友，两人之间有很多对话。《庄子》中写到这样一个故事。

有一天，惠子找到庄子，说：魏王给了我一颗大葫芦籽儿，我在家就种了这么一架葫芦，结果长出一个大葫芦来，看起来很丰硕饱满，有五石之大。因为这葫芦太大了，所以它什么用都没有。用它去盛水的话，那个葫芦皮太薄，

“其坚不能自举”，要是盛上水，往起一拿它就碎了。我要是把它一劈两半，用它去盛什么东西都不行。想来想去，葫芦这个东西种了干什么用呢？不就是最后为了当容器，劈开当瓢来装点东西吗？结果什么都装不了了。所以惠子说，这葫芦虽然大，却大得无用，把它打破算了。

庄子说：“你真是不善于用大的东西啊！”于是给他讲了一个故事。

宋国有这么一户人家，他们家有一样稀世的秘方，就是不皲手的药，在寒冷的冬天，让人手脚蘸了水以后不皲。所以他们家就世世代代以漂洗为生。

有一天，一个过路的客人，偶然听说他们家有这个秘方，就来跟他们商量，说：“我以百金来购买这个秘方。”全家人听了，就聚在一起开会商量，说：“咱们家这个秘方，虽然由来已久，但是全家人这样漂洗为生，才赚很少的钱。现在人家花百金这么多钱买个方子，干吗不给他？咱卖了吧！”

这个过路的客人，拿了这个秘方就走了。他是去干什么呢？当时各个地方都在诸侯混战之中，为了争地而战，那么在东南部就是吴越之争。吴越之地，正处水乡。这个人从宋国拿了秘方直奔吴国，去游说吴王。此时正值越国军队进攻吴国。吴王就派这人带兵，选在寒冬腊月，向越国发起水战。因为有此秘方，军士可以手脚不冻，不皲手，不生疮，战斗力十足，而越人没有这个秘方。这一战吴国大胜。所以这个提供秘方的人，裂地封侯，立致富贵，身价非同一般。

今子有五石之瓠，何不虑以为大樽而浮乎江湖，而忧其瓠落无所容？

——《逍遥游》

陈传席 《静观图》(局部)

这个方子给不同的人用，它可以带来不同的人生效率。如果你拥有大眼界，你会看到同样一个秘方，它可能会决定一国的命运，改变一个人的身份。

庄子告诉惠子，大葫芦也是一样。你怎么就认定它非要剖开当瓢使呢？如果它是一个完整的大葫芦，你为什么不把它系在身上，去浮游于大江大湖之上呢？难道一个东西，必须要被加工成某种规定的产品，它才有用吗？

为什么相同的东西在不同的人手里，可以产生完全不同的价值？庄子的寓言故事告诉我们：一个人境界的大小，决定了他的思维方式。人们常常以世俗的眼光，墨守成规地去判断事物的价值。而只有大境界的人，才能看到事物的真正价值。

我曾看过一本书，叫作《隐藏的财富》，里面讲了一个美国人的故事。

有两个从德国移民美国的兄弟，1845 年，他们来到纽约谋生。这弟兄俩觉得生活很艰难，就商量怎么样能够活下去。作为外来的移民，哥哥原来还有一技之长，在德国的时候，他做泡菜做得很好。弟弟太年轻，什么都不会。哥哥说：“我们外乡人在纽约这么一个都市，太难生存了。我去加利福尼亚吧，我可以种菜，继续做我的泡菜。”弟弟想：“反正我也没有手艺，索性一横心一跺脚就留在纽约，白天打工，晚上求学。”他学习的是地质学和冶金学。

哥哥来到了加利福尼亚的一处乡间，这里有很廉价的土地，他就买下来种卷心菜，成熟后用来腌泡菜。哥哥很勤劳，每天种菜、腌泡菜，养活了一家人。

四年以后，弟弟大学毕业了，到加利福尼亚来看望哥哥。哥哥问弟弟：“你现在手里都拥有什么呀？”弟弟说：“我除了拿了个文凭，别的什么都没有。”哥哥说：“你还是应该跟我扎扎实实地干活啊。我带你看一看我的菜地吧。”

弟弟在菜地里，蹲下来看了看菜，然后扒拉一下菜底下的土，在那儿看了很久，进屋去拿了一个脸盆，盛满了水，把土一捧一捧地放在里面漂洗。

他发现脸盆底下，有一些金灿灿的、亮闪闪的金属屑。然后，他非常惊讶地抬头，看着他哥哥，长叹一声，说：“哥哥，你知道吗？你是在一座金矿上种卷心菜！”

其实，有太多的时候，我们安然地享受着生活带给我们的秩序。日复一日，我们早晨起床，白天工作，晚上睡觉。大家怎么生活，我们也怎么生活。我们用手中的一技之长，养家糊口，过很安稳的日子。我们从来没有跳出自己现有的经验系统，重新质询一下：我还可以换一种方式生活吗？我目前所拥有的这些技能，还有没有可能让它发挥更大的用处？

庄子在《逍遥游》里给我们提出了一个永恒的问题：什么叫作有用？

作为家长，我们可能会跟孩子说："你趴在窗台上看了一下午蝴蝶，做的是没用的事。这一下午，如果你练钢琴，是有用的。"

我们可能跟孩子说："你这一下午就在和泥巴、搭城堡，这是没用的。这一下午，如果你练打字，是有用的。"

我曾经见过一个科学实验，把一个会跳的小虫子放在瓶子里。它明明可以跳很高，但实验是把盖子盖上以后让它跳。小虫子一跳，啪，碰到了顶盖掉下来了，再一跳，又碰到顶盖掉下来。它反复跳跃，却越跳越低。这时候，你把盖子再拧开，看见这小虫子还在跳，但它已经永远不会跳出这个瓶子了，因为它认为，头顶上那个盖子，将是不可逾越的。

我们今天的教育，有一种可悲的现象，就是父母用自己全部的爱，为孩子规定了太多的戒律，捂上了太多有用的盖子。

我们让孩子们认为，作为一个葫芦，它以后只能成为瓢，而不能成为一个巨大的浮圈，带着人浮游于江海；作为一块土壤，上面只可以种菜、种粮食，没有人去追问土壤下面可能埋藏的矿藏。

只有打破常规思维，我们才有可能去憧憬真正的逍遥游。
——于丹心语

我们以一种常规的思维，束缚了自己的心智。由我们的常规的生活态度，规定了我们可怜的局限。这种局限本来是可以被打破的。只有打破常规思维，我们才有可能去憧憬真正的逍遥游。真正的逍遥游，其实就是无羁无绊的。

有用和无用是可以相互转化的。难道一个人一定要循规蹈矩、按照程序、按照规则去设计自己的人生吗？

有这样一个故事。

一个大公司要招聘发报员，凡是熟悉国际通用的摩尔斯密码的人，都可以来应聘。很多应聘者闻讯而来，被安排在公司的办公大厅里等候面试。

大家来了以后，就发现这个环境太嘈杂了。这个大公司业务繁忙，办公大厅里人来人往，有的在互相谈话，有的在打电话，人声嘈杂。几十位应聘者一排一排坐在这个环境里等候。面试是在大厅尽头的一个神秘的小屋子里。大家就这么等着，等待人事经理来叫人。

这个时候，来了一个迟到的小伙子。他排在应聘者的最后，连座位都没有了。他站了一会儿，然后就径直往那个神秘的小屋子走去，推门而进。所有的人都很奇怪：他为什么不排队就进去了呢？

过了一会儿，主管招聘的人事经理，带着小伙子从小屋子里出来了，对所有坐着的应聘者说：“对不起，这个发报员的职位已经有人了。你们可以回去了。”

所有应聘者都愤愤不平：“这个小伙子迟到了，还径直闯进门去，居然就得到了职位！我们等待这么久，你一个问题都没问，连机会都没给我们，就被淘汰了。为什么？”

人事经理缓缓回答：“我们特别选择了在这样一个嘈杂的环境里应聘。人声鼎沸，而就在这个环境中，我们一直在发送着一种摩尔斯密码的电波，解读出来的意思是：‘谁要是听懂了这个密码的话，现在请直接进入小屋子。’”

这个小伙子虽然来晚了，但他在嘈杂的环境中，听懂了密码语言，所以他成功了。他没有像其他应聘者那样，按照既定的规则，坐在那里等待，所以他才是真正懂得这个密码的人，他配得到这个职位。

这是一个现代生活里的故事。这样的机遇，谁说不会随时出现在我们的身边呢？

我们都知道，庄子是一个大智之人。大智慧者，永远不教给我们小技巧。

他教给我们的是境界和眼光。

这种逍遥游的境界，我们心向往之。但是，这种完整地看待一个事物的眼光，我们真正了然于心了吗？如果我们有这样的眼光，你也会抓住从你眼前走过的每一个机遇。

今天我们经常提到一个很时髦的词，叫作核心竞争力。其实我们每一个人，应该问问自己：我的核心竞争力是什么？

所谓核心竞争力，是不可仿效的，是唯一的。在今天这个时代，没有什么是最好的，只有什么是唯一的。

一个葫芦如果长得小，可以当瓢，它是有用的。一棵树长得小，它可以去做桌子、椅子，它是有用的。一个葫芦长到最大，不必把它破开，可以把它当游泳圈一样浮于江海，它还是有用的。一棵树长到最大，可以为人遮风避雨，它也是有用的。

一个人，永远不要去羡慕他人。
——于丹心语

一个人，永远不要去羡慕他人。你质询自己的心，问一问：我的核心竞争力究竟是什么？我究竟有哪一点是不可替代的呢？

《庄子》里面，讲到很多树的故事。在《人间世》篇中，庄子讲述了一个故事，一个关于树的故事。

一个姓石的木匠到齐国去，路上看到一棵栎树。这棵栎树被这个地方人奉为社神来祭祀。

这棵树有多大啊？庄子的形容往往很夸张。他说，这棵树的树荫可以遮蔽几千头牛在这树底下乘凉，量一量树干可以达到百尺粗，跟山一样高，多少丈以上才生枝干。

这棵大树吸引了好多人来观赏，但石木匠看也不看一眼，就离开了。他的徒弟问师父："这么好的木材为什么看都不看呢？"

石木匠说："这种树木是没用的散木，木质不好。用它做船，那船很快就沉；用它做棺材，这棺材很快会腐烂；用它做器物，这个器物很快就会折断；用它做门，这门会流污浆；用它做柱子，会被虫蛀。所以，这是'不材之木'，做什么都不行。"

晚上，石木匠梦见这棵栎树来跟他说话。

栎树说："使予也而有用，且得有此大也邪？"你说我是一棵没用的树，如果我有用的话，不就早给你们砍掉了吗？我能活到今天这么大吗？

栎树又说："你看那些果树和瓜果，那是大家所认为的有用之材，每年硕果累累，大家对它赞不绝口，结果是大枝子全都被撅断了，小枝子全都被拉弯了，那上面结的果实，年年一熟了，人们就来剥夺它。因为它们有用，所以伤害了自己，早早就死了。我就是因为没用，所以才保全了自己。这正是我的大用啊。”

《人间世》篇里，庄子又借南伯子綦的口说：在宋国荆氏这地方，适合种植楸树、柏树和桑树。这类树木长到一握两握这么粗，想用它来拴猴子做桩子的人，就来砍树了；如果树木长到三围四围这么粗，想用它做房梁的人，就来把树砍走了；如果长得再大，有七围八围的树，那有富贵人家想做棺木，就来砍树了。

这类树木从小到大，不论长到哪个规格，总会有一种低廉的、有用的价值观来评价它，把它雕琢为某种器具。但是如果你长得超乎人的想象，成为百抱合围的大树，就能够保全自己的性命了。

我在西藏的林芝地区，曾经看到过一棵大树。那是我所见过的最大的树，要二十来人手拉着手才能围住。长到那么大的树，就变成大家朝圣的对象了。谁去了都要去看一看它。大家在树底下唱歌跳舞，喝青稞酒。那个场景，和庄子描述的一模一样。大家以这样的心态来对待它的时候，还有谁会想把这棵树砍了，回去做个箱子、柜子呢？

一棵树不能成为栋梁，但能长成参天大树，成为人们朝圣的对象。庄子的寓言对于我们现代社会中急功近利的追求不是一个提醒吗？

当我们以世俗的小境界去观察事物时，常常会以眼前的有用和无用来进行判断。当你具有大境界时,才能够理解什么叫作“天生我材必有用”。

那么,我们如何才能达到这种大境界呢?

我们今天所谓的有用,可能都是一些局部的有用。而真正的有用,是一种用大眼界度过的大人生。

苏东坡有一句诗:“小舟从此逝,江海寄余生。”李白也一样,一辈子谑浪笑傲,一辈子不服权贵,到年老的时候,杜甫去看他,问他:“还有什么遗憾的事?”

李白说:“我就是求仙问道,炼丹还没炼好,想起晋代写《抱朴子》的葛洪葛神仙,我从心里觉得对不住他。”杜甫听得瞠目结舌:一个上不愧皇帝、下不愧父母的诗仙,偏偏觉得自己对葛洪有愧。这是一种什么样的人生啊!所以,杜甫为他写了一首绝句:

秋来相顾尚漂蓬,未就丹砂愧葛洪。
痛饮狂歌空度日,飞扬跋扈为谁雄?

李白一生奔波,到老年依然漂泊,“秋来”指人生晚秋,但他似乎毫不介意。这就是李白的人生:“痛饮狂歌空度日,飞扬跋扈为谁雄?”

这“为谁雄”三个字问得好!在这个世界上,李白不为君主,不为青史,不为功名,他不需要留下一个封号,他为的只是自己的心。所以,他是一个无所羁绊的天地英雄。

这种天地英雄就是中唐李贺在诗中所说的:“世上英雄

本无主。”我们不要老是觉得，那种效忠于君王的忠臣死士是英雄。真正的英雄，是能够为自己的心做主的人。这样的一种由自己的心智而决定的人生，会给我们每个人开拓出不同的境界。这就是生命的觉悟。

“觉悟”这个词是一个佛家语。大家可以看一看，“觉悟”这两个字的写法很有意思，“觉”字的下面有一个“见”，“悟”是左边一个竖心，右边一个“吾”。“悟”其实就是我的心。觉悟，用我们今天的话说就是，“看见我的心”。

我们问问自己，终其一生，有几个人看见了自己的心？你可以了解世界，你可以了解他人，只有看见自己的心，才是觉悟。

觉悟在佛家禅宗的开悟中，被描述为两个阶段。

觉是第一个阶段，比如说你听到了某种知识，有一个人跟你说了一句话，突然之间眼界通透，所谓醍醐灌顶，这叫有所觉。

但是你在一生的长长的修为，遇到任何一个事情，要反观内心，去思考，去明白，日积月累，这个长长的、参化的过程叫作悟。

觉是一个瞬间，悟是一个过程。把所有觉的瞬间，与长长一生的悟结合起来，你所到达的就是终于看见自己的心。这是人生的大觉悟。

《三字经》中说，人之初，性本善。但为什么从古至今，这个世界上总是充满了争斗？

庄子的人生哲学，就是教我们要以大境界来看人生，

觉是一个瞬间，悟是一个过程。把所有觉的瞬间，与长长一生的悟结合起来，你所到达的就是终于看见自己的心。这是人生的大觉悟。

——于丹心语

所有的荣华富贵，是非纷争都是毫无意义的，最重要的是你能不能有一个快乐的人生。

那么，我们怎样才能获得一个快乐的人生呢?

这个世界上种种的争斗，看起来很残酷，但是在庄子的笔下又很可笑。

庄子在《则阳》篇曾经讲到这样一个故事。

两个国家，一个叫触氏，一个叫蛮氏，为了争夺土地而战。战争打得旷日持久，死亡惨重，血流漂橹，民不聊生。

最后庄子告诉你，这两个国家争的是多大的土地呢?触氏跟蛮氏，一个住在蜗牛的左犄角里，一个住在蜗牛的右犄角里。

这难道不可笑吗?

大家去看《左传》，看先秦的史传散文，会发现一个观点，叫作“春秋无义战”。

大家都打着正义的旗号，其实在这种争斗中，谁都没有绝对的正义可言。正义只不过是一个争杀的幌子而已。所以，当你明白他们可争的土地，最大也大不过一个蜗牛壳的时候，我们会得出一个什么结论呢?

我们的生命都像电光石火一样转瞬即逝。在这么有限的生命里面，不管你是贫穷还是富贵，不论你度过什么样的人生，最不应该扔掉的是欢乐。

如果谁斤斤计较，谁心胸不开，此生不能做到笑对人生，那么你这个人还有太多太多的痴迷而没有看得通透。

有人问佛祖:“什么叫作佛?”

佛祖的回答是:“无忧是佛。”

人生真正想要达到逍遥之境，需要打破我们的常规束缚，以一种逆向思维，把这个世间中看似天大的事，关于战争，关于政治，关于仇杀，关于恩怨，都把它看小了去，看作蜗牛壳里的纷争，看作电光石火的瞬间事。另外，把我们自主的灵魂放到无限之大。

我记得丰子恺先生曾经讲过，人的生活可以有三重境界，分别主真、主美、主善。

我们的物质生活是主真的。每一个人在现实生活中，有规则，有职业，要顺应很多很多的要求，但求真实而已。

第二重生活是审美生活。这种审美是二三亲朋好友在一起听听音乐，品品诗词，完成一种文学的陶冶，艺术的享受。这一重生活是主美的，因为它完成了一个审美的过程。

人生至高的境界是一种灵魂生活，这种灵魂生活是主善的。

人生的境界有大小，而我们过往的生活，大体相同。

重要的不在于客观上我们有什么样的际遇，而在于主观上我们有什么样的胸怀；不在于客观提供给我们哪些机会，而在于我们的心智在有用与无用的判读上，主观确立了什么样的价值观。

当我们过分急功近利的时候，我们失去了春花秋月，难道不惋惜吗？我们失去了与孩子、老人的天伦之乐，难道不遗憾吗？我们失去了很多逍遥游的机会，让自己的年华迅速老去，却积累了一大堆无用的事功，难道内心不愧疚吗?

今天我们重新审视庄子，以觉悟的态度反观内心，目的就是让我们每一个人释放自己，尽可能达到一个逍遥游的境界。

感悟与超越

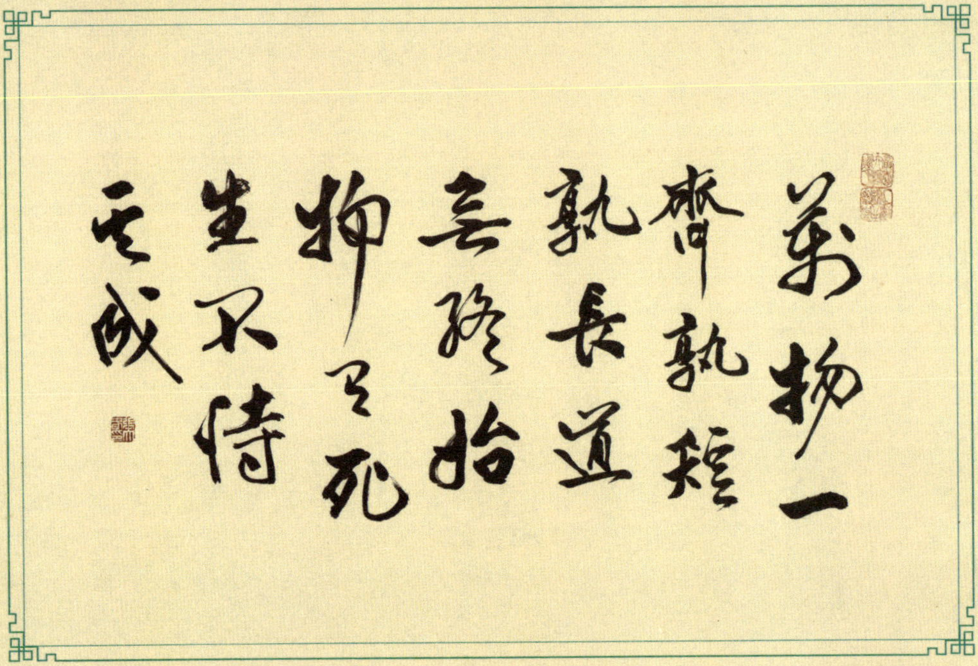

名利二字，是多少人一生的追求。但是，要想真正感悟庄子逍遥游的境界，就一定要能够超越名利。而有一个淡泊的心态，是超越名利的基础。

那么，怎样才能做到淡泊为大？怎样才能从庄子的故事中感悟世间的道理？怎样才能超越自我，达到一个理想的境界？

超越这个话题，我们在生活中经常谈到。

什么是真正的超越？超越基于现实世界的认知，辨别在纷杂的现实生活中，什么是恒定不变的？本质是什么？

先说一个题外话。

据说大清乾隆皇帝下江南的时候，在镇江金山寺，他问当时的高僧法磐："长江中船只来来往往，这么繁华，一天到底要过多少条船啊？"

法磐回答："只有两条船。"

乾隆问："怎么会只有两条船呢？"

法磐说："一条为名，一条为利，整个长江中来往的无非就是这两条船。"

司马迁在《史记》中说过："天下熙熙皆为利来，天下攘攘皆为利往。"除了利，世人的心中最看重的就是名了。多少人辛苦奔波，名和利就是最基本的人生支点。

那么，庄子对名和利是怎么看的呢？庄子在《逍遥游》

里，讲到了这样一个“尧让天下于许由”的故事。

大家都知道，尧被中国古人认定为圣人之首，是天下明君贤主的代称。许由呢？是一个传说中的高人隐士。

庄子写道，尧很认真地对许由说：“日月出矣，而爝火不息，其于光也，不亦难乎！时雨降矣，而犹浸灌，其于泽也，不亦劳乎！”当光明永恒的太阳、月亮都出现的时候，我们还打着火把，和日月比光明，不是太难了吗？及时的大雨落下来了，万物都已经受到甘霖的滋育，我们还挑水一点一点浇灌，对于禾苗来说，不是徒劳吗？

尧很诚恳地对许由说：“先生，我看到你就知道，我来治理天下就好像是火炬遇到了阳光，好像是一桶水遇到了天降甘霖一样，我是不称职的，所以我请求把天下让给你。”

大家看看，这辞让的可不是小官位啊，这是尧要把天下让给许由！许由又是怎么说的呢？

万物一齐，孰短孰长？道无终始，物有死生，不恃其成。
——《秋水》

许由淡淡地回答：“你治理天下已经治理得这么好了，那么，我还要天下干什么？我代替你，难道就图个名吗？”“名者，实之宾也，吾将为宾乎？”名实相比，实是主人，而名是宾客，难道我就是为了这个宾客而来吗？还是算了吧。

许由接着说了一个很经典的比喻：“鹪鹩巢于深林，不过一枝；偃鼠饮河，不过满腹。”他说，一只小小的鸟在森林里面，即使有广袤的森林让它栖息，它能筑巢的也只有一根树枝。一只小小的偃鼠在河里饮水，即使有一条汤汤大河让它畅饮，它顶多喝满它的小肚子而已。

我们想一想，人生有涯，一个人这一辈子能吃多少饭呢？能占多大的面积呢？人往床上一躺，你睡觉的地方也就这么大，不管你住的是三百平方米的豪宅，还是一千平方米的别墅，你实际需要的空间跟别人都一样。

淡泊为大。许由这样的一种宁静致远的淡泊心智，可以连天下都辞让出去，就是一种博大的境界和情怀。

黎巴嫩著名的诗人纪伯伦曾经感叹："我们已经走得太远，以至于忘记了为什么而出发。"

我曾经听过这样一个故事，说一个人有一天想要往墙上挂一幅画，就忙忙叨叨地找来锤子和钉子。当他把钉子钉进墙后，却发现这个钉子根本挂不住这幅画。怎么办呢？他说，那就只能往墙里揳一个小木楔子，然后再钉钉子。

他去找木头。找到木头发现太大，又去找斧子。找到斧子，发现对付木头不顺手，又去找锯子。锯子有了，又发现锯条断了，又去找锯条。这样一件一件东西找下来，等到把所有的东西都凑齐了，他已经不知道要干什么了。他早就忘记了那幅画。

其实这很像我们今天的生活。我们在行走，我们在奔波，我们终日忙忙碌碌，但是我们忘记了为什么而出发。

很多时候，我们会置身于这样的茫然中。所以，人需要看清自己的目的，看清自己的方向，看清眼前的权衡。

生活的大道理，人生的大境界，有的时候，都是从生活中的最细微处去发现、去感悟的。

那么，怎么样才能从细微处见出大境界呢？

人需要看清自己的目的，看清自己的方向，看清眼前的权衡。

——于丹心语

要看到大境界，在于我们有没有安静的心灵，有没有智慧的眼睛。

——于丹心语

有的时候，大境界是从眼前的小物件上看出来的。也就是说，要看到大境界，在于我们有没有安静的心灵，有没有智慧的眼睛。只要我们可以让心静下来，真正拥有了空灵之境，让我们眼睛敏锐起来，我们就会看到在不经意处，有很多至极的道理。

世界著名的男高音帕瓦罗蒂在年轻的时候，刚刚开始在音乐界声名远扬，整个人一直非常紧张，而且他觉得他用来唱歌的嗓子不堪重负。

有一次，他在全世界巡回演出，非常疲惫。晚上他在一个酒店里翻来覆去睡不着，生怕自己再唱下去，嗓子会支撑不住。

这个时候，隔壁的客房里有个小婴儿在不停地哭闹。显然，这孩子是个夜哭郎，一直在一声接一声地哭。帕瓦罗蒂烦恼极了。他越睡不着觉就越烦，越烦就越睡不着觉。突然，帕瓦罗蒂想到一个问题：这个小婴儿哭了几个小时，为什么声音还那么洪亮？他已经不想睡了，认真地听，细细地想。后来他终于发现了，由于小婴儿一切都没有发育，他是不会单独用嗓子的，婴儿的哭声用的是丹田之气，所以嗓子不会嘶哑。

帕瓦罗蒂想明白了：我们成年人的身体的各个部位可以独立运用，唱歌时独立运用的是嗓子，唱不了多长时间就会嘶哑。如果我们学会用丹田运气的话，也许就会省了嗓子。

帕瓦罗蒂得到这个启发，就开始学着练习运用丹田气唱歌，这使得他的歌唱艺术得到了飞跃。不仅这一次巡回演出大获成功，而且奠定了他在世界歌剧舞台上崇高的地位。

这个故事告诉我们什么呢？人们可以从不经意的地方，从最小的细微处，看出精妙的大道理。关键在于你是不是用心，是不是能够从这些细节里面，真正获得你自己需要的知识和感悟。

我们有什么样的眼睛，就有什么样的生活。

有很多人一生追逐成功，渴望辉煌。别说辞让天下了，连一个小位子，甚至一个小小的兼职机会都不肯放弃。因为我们耐不住寂寞，我们需要这种外在的辉煌，来证明我们自己的能力。

有这样一句话：在真正的比赛中，冠军永远跑在掌声之前。

这句话很耐人寻味。大家想一想，一个跑步比赛，不管是一百米还是马拉松，冠军跑到终点之前，听众席上是没有掌声的；只有当冠军冲过了线，掌声才会响起。所以，落后的运动员听到的掌声比冠军要多。

冠军是在寂寞中第一个冲到终点的人，而这种寂寞，最终会打开掌声雷动的辉煌。所以，冠军永远跑在掌声之前。

其实这句话对我们每一个人都是一种启发。

古人的散淡，古人的恬静，古人的辞让，到底是为什么呢？他们留一份寂寞给生命，让生命终于可以开阔灵动起来。

而今天，我们却希望用繁忙驱散心头的寂寞。寂寞不是一件好的东西吗？

人们可以从不经意的地方，从最小的细微处，看出精妙的大道理。关键在于你是不是用心，是不是能够从这些细节里面，真正获得你自己需要的知识和感悟。

——于丹心语

我们有什么样的眼睛，就有什么样的生活。

——于丹心语

陈传席《临江一嶂白云间》(局部)

有时候，寂寞并不意味着愁苦。其实，寂寞意味着一段静止下来的时光，当你自己独自面对寂寞的时候，有可能会看到你意想不到的境界。

真正的大境界，用庄子的话说，叫作“旁礴万物”，可以凌驾万物之上，将万物融为一体。

每个人的经历不同，禀赋各异，将最终决定自己的眼界，决定自己的命运。

这种境界在《逍遥游》里面有过描述。庄子讲述了一个寓言。

有两个修道之人，一个叫肩吾，一个叫连叔。一天，肩吾对连叔说：我听说有这样一个不可思议的神人，他住在姑射之山上。“肌肤若冰雪，淖约若处子”，他的肌肤晶莹剔透，像是从来未被污染的冰雪一样的洁净，神态像处女一样天真柔美，没有烦恼。他“不食五谷，吸风饮露”，根本不用吃五谷杂粮，他可以驾着飞龙，乘着云气，“游乎四海之外”，可以自由翱翔于天地之间。他只要稍稍一凝神，就可以使五谷丰登，使这一年里没有任何的灾害。肩吾说：“我可不信这样的事情，哪有这样的神人呢？”

连叔说：“我告诉你吧，这个世界上，你无法和瞎子一起欣赏文采的美丽，你无法和聋子一起欣赏钟鼓的乐声。你只知道人的形体有瞎子，有聋子，有外在的残疾，你不知道人在心智上也有这样的残疾。这话说的就是你这种人。说因为你没有那么开阔的眼界，没有那么博大的胸怀，所以你不相信可以有这样的人。我告诉你，这样的人确实存在。”

“之人也，之德也，将旁礴万物以为一。”这个神人啊，他的道德啊，可以凌驾万物之上，将万物融为一体。旁礴，就是磅礴。

连叔用了一个激动人心的词：“旁礴万物”，其实，就是让自己成为天地至尊。这种磅礴万物不一定借助神仙功力，这往往指的是我们内心。

当一个人在这个世界上可以“仰观宇宙之大，俯察品类之盛”，当天地万象完全在你的眼界之中，我们的心怎么不能磅礴万物呢？

庄子在书当中多次提到“心游万仞”，多次提到“独与天地精神往来”，这不就是磅礴万物吗？

所以，连叔说“之人也，物莫之伤”，外物伤害不了这个神人：洪水滔天可以吞没一切，但是淹不死他；大旱可以让金石熔化、土山烤焦，他也不觉得热。为什么呢？因为他的心有这样的定力，这样的功力，这样的境界。

其实，这样的一个神人，显然是庄子杜撰出来的神话人物。庄子最终的落点不是给你讲神话，而是给你谈人生。人生的经历不同，禀赋各异。经历和悟性最终决定了你的眼界。

反过来说，一个人的生活完全是可以由态度来改变的。一个人先天的性格、后天的机遇、固有的价值观，最终会决定自己的命运。

我们经常说，命运这个东西太客观了，完全依附于机遇。其实，你自己有什么样的价值观，就会决定你有什么样的取舍。

我们需要一种清明的理性。这种理性是在这个嘈杂的物化世界中拯救生命的一种力量。同时，我们也需要一种欢欣的感性。这种感性之心可以使我们触目生春，所及之处充满欢乐。

关于这两个意象，在宋代的笔记当中有一个特别有意思的记载。

苏东坡和佛印经常共同出游，看到很多的事物情景，但是他们各自有自己的解读。

有一天，两个人结伴出游，见到一个木匠铺，看见木匠正在那儿做家具。木匠拿出一个墨盒，“啪”一弹墨线。

佛印见了，马上就拿起这个墨盒来，做了一首诗：

吾有两间房，一间赁与转轮王。

有时拉出一线路，天下邪魔不敢当。

这诗是拿墨盒做比喻。墨盒有两个墨池，就是“两间房”。墨盒里面不是有一个轮子吗？墨盒的一头通过轮子把这个墨线拉出来，叫作“赁与转轮王”。这个墨线弹出一条笔直的线，就是正直与准则。在这样正直与准则的标准制衡之下，所有的妖魔鬼怪是不能抵御的。这就是说，人的心中要有一把尺子，做人要有底线，不能超越这个世界上行为的守则。这就是理性。

苏东坡也做了一首诗：

吾有一张琴，五条丝弦藏在腹。

有时将来马上弹，尽出天下无声曲。

苏东坡说，我也有一样东西，不是墨盒而是一架琴，五条琴弦都藏在我的肚子里。我自己随兴所至的时候拿出来就弹，但曲声是你们听不到的，只有我的心智可以听到，“尽出天下无声曲”。

这无声的音乐是至极的天籁，这琴就是人心中感性的欢欣。每到一处地方，每见一个风景，心中便有一种悲悯之情自然生发，一种欢欣之意自然流露。

其实，苏轼与佛印分别代表了我们人格理想上的两个支点，叫作“依于仁，游于艺”。

“依于仁”，指一个人内心要有仁爱的准则。这是一种标准，就像墨盒弹出墨线一样，清清楚楚，不容置疑，定为标准。“游于艺”，就是人的自由境界，就是苏东坡心中的那架琴，可以自由演奏内心的音乐。一个人拥有了这样的一种心游万仞的境界，拥有了这样一种自由欢畅的心灵，他在这个寂寞的世界上还会不果敢吗？当他面对所有的纷纭万象时，还不能超越吗？

不同价值观念的人，在经历相同的事情时，会得到完全不同的人生感悟。庄子提出，道法自然，道无所不在。那么，怎么样才算是道法自然了呢？

“游”是个动词。“游”告诉我们，人想要体验逍遥，必须要有一种动态的系统，也就是说，让你的生活有更多的灵动，不要让它僵死，要善于打破常规。因为在这个世界上，有这样一种辩证的关系，真正稳当的东西都处在动态之中。

比如陀螺旋转，这是一个特别有意思的现象。真正会抽陀螺的人，总是不停地让陀螺旋转着，旋转就是它的价值。等陀螺一旦静止下来，就失衡了，就倒地了。所以动态是最好的平衡。

我们都会骑自行车。自行车如果静止摆在那儿的时候，得靠车支子才能立住，两个轮子是立不住的。但是骑起来以后，两个轮子就可以行进，为什么呢？因为它在动态中保持了平衡。这在静态中做不到。

在我们今天的生活中，有太多人应对挑战的时候，感到失去了心理的平衡，那是因为世界在动，而你不动。

时代在变迁，一个人真的能做到与时俱进，真的能做到取舍自如，以一种清楚的眼界给自己确定准则，并且以心游万仞的心态去调整自己的生活秩序，永远保持动态中的平衡，你就永远不会倒，你永远是行进中的自行车和旋转着的陀螺。只有当你静止下来，你才会真正倒下。你倒下来是没有外力可以拯救的。

每个人看见的世界大体相同，但每个人得出的经验与道理却大相径庭。这关系到两点，第一是智慧，第二是慈悲。我们有没有能力从一草一木中得到启发？能不能以一种善良在一花一叶上体现关怀？

庄子对于一个葫芦、一棵树、一只小狸猫、一只小鸟，都抱有慈悲。他会自然而然地尊重它们先天的物性，从来不以一种人为的标准去刻意地要求它们改变。

庄子说过这么一个故事。

有个宋国人想到越国去卖帽子。这个宋国商人按照自己的认识和理解，觉得越国地处蛮荒之地，没见过帽子，我要去那儿卖的话肯定生意兴隆。可是到了那里他才知道，越国人“断发文身”，就是剪了头发，身上刺着花纹，风俗习惯和中原地区完全不同，根本用不着帽子。

庄子的这个故事告诉我们，不要以自己想当然的价值观去评估这个世界。

我们在很多时候都会感到愤愤不平，说，为什么会这样？为什么会那样？这是因为我们的心带有成见。

我们做了多少自以为是地去“断发文身”之地推销帽子的事情，然后又抱怨生活给我的机遇不够好。其实这就是缺乏智慧。

由于我们看到的功利的、所谓有用的事情太多，所以，我们已经失去了这种悲天悯人的情怀。

什么是生命逍遥之境？

这种逍遥绝不是人的生命凌驾于外在世界之上、跟万物成为对抗的一种自尊霸主。

这种逍遥需要用我们的心、我们的眼、我们的呼吸、我们的行动与世间万物紧密相连，水乳交融。

这种逍遥需要我们能够欣赏花开、聆听水流，能够看见飞鸟掠过天际、朝阳跃上云端。这样的话，我们的心才是干干净净的。

春有百花秋有月，夏有凉风冬有雪。

若无闲事挂心头，便是人间好时节。

人间真正的好时节，就是没有闲事挂心头。那么，这种闲事往往表现为什么呢？就表现为我们给自己设置的一种障碍，让我们的境界不能开阔。

那么，在生活中，眼界怎么样才能够真正看得开阔呢？

禅宗有这样一句话，叫作“眼内有尘三界窄，心头无事一床宽”。眼睛里要是有事，心中就有事，人就会看得“三界窄”。三界是什么？前生，此际，来世。只要你眼里的事化不开，心里成天牵挂着，你就会把前生来世、上辈子下辈子都抵押进去。但是，如果你胸怀开朗，心头无事，用不着拥有多大的地盘，坐在自家的床上，你都会觉得天地无比宽阔。

所以，要想做到真正与天地共逍遥的境界，需要先开阔自己的眼界。

道法自然，就是让我们的心感受天地之气。天地无处不在，所以道无所不在。

道法自然，就是鼓励每一个人用自己的脚步去丈量你的历程，用自己的体验去开启你的心智。

道法自然，就是让你无处不看见。

关于道法自然，庄子是怎么说的呢？

东郭子曾经去问庄子："道在哪儿呢？"庄子说："无所不在。"

东郭子没听懂，还挺固执，说："你总要说出一个地方来。"

庄子便随口说："在蝼蚁。"道就在地上那些小虫子身上。

东郭子挺不满，说："道就这么卑下吗？"

庄子又说："在稊稗。"道在小小的野草上。

东郭子更加不满了："为什么道就更加卑下了呢？"

庄子就更没好气了，说："在瓦甓。"道在砖瓦上。

东郭子更加痛苦了："怎么越说越卑下啊？"

庄子实在烦了，就说："在屎溺。"道就在粪便中。

这下东郭子终于不说话了。

其实，如果我们真正看懂这段对话，我们会明白，所谓道法自然，就是说，自然之中皆是道理。

天地无处不在，所以道无所不在。

有一句谚语，说：山坡上开满了鲜花，在牛羊的眼中它只是饲料。

这就是我们的生活。

有的时候，我们能够看见鲜花，但是当一个人的心被

道法自然，就是鼓励每一个人用自己的脚步去丈量你的历程，用自己的体验去开启你的心智。

——于丹心语

天地无处不在，所以道无所不在。

——于丹心语

名和利那两条船遮蔽的时候，我们能看见的世界也差不多遍布饲料。毕竟，饲料是可吃的东西，是有用的，而鲜花是神秘的，是审美的，是启迪心智的。

不要认为只有牛羊才看得见饲料，其实，我们在今天的生活中，每天看到的饲料太多，看到的鲜花太少。

这就需要我们重归庄子所说的道。我们去看一看，在那些最卑下的，甚至是最不堪的东西里，有没有真正的道理。放低我们的心去发现，这是一种态度。

大家知道，佛家的僧人出家时都穿僧鞋。这个僧鞋的形状很有意思，前面露五趾，后面露脚后跟。为什么？

其实，穿这样的鞋是为了提醒一个道理，所谓六根通透，要去掉贪、嗔、痴、怨、疑、慢。你只有看穿这六根，心灵才真正清净，真正通透。

那这人生至理为什么要把你放在脚下的鞋上呢？用佛家的话讲，人只有低下头，才能看得穿。你不低下头是看不见的。

逍遥游的境界告诉我们放眼长天，告诉我们道无所不在，甚至告诉我们道在屎溺，就是希望你用心去看，用心去问，用心去想。

可以说在这个世界上，真正的、至极的道理，既需要我们有辽阔浩瀚的眼界，也需要我们有眼前脚踏实地的实践。

据说佛祖在讲经布道时拈花，弟子中只有伽叶微笑。伽叶微笑的那一刻，叫作有所心会，心领神会，他懂了，所以微笑。

我们来设想两种结果，第一是佛祖拈花，举座没有一个人笑，那么这个讲经失败了。第二是佛祖拈花，举座全笑了，其实那也很失败，也不可能。

因为这个世界上的道理，只要是一种精妙的、能够贴近人心的道理，人的参悟都会有深有浅，有远有近，都会根据人心智的不同、阅历的不同、价值取向的不同、理想境界的不同而有高下之分。

这个世界永远没有一个规整件。真正的道理，不会像一加一等于二那样精确无误，人人明白。

当佛祖拈花的时候，只有伽叶在微笑。当庄子逍遥游的时候，又有多少心灵真正得到自由的长空？真正有几个人能够与他的天地精神共往来呢？

这句话我们不能追问庄子，但是我们可以追问自己的内心。

“悠然心会，妙处难与君说。”这是南宋张孝祥写的一句词。其实，当我们阅读《庄子》，每一个人有了拈花微笑时的感悟；当我们徐徐合上书页，感到悠然心会的时候，庄子的价值就真正体现出来了。因为他的逍遥游给了我们每一个凡俗的生命一双非凡的翅膀。

认识你自己

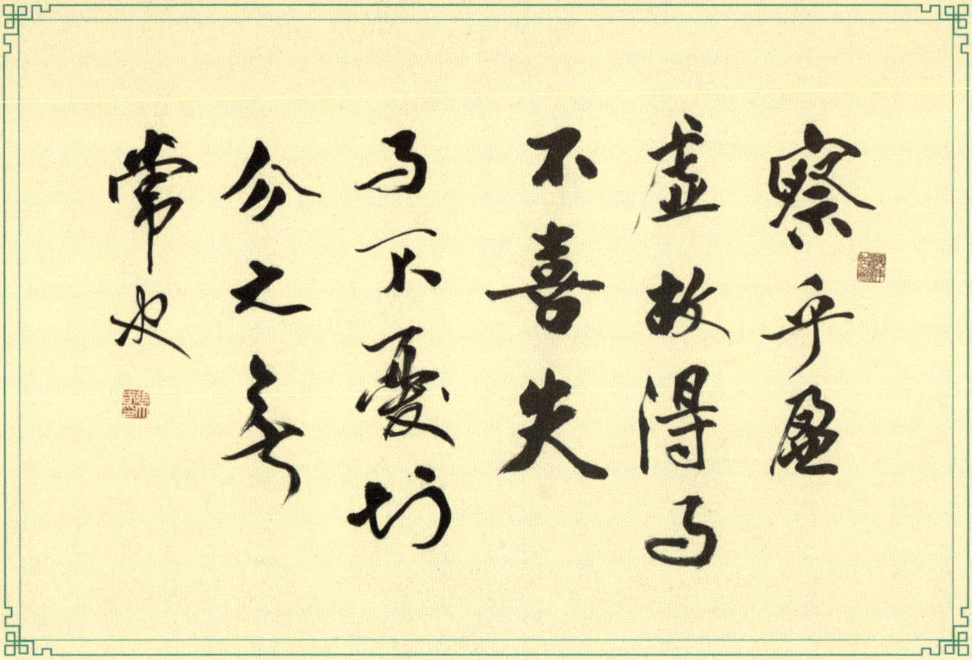

每一个人都希望自己的一生是幸福的，是有效率的。

只有真正清醒地认知了自己，才可能获得成功的人生。而认识自己，却是一件非常难做到的事。

为什么最难认识的是自己？我们又怎样才能真正认识自己呢？

今天我们来说一个话题：认识你自己。

这是千古以来一个最难解决的命题。在西方的神话寓言体系里，这被表述为著名的斯芬克斯之谜。

狮身人面兽斯芬克斯每天都在问过往的行人一个问题："有一种动物，它在早晨的时候四条腿，在中午的时候两条腿，在晚上的时候三条腿，那么这个动物是什么呢？"过往的人答不上来，就被狮身人面兽吃掉了。

年轻的俄狄浦斯在路过的时候，说出了最终的答案："这个动物就是人。"斯芬克斯大叫了一声，就跑到悬崖边跳下去了。

这个故事说明了什么呢？说明离我们最近的东西，往往是最难认知的。

在人生整个成长的经验过程中，我们可以不断地认知天地万物，增长经验，但唯独难以认清我们自己。

因为人生的变化在不经意之间经过了很多阶段。一个孩子，当他匍匐着四肢爬行的时候，这是生命成长的初期。等到他可以站立起来了，可以走路了，可以奔跑了，在这个世界上，就有很多东西需要积累、需要建立，也因此有了很多内心的惶惑和游离。到了晚年的时候，我们所积累的那些财富、声名、情感，一切一切负累于心，苍老了生命，让我们日渐疲惫，就要借助拐杖，拐杖就成为人的第三条腿。

在这样一个历程中，哪一个阶段是我们最快乐的呢？哪一个阶段是我们对自己认识最清晰的呢？哪一个阶段在我们的心中是了无遗憾，而充满了温暖富足之感的呢？在这个过程中，中西文化体系在以不同的话语不断地追问着。

《庄子》这本书，亦幻亦真，充满了这样的追问。庄子说，从前自己做梦，梦到自己是一只翩翩飞舞的大蝴蝶，但究竟是自己做梦化为蝴蝶了呢，还是蝴蝶做梦化为自己了呢？这是不清楚的。

很多时候，我们人是以自己的标准去推断其他动物的，而大自然中有很多规则是我们所不知道的。

庄子说，我们人要是在潮湿阴冷的地方睡觉，醒了以后，轻则腰疼，重则半身不遂，那泥鳅住在那儿，也会像人这样吗？

庄子继续追问说，人是吃肉的，鹿是吃草的，蜈蚣喜欢吃小蛇，猫头鹰和乌鸦喜欢吃耗子，这四种口味你能说出哪种最符合标准呢？哪种更可口或者哪种更不可口呢？你也说不清楚。

庄子甚至说，像毛嫱，像丽姬，这都是人间的美女。

但鱼见了就潜到水底了，鸟见了就飞上高空了，麋鹿见了就急速跑开了，对这四种动物来说，到底什么才是天下最美的呢？

这就是庄子在《齐物论》里面提出的观点：世界的一切，以它自己的角度去观察，永远都有它自身的密码。这个密码是看不破的。

从这个意义上讲，庄子告诉我们，人最难认知的是自己的心。人最难解答的就是：我究竟是谁？我想要的生活是什么？

只有清楚地了解自己的内心，才能够在这个世界上找到最基本的出发点，才能够去善待他人。

只有清楚地了解自己的内心，才能够在这个世界上找到最基本的出发点，才能够去善待他人。

——于丹心语

世间万物，千差万别。站在不同的角度，看到的事物就会完全不一样。

如果我们仅仅站在自己的角度，以自己之方式，去看待、推断所有的事物，就会产生巨大的偏差。这是我们难以正确认识自己的第一个障碍。

察乎盈虚，故得而不喜，失而不忧，知分之无常也。

——《秋水》

庄子的寓言故事告诉我们：世间的一切事物都应该顺其自然，而不能自以为是地把自己的想法强加于人。

我想，一个不能真正认清自己的人，也不会真正认清他人。有的时候，你的好意有可能会遭遇恶报，因为你在以自己的方式强加于人。

庄子在《至乐》篇里，借孔子的口，讲了这么一个故事。

鲁国的郊外飞来一只很大的海鸟，鲁国的国君很喜欢它，就毕恭毕敬地把这只海鸟迎进了太庙，演奏《九韶》

这样庄严的音乐取悦它，准备了美酒给它喝，宰了牛羊给它吃，每天用这样的礼仪供奉这只海鸟。

而这只海鸟呢？目光迷离，神色忧郁，不吃一口肉，不喝一口酒，就这样郁郁寡欢，三天就死了。

庄子借孔子之口总结说，这叫“以己养养鸟也，非以鸟养养鸟也”，也就是说，这是以养人的方式养鸟，不是以养鸟的方式养鸟。这是以人喜欢的礼仪对待鸟，而不是以鸟自己的心思在对待鸟。

这样的事情在我们的生活里还少吗？其实不要说对朋友，对他人，就有很多人对自己深爱的孩子，是不是也是以这种方式养育着呢？

当小小的婴儿刚刚出生，中国传统的一种方式，就是给孩子打蜡烛包，用小被子把这孩子紧紧地裹起来，据说这样可以让孩子的腿长得直，而且可以防止孩子抓破脸蛋、咬破手指。

但是，按照今天科学的育儿研究，认为孩子的手就是他的第二大脑，如果你束缚了他的手，固然他不会抠破自己的脸，他也不会咬破自己的手，但是他的认知神经从一开始就受到局限，不利于孩子的健康。所以，现代医院里提倡注意看护孩子、剪指甲，防止孩子出现小小的伤害，但一定不要束缚他的手脚。

这个蜡烛包现在解开了。但是我们想想，有多少家长在孩子一生的成长中给他打了一个精神的蜡烛包？

我们总在以成人世界的标准去要求孩子，你以后要想出名，要想在社会上建功立业，你从三岁就必须弹钢琴，你从四岁就必须学美术，你从五岁就必须跳芭蕾。如果不这样的话，你六岁上小学时，有什么东西可以去跟别人抗衡？而六岁一上学，你就必须报名参加一个奥数班，等等，等等。只有这样，你才能像我们父母一样在社会上竞争立足，你才能读大学。

我们用成人世界的规则和方式来对待自己最亲爱的孩子，没有把孩子应有的快乐时光还给他，而是用一种成人的标准去进行剥夺，这不就是给海鸟摆上酒肉吗？

这种好意有的时候可能会导致出乎意料的恶果。这种恶果就像庄子在《应帝王》里面写的一个寓言。

南海的帝王叫作儵，北海的帝王叫作忽。南海和北海就像庄子写的南溟、北溟一样相距遥远，他们要是想会面的话，经常在中央之地相会。这个中央的帝王名字叫作浑沌。

据说浑沌就长成一个蒙昧未开的大肉球。他为人非常热情好客，每次都很好地招待他们。儵与忽看着这个浑沌，觉得心里很内疚，他眼耳口鼻都没有，什么人间的至乐都享受不了。于是，为了报答浑沌的好意，两个人就在一起谋划，说："每个人都有七窍，有了七窍可以吃，可以喝，可以听，可以看，人间的喜怒悲欢，声色美丽，都可以入得眼目。而浑沌却没有，怎么办？我们给他凿开吧。"

两个人就每天给浑沌凿一窍，整整凿了七天。结果是什么呢？"七日而浑沌死"。凿了七天，七窍成了，浑沌却死了。

浑沌凿开了七窍，就失去了自己的本真。他之所以可以活着，就是因为他的浑沌之态，他可以去综观天地；等你把他的七窍分开的时候，他已经远离了他的生命本体。

这仅仅是一个寓言吗？

所谓人的社会化，就是在我们成长的过程中，被社会凿开了我们的一窍又一窍。到最后，我们变成一个社会标准下的成人，但离我们的赤子之心、浑沌之态又有多远呢？

庄子讲的这个寓言离我们很远吗？我们听的仅仅就是一些故事吗？其实，它可能离我们很近很近。

我曾经读过这样一个故事。

有一只小鹰，它从小跟着鸡群一起长大，小鹰也一直以为自己是一只小鸡。所以，当主人真正要放飞这只鹰的时候，怎么诱惑、怎么打骂，鹰就是飞不起来，因为它认定自己是一只不会飞的小鸡。

最后主人失望了，说："我白养了一只雏鹰，一点用处都没有。我把它扔了吧。"主人把这只小鹰带到了悬崖边，像扔一只鸡崽一样撒手将小鹰扔下悬崖。

小鹰垂直地从悬崖上掉下去，就在急速坠落的过程中，这只小鹰扑棱扑棱翅膀，在坠地之前竟突然飞起来了。

这是为什么呢？是因为就在从悬崖下落的高空的落差中，鹰的天性被激活了，恢复了，它知道自己的翅膀是有用的。

其实，我们有多少人在成长过程中，有某种潜能从来没有被开发出来？

比如，你从来没有遇到过你真正热爱的职业，可以让你用心去做。你没有在这个职业中体会到被激发的乐趣，没有享受自己得到提升的快乐，所以有一些技能永远地被遮蔽了。

比如，在这个世界上，你如果没有遇到真正的爱人，你的爱情的力量一生可能是被遮蔽了。尽管你有家庭，有儿女，过着寻常人眼中正常的生活，但是，你的生命没有燃烧过，仅仅因为你没有遇到那个人。

我们需要认真想一想，我们需要不断地追问：这一生我们曾经多少次错失过自己？我们真正找到了被开发的那个机会了吗？怎么样才能找到那个机会呢？

庄子在《人间世》篇中教给我们一种认识自己的能力，总结成两个字，叫作“心斋”，就是用心的斋戒去真正反躬内省，看看你自己。

这个话是庄子假托孔子说的。孔子的学生颜回对孔子说：“我想出去做事，我要去卫国阻止暴虐的国君的恶行。”他的老师孔子特别不屑地说：“你别去了。你去了以后，碰到这么暴虐的人，你劝不好他，反而会被他杀了。”

颜回说：“我总要出去做事啊。”老师说：“你现在还太毛躁，还没有看清自己，你出去做什么事都会一事无成的。你先自己去斋戒吧。”

颜回就问他老师：“我们家可穷了，不喝酒、不吃肉已经好几个月了。我一直过着这苦日子，这算不算是斋戒啊？”

孔子说：“你说的是祭祀上的斋戒，而不是心的斋戒。”

颜回问：“什么叫心的斋戒？”

陈传席 《观云图》(局部)

孔子告诉他，在这个世界上，你不光用耳朵听，还要用心来听，更要用气来听。用你的气息去进行一切的感受，回归到心里，得到自我的确认，这就是心斋。

这段话虽然是假托孔子说的，但是出自《庄子》。他写的这段话是告诉我们每个人一种认识自己的方式。

> 我们每一个人的眼睛都有向外发现和向内观看的两种能力。向外可以发现一个无比辽阔的世界，向内可以发现一个无比深邃的内心。
>
> ——于丹心语

其实我们每一个人的眼睛都有向外发现和向内观看的两种能力。向外可以发现一个无比辽阔的世界，向内可以发现一个无比深邃的内心。

可以说，外在的世界有多大，内心的深度就有多深，这是完全成正比的。

可惜，我们这一生一直用于外在的发现，而从来看不见自己的心到底有什么愿望。

在很多时候，我们的成长过程中有太多太多被人安排好的事物，比如从小的读书、长大的职业、以后的家庭……好像所有的事情都被安排好了，没有自己的追逐，没有自己的尝试，甚至没有自己的挫折，所以，也就无法真正确认内心的愿望。

有这样一个故事。

有一个叫作渔王的人，捕鱼的技能太强了，甚至被誉为渔神。他有三个儿子。这三个儿子从小跟从他出海，但是，捕鱼的技能却还在一般人之下，更不用说和父亲相比了，所以，渔王特别沮丧。

后来，来了一位哲人，问渔王："这三个孩子，从什么时候开始跟你捕鱼的？"渔王说："他们从小就在船上长大的，他们从没离开过渔船。"

哲人问："孩子们都是跟你学习捕鱼技术吗？"渔王说："从小我就手把手地教给他们，一丁点闪失都没有。我总是把我最重要的诀窍毫不保留地教给每一个儿子。"

哲人问："孩子们自己捕鱼的时候都在哪里？"渔王答："当然在我的船上。因为有我给他们把关，他们就不可能有闪失。我总告诉他们，哪种征兆会有大鱼，怎么样起网会有最好的收获。"

问完这三个问题，哲人就告诉渔王："你三个儿子的悲哀就在于他们的一切都被你安排好了。他们得到了你的经验，但他们缺少的是捕鱼的教训。他们没有离开过你，没有自己出去实践过，他们不知道坎坷和困难，所以没有教训。你一生由教训总结出来的经验，对他们来讲，就是一些平庸的教条。"

其实，这个故事也适用于我们每个人。我们得到的那些间接经验是有用的，但仅仅有间接经验就够了吗？

从某种意义上讲，人生没有弯路可言。
——于丹心语

我们今天常常说，人生要少走弯路。其实，从某种意义上讲，人生没有弯路可言。如果你没有走过那一段路程，怎么能抵达现在？如果不站在现在，你怎么能回头去看，说那是弯路呢？

人生的每一条路都是你必须要用自己的脚步去丈量的。
——于丹心语

人生的每一条路都是你必须要用自己的脚步去丈量的。而这个过程，让我们发现自己并且得到了确认。

每个人都应该不断地审视自己，这是我们认识自己的又一个重要条件。

正确地认识自己，最重要的是需要我们能够有自知之明。那么，我们怎样才能做到有自知之明呢？又怎样才能不受外部评价的影响，而正确地认知自己的能力呢？

庄子始终保持着对自我清醒的审视。从物理意义上人生的状态，到精神意义上人生的境界，庄子始终保有清醒的关注。

一个人要在自己的形骸之外，保有一双灵魂的眼睛。
——于丹心语

一个人要在自己的形骸之外，保有一双灵魂的眼睛。

这件事情没有别人可以做。尽管永远有人在提醒你的得与失，你的对与错，但是，我们往往在他人过多的言论中盲从，迷失了自己的心。

如果保有这样一双灵魂的眼睛始终审视自己，我们才可以做到宠辱不惊，把握住自己内心真正的愿望。

在庄子的《养生主》里面，有一个大家很熟悉的故事，叫作庖丁解牛。我们权且把自己的生命看成是庖丁手中的那头牛，今天，我们能真正解得开吗？

庖丁是怎么解牛的呢？他的手臂舞着，肩膀倚着，脚下踩着，膝盖顶着，整个的动作像舞蹈一样，“合于《桑林》之舞”，符合《桑林》乐章的舞步；解剖一头牛发出的声音节奏，“乃中《经首》之会”，符合《经首》乐章的节奏。刀锋过处，那头牛稀里哗啦就解体了，“如土委地”，像一摊泥掉在地上，骨骼清晰，牛肉全都剔下去了。

这简直就是一场表演，是一个漂亮的行为艺术。

观看的人大为赞叹，问：“你是怎么做到这样的呢？”

庖丁解释说：我在一开始解牛的时候，“所见无非全牛者”，看到的都是整头牛，也就是浑然一体，什么都看不清楚。但是，我所为在乎的是“道”，“进乎技矣”，已经不在乎技巧了。我能够从道上去追求，而不仅仅依凭技巧，三年之后我就不见全牛了。我已经不是用眼睛去看，而是用心神去体会了。透过厚厚的牛皮和牛毛，我完全知道牛骨骼的结构、肌理的走向、经络的连接。这个时候，我就可以用刀子准确地进入它骨骼的缝隙，顺着牛的自然结构去解牛，而不会硬来。这样的话，我就获得了一种效率，游刃有余。

这个庖丁说：庖丁跟庖丁是不一样的。大家都是屠夫，但是你看，一个优秀的屠夫一整年才换一把刀子，因为他用刀割断筋肉；一般的屠夫一个月就得换一把新刀，为什么？因为他用刀砍骨头。我这把刀用了十九年，还像新的一样，这是为什么呢？

这个庖丁说了一句很奥妙的话，叫作“以无厚入有间”。刀很锋利，本身是很薄的，而牛的骨骼之间是有缝隙的，用不厚的刀准确地进入缝隙，刀又怎么会磨损呢？所以，整整十九年，刀还像新的一样。

我们把这个故事运用在今天的生活中。我们不必去砍骨头，背负担。我们不必每天在唉声叹气中做出一副悲壮的姿态，让人生陨落很多价值。

如果我们人人能成为这样一个庖丁，如果我们的灵魂也有这样一把可以永远锋利的刀子，如果我们把迷失在大千世界的生活轨迹变成一头整牛，如果我们能够看到那些骨骼的缝隙，最终能够准确地清理它、解清它，那么，我们获得的会是人生的高效率。

庄子告诉我们：只要你心中有大境界，你就能够看清超越言行的内心真正的质地。也就是说，内心里面的这种真正的大道、大辨、大仁、大廉、大勇，一切都不是表露于外的，是内敛于心而不张扬的。

这种内敛于心却又能涵泳天地万物的地方，庄子说，叫作天府，是天地万物的府库。

这天府里无限博大，就好像你往里加水永远不会满，从里面舀水，永远不会枯竭，你不知道它的源头是哪里。庄子说："此之谓葆光。"

葆光是什么呢？就是你内心保全的、潜藏不露的一种大的光明。你心中有大境界，才能拥有这种大光明。它取之不尽，用之不竭，普照万物，光芒永在。

从认识你自己，到倾听你自己，到涵养、孕育你自己，这是一个美好的人生历程。

从认识你自己，到倾听你自己，到涵养、孕育你自己，这是一个美好的人生历程。

——于丹心语

每一个人都拥有一个天府，每一个人都拥有一种葆光的能力。到这个时候，人就不以外在的事功来看待自己的能力了。

有这么一个故事。

大家都知道扁鹊的名字，他是中国古代著名的医生，扁鹊成为中国名医的代称。

扁鹊去见魏王。魏王说："我听说你们家兄弟三人都擅长医术，你跟我说说，你们三个人中，谁的医术最高明啊？"

扁鹊老老实实地回答："我大哥医术是最高的，我二哥其次，我的医术最差。"

魏王惊讶地问道："那为什么你天下闻名，而他们两个人却默默无闻呢？"

扁鹊说："因为我大哥给人治病，总能够做到防患于未然。这个人得病，但还没有显出征兆，他手到病除，把病根给消除了。这个病人就像没得病一样，所以所有的人都不知道，他是在给别人去除预先的病。

"我二哥治病，是在病兆初起之时，他一用药就把病给除去了。大家总认为他能治的是小病，不知道这个病如果发展下去，那就是要命的大病啊。

"我的技术最差，因为我只能在人已经生命垂危的时候才出手治病，往往能够起死回生，所以我的名声就传遍天下。

"行医治病，防患于未然者最高，但天下无名；病初起而手到病除次之，但被人认为是治小病，只能名传乡里；病人垂死时才挽救人，保住了生命，但早已元气大伤，还会留有后遗症，这个人已经受损了，但是我却能名传天下。”

这个故事告诉我们什么呢？它告诉我们，世俗的评判标准，未必真的能评价一个人的真正质量，只有我们的内心能做出准确的回答。

有一个民间故事，说有一家主人带着一只小猴和一头小驴一起生活。小猴子很机灵，它总在房上跳来跳去。主人见人就夸小猴子聪明。

小驴子看猴子老受表扬，也想像小猴子一样上房。有一天它终于踩着柴垛艰难地上了屋顶，踩破了屋顶瓦片，结果被主人拖下来暴打了一顿。

小驴子不理解，我终于做成了小猴子做的事情，为什么它要受表扬，而我要挨打呢？为什么呢？

其实，这样的境遇发生在很多很多人的身上。我们过分地仿效了他人的行为，我们刻意地强调了社会流行的标准。

所谓时尚、所谓流行往往有一种潮流的趋势，让我们迷失了自己的心，而趋同于大众的标准。这样的事情比比皆是。

庄子一直在提醒我们，怎么样可以不流于俗呢？首先，要认清你内心的愿望，你真正在以你自己的方式善待你自己吗？

在今天这样一个媒体充分发达的时代里，流行的标准是很可怕的。流行是一种势力，流行是一种洗脑。流行可以告诉你，它未必是好的，但是你必须要从众。

我们往往有一个概念的混同，就是，流行就是时尚。但是，时尚有的时候是少数人的一种趣味，而流行有时候像流感一样，它只标志着一种数量，并不代表着品质上的更高级。

在今天这个时代，我们也许比庄子的时代更需要内心的火眼金睛，更需要常常反省，更需要摆脱外在的标准和评价来判断自己的能力。

只有确立了这一切，以自己的清明理性去善待他人，善待朋友，善待子女，才能够做到对人对己的真正的尊重，认清每一个人的价值取向，理解每一个年龄段的生活方式，按照它本来的样子，让它发挥到最好。

如果我们站在当下，来阅读庄子那一个又一个环环相扣的寓言故事，来解读其中的奥秘，那么，我们都会拥有一双灵魂的眼睛，都会拥有一把庖丁的利刃，我们可以看破世间的是是非非，最终获得一份清明的理性，而完成自己独一无二的人生。

总有路可走

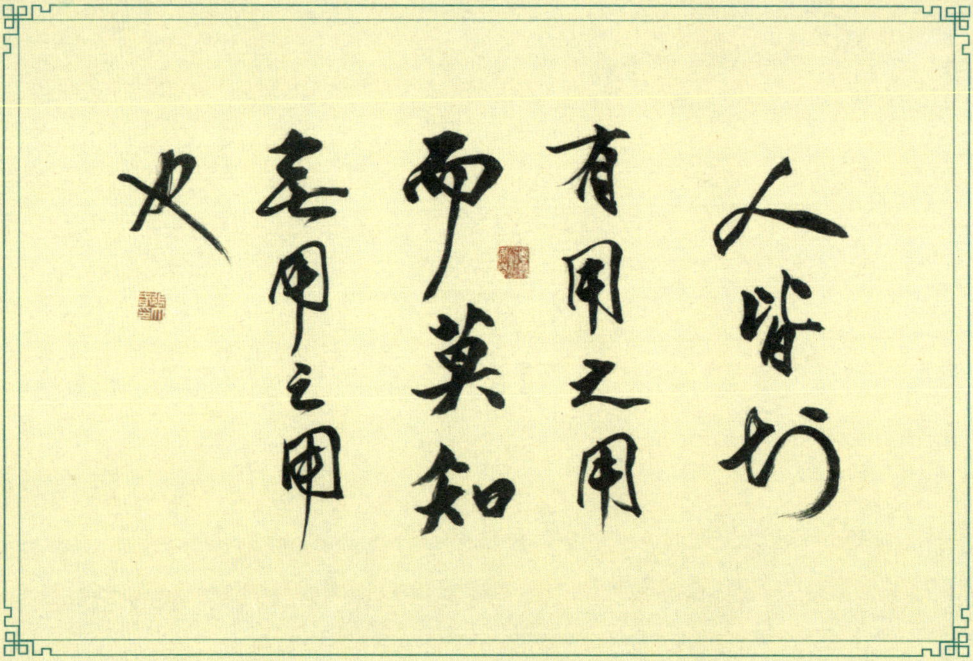

在人生的道路上，人们总会遇到种种困难，有的人天生丑陋，有的人身有残疾。

善于讲寓言的庄子，借用了一个个或身有残疾，或外表丑陋的怪人，来表达了自己的一个观点，那就是：无论人生遇到什么情况，世界上总有路可走。

在《庄子》的寓言中，有很多形态与常人不同的人，比如残疾人、受过刑的人。从表面上看，他们的身体条件都与常人不同，但是这些人或者有抱负，或者有理想，或者活得很快乐，或者活得很成功，堪称奇人异士。

庄子在《人间世》篇中写过一个叫支离疏的人。这个人名字已经够奇异了，他长什么样子呢？

支离疏双肩高过他的头顶，头低到肚脐以下，本应该是垂在后面的发髻，却是冲着天的。他的五脏六腑都挤在后背上，还是个驼背，两条腿就直接长在肋骨旁边。经过庄子这样一番形容，这个支离疏不仅是丑陋了，而且近乎狰狞，像个怪物一样。

支离疏又是怎么生活的呢？庄子说，他替人缝衣服、洗衣服，已足够养活他自己。他还有余力替别人去筛糠啊，簸米啊，挣的钱足够养活十口人。

最后庄子得出一个结论：像支离疏这样肢体不全的人，

他只要自食其力，一样可以养活自己，安享天年。

由支离疏的故事，让人想起了武侠小说家温瑞安写的《四大名捕》系列。熟悉武侠小说的人都会知道，位于四大名捕之首的就是无情。

无情出身于一个武林世家。由于他的父母在江湖上结下了冤仇，被仇家屠灭了全家。他的父母都死了。仇家心狠手辣，抓到这个小婴儿，决定让他活下来，但作为一个武林后人，从小就废掉他的武功，让他生不如死，不能为父母复仇。所以，仇家残忍地把这个孩子的脚筋挑断了。无情还没有学会走路，就先瘫痪了。

无情长大以后，是一副手无缚鸡之力、孱弱不堪的书生模样，是个残疾人。但在四大名捕里面，无情为首。他具有超凡的武功和内力。无情的独家绝活是什么？是他在微笑的时候，可以从嘴里猛喷出来一口钢针，足以置敌于死地。虽然他有先天肢体的残疾，但是他却有了无人可比的精湛内功。

这个故事是不是可以作为支离疏的一个延伸呢？这样的故事在我们今天的社会里，是不是也有呢？

庄子《德充符》篇还讲过一个名叫哀骀它的丑人的故事。

鲁哀公曾经对孔子说：卫国有个面貌特别丑陋的人，名叫哀骀它。这个人虽然丑，但有一种神奇的魔力，男人如果跟他待上一段时间，就会留恋这个人的德行，不想离开他；女人一旦跟他见了面，就会回家去跟父母说“与为人妻，宁为夫子妾”，就算是给他做小妾，我都不嫁到别人家去做正妻。这样的女孩子有十几个，而且人数还在增长。

鲁哀公说：这个人怪了，他没有权位，也没有钱财，我也没见他有多么过人的见解，倒是经常附和别人的一些意见。我想他一定有什么跟常人不同的地方，就把他请来了。他果然丑陋得让人惊骇。但是，我跟他相处，我就发现很舒服，不到一个月我就特别信任他。最后，鲁哀公就问孔子：你说说看，这个哀骀它到底是一个什么样的人呢？

是啊，这是一个什么样的人呢？庄子无非是在告诉我们，这个世界上有这样一种人，他们外貌平平，甚至丑陋，但是内心有一种人格的力量，可以不知不觉地把人吸引在他的身边。一个人真正的力量并不表现在他有某种卓越的才华，某种炫耀的技巧，而是一种和缓的凝聚力。

一个人真正的力量并不表现在他有某种卓越的才华，某种炫耀的技巧，而是一种和缓的凝聚力。

——于丹心语

台湾著名的教授傅佩荣先生在研究《庄子》之后，得出一个心得：真正看懂《庄子》就会明白，世界上总有路可走。

人皆知有用之用，而莫知无用之用也。

——《人间世》

这句话很朴素，它不是一个学术结论，而是一个人生结论。

庄子的寓言告诉我们，一个人即使外貌丑陋、身体残缺，也可以自食其力，得享天年，这是因为他找到了一条属于自己的人生道路。

在我们当今社会的现实生活中，也有一些人很不幸地成为身体上有残障的人，他们是如何选择自己的人生之路的？而他们的选择又给我们什么样的启示呢？

当今中国的残疾人将近六千万，他们有的是肢体残疾，

陈传席 《云龙湖畔》(局部)

有的是智力有障碍。他们的生活比我们普通人要困难得多,他们该怎么生活呢?

有一个非常著名的纪录片,叫作《舟舟的世界》,记录了武汉一个男孩子舟舟的故事。这个孩子先天智障,他的智力水平相当于三四岁的儿童,而且再也没有成长发育。

我们看到这个片子的时候,舟舟已经二十六岁了,但是他的智力水平遗憾地停留在了三四岁的水准上。但是他有一个鲜为人知的世界,那就是他的音乐世界。

舟舟在指挥上是一个天才。这是因为他父亲在武汉歌舞剧院工作,他从小生活在这个环境里。这个环境对他来讲,不是一种知识的学习,不是一种业务的培训,而是一种生命性灵的浸润。他是被音乐滋养大的。

每当有大型的交响乐演出的时候,指挥在前台,他在后台，一个人心醉神迷地指挥。他跟音乐之间有一种超越任何知识的默契。后来，舟舟的这个才能得到了发挥，他获得了指挥乐团演奏的机会。他不仅家喻户晓，在全国成为名人，而且可以走出国门，在国际舞台上参加演奏比赛。

舟舟的这个现象，应该说是一个生命的奇迹。他虽然智力残缺，但他生命里面的一种性灵的天真却得到了开发，这种天真和艺术之间不经意地有了这么一点默契。

在2005年中央电视台春节联欢晚会上，大家都记住了《千手观音》这个舞蹈。从领舞邰丽华，到千手观音这个残疾人的表演群体，大家看到的是端庄、肃穆、优美、纯净，是美轮美奂、金碧辉煌。这个表演群体是由聋哑人组成的，他们心神安静，内敛、专注，脸上、身上表现出一种天然的祥瑞之气。这种气质，是健全人绝难表演出来的。

所谓残疾就是身体的某一器官功能受到了损害。但是，人体的器官是有代偿功能的。所以大家经常说，眼睛不好的人耳朵特别灵敏，这就是代偿功能。其实，人体是有很多很多奥秘的，我们有太多太多的能力还没有开发出来。

庄子所说的支离疏也许仅仅是一个意象，但是把这个意象放大，我们会觉得，有很多我们以往觉得是人生遗憾的事情，一样可以获得生命的圆满。

《庄子》里面还有一个故事。

郑国有个叫申徒嘉的人，断了一只脚。他跟郑国的执政大夫子产一起在伯昏无人的门下做学生。子产觉得自己贵为大夫，却和申徒嘉这样的断脚人做同学，心里头总是很不舒服。

有一天，子产对申徒嘉说："我要先出去的时候，你停一下后走；如果你要先出去，我就停下来后走。"其实，就是子产讨厌他，不愿意跟他一起出入。

申徒嘉没有理会子产。第二天，子产觉得忍无可忍了，又一次重申这个要求，并且说："你见了我这个执政大夫都不知道回避，难道你当自己也是执政大夫吗？"

申徒嘉说："有你这样的执政大夫吗？我听说，一个镜子如果它真的明亮，是不落尘埃的；如果真正落上尘埃的话，镜子就不能明亮。人心也是如此啊。我们在这里跟从先生修养德行，你却说这样的话，不觉得过分吗？"

子产有点急了，说："你都是这样的人了，你真应该好好反省自己到底是个什么人？"

申徒嘉说："咱们老师的门下怎么会有你这样的执政大夫？我跟老师之前，听到有很多人耻笑我，笑我两脚不全，笑得我心里很不平衡。我是满怀的怨气。但是我自从跟老师学习之后，我的怨气就四散了。我在老师门下整整学习了十九年，他从来不让我觉得我是一个独脚之人。现在，你用形体标准而不是道德标准来看待我，还说你自己是一个执政大夫，你难道不惭愧吗？"

子产听完，觉得很惭愧。这是一个肢体健全的人在一个肢体不健全的人面前流露出的惭愧。这种惭愧源自于他内心的缺失。他明白了，一个人能否成功，并不靠他的肢体，甚至不靠他的权位，而在于他是不是真的知道自己的努力和自己的位置。

庄子说了这样一个故事。

有一个叫叔山无趾的人，因为早年间犯了过失而被砍去了脚趾。有一天，叔山无趾用脚后跟走路，到孔子的门下求教。孔子正在给学生上课，见叔山无趾来了，就跟他说：你年轻的时候做人不谨慎，犯了过失，招致了祸患，所以落成今天这个样子。尽管你今天还想到我这里来学习，不过你觉得还来得及吗？叔山无趾平静地回答说：我正是因为年轻无知，才会使身体受到伤害。但是我现在知道，生命中有比脚趾更尊贵、更重要的东西，所以我来找你求教。“天无不覆，地无不载”，上天什么东西都能覆盖，大地什么东西都能承载。我把夫子你视为天地，哪里知道你是这样一个人？

孔子顿觉惭愧：我实在是浅陋。请你进来指导指导我的学生吧！

但是，叔山无趾还是离开了。

孔子深感遗憾，回头对学生讲：你们勉励啊！叔山无趾这样一个断了脚趾的人，还知道来学习，还知道生命中有比他的脚趾更尊贵、更值得尊敬的东西，我们这些是全身全德之人，我们孰能不进取呢？

从申徒嘉到叔山无趾，也许在他们的人生经历中都曾经有过污点。他们付出了身体上的代价。他们并不像支离疏那样先天残疾，他们其实背负着双重压力，但是为什么他们能在世界上活得坦然？

因为他们有一种内心的力量。他们敢于正视自己的弱点，勇于改过，对新的生活孜孜以求，仍然能获得人们的尊敬。

无论是申徒嘉还是叔山无趾，他们虽然犯过错误并受到严厉的刑罚，但是他们知耻而改，用一种内心的力量，找到了属于自己的人生道路。在现代社会中，人们的生活压力、工作压力都很大，当心理不堪重负、产生残缺时，将会导致什么样的后果呢？

人有肢体残疾，难道没有心智上的残疾吗？

今天，是一个媒介发达、资讯贯通、科技给了我们无穷力量的时代，但是，这并不意味着每一个人的人格在今天更健康、更明朗。也许，我们在心智上的残缺更多了。

中央电视台的《新闻调查》栏目播出了一期节目，叫作《一只猫的非常死亡》。2006 年 4 月，在网络上发生了一起令人震惊的虐猫事件。当一只高跟鞋踩死一只小猫的整个过程曝光在网上时，激起了一片指责、愤慨。大家一直在搜寻这背后的凶手是谁？

这个事件里面有三个问题，第一，踩死小猫的这个女人是谁？第二，谁拍下了这段录像，并把它挂在网上？第三，这背后是一个什么样的网站？

看完《新闻调查》的这期节目，大家会震惊地发现，踩死小猫的那个人是黑龙江一个医院的药剂师。她平时工作非常认真，对患者负责尽职，从不出错；她把工作环境打扫得干干净净，与人和善，宁可自己吃亏，也从不让他人受委屈，在单位受到一致好评。

但是，她有十七年的婚姻危机，在离异以后，她无处倾吐，心里充满了委屈和愤怒。在电视镜头前，她直言不讳地说，当有人找她做这件事的时候，她一口答应，根本不是为了钱，就是为了一种发泄。

记者问她："你在踩死小猫的时候，脸上的微笑是别人要求你这么做的吗？"她说："不是，没人要求，好像我自己就愿意这样。"

这是一种心灵的扭曲所释放出来的一种反常行为。而把这个全过程拍摄下来并挂在网上的那个网站，是中国恋足前线里的一个分支，叫作踩踏网站。它的主办者说："我和我的群体，生活在一个阴暗的社会角落。由于我们自己特殊的性取向，我们把脚部作为唯一的美的标准。所以，就会希望这种脚部力的释放最大化。让高跟鞋去踩踏，就是这种释放。"国际上也有这样的一批人，他们踩踏的是衣服、水果，是无生命的东西，后来就发展到踩小鱼、小虾，再后来就发展到踩踏小猫、小狗。这种对于生命的践踏是没有止境的。

其实，这个网站背后的群体是一些具有相当知识水平的人。他们有体面的工作，但是，他们在心理上永远有这样一块抹不去的残疾。

当虐猫事件背后的角色一一走到我们眼前的时候，我们不仅仅止于一种愤怒，更多的是感到一种悲悯。在今天这样一个高速发展、科学文明的时代，有多少人因为心灵残疾，而不能走到阳光底下？

如果我们都像申徒嘉，都像叔山无趾，我们也许倒幸运了，因为我们可以去解释，可以去认错，可以去追寻，可以获得心灵的拯救。问题是，太多的人不能解释，甚至不可认知。

我记得在一次学术沙龙上，一个心理学系的学科负责人，给我们讲过他做过的一个心理诊疗的个案。

有一次，一个非常成功的白领小伙子，西装革履来到他的办公室。进来以后，他就四下搜寻，坐下时就抓起一个烟灰缸，从左手倒到右手，再从右手倒到左手。他就一直在那儿倒着，一会儿后才开始说话。

他说："我想跟你咨询一个事。我现在老有一种心理暗示，就是不祥预感。比如，我上班时要走一条路，远远地看见那个地方在挖土，明明我可以绕过去，但突然之间我就觉得要有不祥的事情发生，我就调转车头，改一条可能要拥堵两小时的路，宁可迟到，我绝不再走这条路。这样一些事情不断发生，我已经无法左右我自己了，我总是见到一个细微的征兆就觉得要出事。"他一边说，手里还在不断地倒腾着那个烟灰缸。

心理咨询师看了他很久，突然问了他一个问题："你小时候是跟谁长大的？"他回答说："我是跟我奶奶长大的。"

咨询师就开始跟他聊起遥远的童年，最终揭示了这个心理的秘密。这个秘密令人惊讶，听起来似乎发生在我们每家每户。

小孩子不睡觉，老奶奶哄他说："五分钟之内你要是再不闭上眼睛，狼外婆就来了！"孩子还是没有睡。奶奶说："三分钟之内，你要是再不睡着的话，大风就把你给卷走了！"孩子还是没有睡。奶奶说："一分钟以后，妖精就出来了！"

小孩因为害怕，睡不着也得闭着眼睛，而闭着眼睛的时候，他就一直在想着，这些狼外婆和妖精来了会怎么样？

咨询师说，就是由于我们大家司空见惯的这种哄孩子睡觉的方式，可能会使那种特别敏感的孩子在某种机遇下得上这种强迫症。

当时，咨询师突然问小伙子：“你手里倒腾着这个烟灰缸，这是一种仪式。你告诉我，你现在心里有什么预感？”听了这话，小伙子突然就停住了，说：“对啊，你说了我才明白，我现在觉得我妈妈可能要出什么事，我要是不倒腾这个烟灰缸，她就会出事。但是你真说出来，我就觉得没事了。”

心理疾病的治疗远远不是这么一句话就能完成的，这往往是一件很痛苦的事情。这是因为心理上的残疾，不像身体上的残疾这么容易被人看见。这种残疾有可能是在某一个偶然的情况下自己犯的一个错误，也有可能是在某种时刻自己不经意地受到的一个打击，从此不知不觉就积淀下的一种毛病。

在某种意义上讲，心理疾病的治疗更多地要靠自己，真正看见自己的缺失，自己成为自己的心理医生。

庄子告诉我们，在天地之间，如果一个人真的顺应生命形态，那么首先把这些个遗憾和残缺都接受下来吧，不要委屈，不要较劲，而是要想怎么样改良它才能让自己更好。翻开《庄子》，从他第一篇《逍遥游》开始，到他所列举的凡此种种这些人，一直贯穿着一个核心的思想，那就是大与小的区别。大与小绝不是好看与难看之分，真正的外在形态与内心境界有时候相去甚远。

庄子告诉我们，这些表面看起来稀奇古怪的甚至是形貌恐怖的人，他们的内心有一种大境界，是我们这些健全人不能比拟的。有些人，可能由于自己的健全、机敏、矫健，反而使自己受制于心。

看庄子的文章，有时会觉得无边无际，他描述出来的一切奇思异想都超乎我们的生活经验之外。但是，如果换一个角度，从内心来看，我们还是可以对应上庄子所描写的一个又一个形象的。

我们到底有哪些隐疾？我们到底有什么样的心理障碍？我们到底有什么童年的阴影？我们到底有什么人生的缺憾？

这一切一切是不是都像庄子所描述的这些人呢？而这些人以其德行的超越，是不是会给我们一种启发？给我们一种勉励？给我们一些参照？

有一句名言说得好：这个世界上无所谓垃圾和废物，所谓废物，只是放错了地方的财富。有很多财富无非是放错了地方。李白说“天生我材必有用”，大材大用，小材小用，有用和无用之间，只不过是看你自己生命的质地和你所处的环境之间是一种什么样的匹配。

每一个人都应该保有一颗平常心。
——于丹心语

庄子给我们指出，每一个人都应该保有一颗平常心。无论他是后天受刑罚的，还是先天残疾的，无论是肢体上残疾了，还是智力上有缺憾，他们都是我们的一面镜子。

我们没有在他们的残缺里面照出健全，反而在我们自己的健全中照出了残缺。这种残缺靠心智可以补足，靠精神与天地之间的遨游可以去完善，这大概就是庄子对于我们今天的人们一种最好的启发。在这种启发中，我们可以抵达他那种天地共往共来的逍遥境界。

谈笑论生死

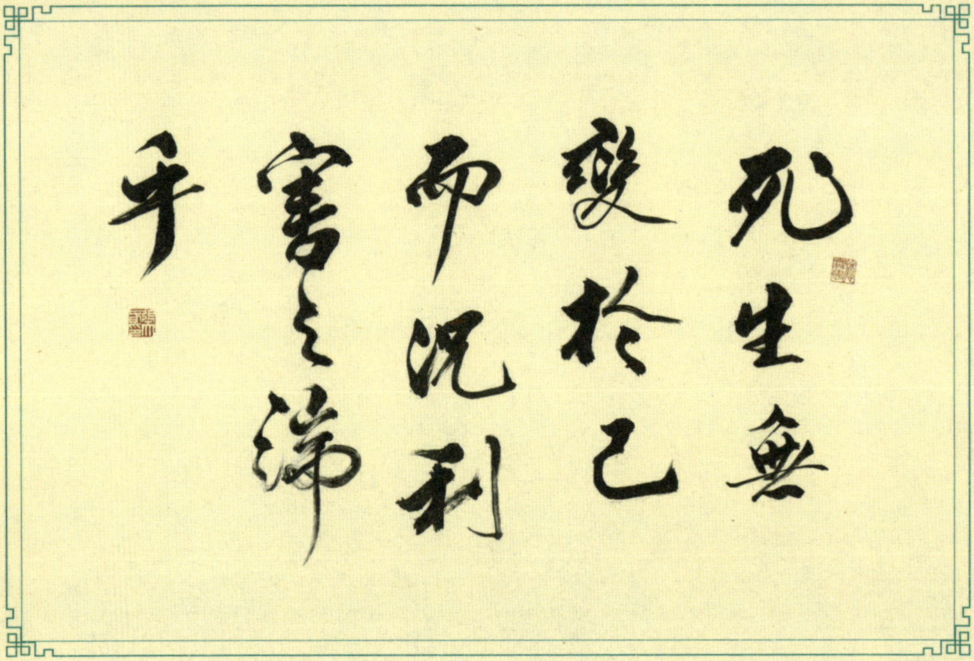

生与死，是人生起始的两个端点。

人生是一条不归路，当你走到终点时，才会想起途中的遗憾。

只有真正理解了生命的意义，才能正确地面对死亡。

《庄子》里面一个永恒的命题：关于生死。

人生百年，终有一死。对于生死，庄子有很多故事，比如他妻子去世时候的鼓盆而歌，这都是大家熟知的故事了。

庄子说："古之真人，不知说生，不知恶死。"古代真正懂得生命奥秘的人，没有觉得拥有生命有多么可喜，也不觉得死亡来临有多么可怕。

真正的君子对生死的态度从来都是不刻意的，不追问自己从哪里来，也不担忧自己往哪里去。因为，生和死只不过是一个生命形态的变化。

这样的态度说起来潇洒，但是贯穿到每一个凡人的生命里，就不是一件容易的事了。

人的一生都在忙忙碌碌、紧紧张张中度过。在这个匆忙的过程中，对于越来越短的时光，每一个人都心存畏惧。

有一个寓言说得很好。兄弟两个人，他们家住在一座摩天大楼的第80层。这天，两个人深夜回家，恰好忘记了看通知，电梯停了。

兄弟俩背着沉重的大背包，在楼底下商量一下，决定一鼓作气，爬楼梯回家。两人抖擞精神，开始爬楼。爬到20层的时候，他们开始觉得背包很重了。两人商量，决定把背包存在20层，到时候再回过头来取。卸下了背包，两个人觉得很轻松，说说笑笑地继续往上爬。

爬到40层的时候，两人已经很累了，就开始互相抱怨指责。哥哥说："你为什么不看通知啊？"弟弟说："我忘了看通知这件事，你怎么不提醒我呢？"两个人就这样吵吵闹闹，一路吵到60层。

到了这时候，两人实在疲惫不堪，终于懒得吵了，觉得还是应该安安静静地继续爬楼。当他们终于爬完了最后20层，来到了家门口的时候，两个人互相一看，不约而同想起了一件事：钥匙忘在20楼了，在背包里。

其实，这说的就是人的一生。

死生无变于己，而况利害之端乎！
——《齐物论》

我们假设它是80个年头的人的一生。刚刚开始的时候，人人都是意气风发的。我们背负着沉沉的行囊，行囊里装着理想，装着抱负，装着很多很多的愿望。

我们不畏艰险，从脚底下第一个台阶开始上路了。爬到20岁，这是人走入社会的时候，开始认同规则了，觉得社会给了我们很多的负担，我们自己奋斗，已经足够疲惫，谁还背着那么多梦想啊？先把它安顿下来吧，等到衣食无忧，有了社会的名分地位，回头来再捡起梦想也不迟。放下以后，顿时有那么一阵轻松，大家又开始往前走。

随着人越来越年长，积累的越来越多，争斗越来越猛，内心越来越焦虑，人不免抱怨。这就是到了兄弟互相指责的时候，都觉得社会辜负了自己，都觉得自己付出太多，得到的回报太少，自己内心仓皇犹豫，就这样吵吵闹闹一路走来。

走到40岁，所谓年近不惑的时候，所有意气风发的东西都过去了，人开始变得疲惫、颓唐，互相扶持着再走。

走到60岁，觉得晚年的时光应该是美好的，是应该珍惜的，让我们安静下来吧，不要再抱怨了。这个时候大概到了孔夫子所谓的“而耳顺”，心顺应了，少了很多指责，终于走到了80岁。

站到最后的这个终点上，突然之间怅然若失，想起来这一生最宝贵的东西留在了20岁的行囊里，那就是一直还没有打开的梦想，从来没有放飞过，从来没有跟随过自己，孑然一身，走完了一生的历程。但是，20岁回不去了，这就是一条不归路。

这是一个很有意思的关于人生的寓言。

纵观人的一生，可以提示我们：应该以什么样的态度去面对生与死？

庄子之所以能够笑谈生死，是因为他悟出了生死的真谛。生死之间不过是一种形态的转变。

庄子之所以对死亡旷达，是因为他对生命的顺应，既然人生自古谁无死，那么死亡还有什么可怕，还有什么可悲伤的呢？

庄子在《大宗师》篇里讲了一个这样的故事。

陈传席《草净云和》（局部）

子桑户、孟子反、子琴张，三个人都是方外之人。他们心意相通，忘怀生死，结伴在一起，成为好朋友。

后来呢，子桑户先死了。孔子听说了，就派自己的学生子贡去帮忙处理丧事。子贡去的时候，看见子琴张和孟子反两个人，一个在编挽歌，另一个在弹琴，正对着子桑户的尸体唱歌呢。他们唱道："子桑户啊子桑户，你现在已经回到本真了，我们还寄迹在人间。"

子贡就非常不理解，说："你们三个人是这么好的手足兄弟，有一个人先走了，你们却对着尸体唱歌，这合乎礼吗？"

子琴张和孟子反两个人却笑了，说："他哪里懂得什么是礼的真意啊？"

子贡回去以后，问老师孔子："他们到底是什么样的人啊？他们到底是什么心思啊？”

孔子当时就说：“他们都是一些心游世外的人，而我是一个拘泥于世内的人。我怎么还派你去帮助做丧事呢？这是我的孤陋啊。他们这些人已经没有生和死的边界了，他们完成的是心神跟天地的共同遨游。有没有这个身体形骸对他们来讲是不重要的了。所以，一个朋友走了，两个朋友就像是送一个人远行那样坦坦然然相送。”

这个故事里讲了一个道理，就是在生命之中，每一个人都可以以不同的形态活下去。

在生命之中，每一个人都可以以不同的形态活下去。
——于丹心语

庄子在《大宗师》篇里还讲了这样一个故事。

子来生病了，看来将不久于人世，快死了。子犁去看他，看见子来的妻子、儿女都围在那儿大哭。子犁上前对他们说：“你们快走开，不要再打搅这样一个马上要有大变化的人。”

子犁靠着门，对子来说：“伟大的造物主啊，下面又会把你变成什么呢？是把你变成老鼠的肝呢，还是把你变成虫子的手臂啊？”

子来长长地出了一口气，对他说：“夫大块载我以形，劳我以生，佚我以老，息我以死。”

这四句话讲出了人生的历程。天地造化，锻造出了我的生命，赋予我一个形体。我来到世界之初，有了这个生命，就要完成生命的社会化，就要去穿越人生。所以就要“劳我以生”。人的这一生没有不受劳苦的，一辈子要经历很多磨砺。到了晚年，我老了，终于可以让我悠悠闲闲地安享我的晚年。但是，晚年的这个休息也还是有限的，最后给我的安顿，叫作“息我以死”，用死亡给了我最长的休息。这就是我的一生。所以，子来说：“我相信，善待我生的也一定会善待我死，我是怎样被安排来这个世间走了一回，我还会好好地离去。”

说完这个话以后，子来就安安静静地睡去了。睡了一觉，再醒的时候清清醒醒，身上的大病都远远地走了，子来重新复苏了。

这是一个寓言。其实，一个人当他的内心把生命当作一次穿越的时候，也许死亡在他的心中已经变成生的延续。死亡早已被超越了。

庄子在《养生主》篇里有这样一句话，说：“指穷于为薪，火传也，不知其尽也。”油脂在柴火上燃烧，油脂烧完了，柴火燃尽了，但是火却可以传续下去，没有穷尽的时候。

人的身体、人的生命是可以消耗掉的，但是人的思想仍然可以传承。对庄子来讲，思想的传承远远胜于一个生命。

> 人的身体、人的生命是可以消耗掉的，但是人的思想仍然可以传承。对庄子来讲，思想的传承远远胜于一个生命。
> ——于丹心语

这就是庄子对于生和死这个形态的一种感悟。

当代社会，人的寿命得以延长，已经远远胜于远古。但是，在心理上，对于死亡的畏惧，对于生命的留恋也远远超乎从前。应该说，在今人的生活里，有太多太多的隐私，有太多太多的牵绊，有太多太多让人闭不上眼睛的事情在心头纠缠。

但是，庄子讲了这么多关于自己的、亲人的、朋友的生死故事，他对生死的看法与今人全然不同。在他已经穿越的这个生命中，他看重的是火光，而不是柴火的长度。人生的事迹是可以写下来的，但每一个人的判读又是各不相同的。

孔子说过："未知生，焉知死？"也就是说要想知道死，先要懂得生。每个人对生命的解读不同，对事物的看法就会完全不同。我们常常会发现，即使在同一个社会环境中，在同一件事情里，不同的人会产生完全不同的看法。这是为什么呢？

有这样一个故事。

有三个人在路过一个墙角的时候，看到了同样一个情景：一只小蜘蛛在往墙上爬，爬着爬着，前面有一块洇湿了的雨迹。小蜘蛛一爬到潮湿的地方就掉下来了，然后，这只蜘蛛又从墙角开始往上爬，再爬到那个有雨湿的地方又掉下来了。如此一遍一遍，周而复始。

这三个人看到这个场景，都想到了自己的生命。

第一个人想：我看到这个蜘蛛，就像见到了我自己。我和这只蜘蛛是一样的，一生就这样爬上去再掉下来。人的一生碌碌无为，一直周而复始做着徒劳的努力。

第二个人想：我看见蜘蛛这样爬，才知道人生其实有很多误区。我们只看到眼前，以为只有一条路，其实潮湿的那一片地方并不大。如果这个蜘蛛能横着绕过那片潮湿，它很快就可以顺着干墙爬到更高的地方。所以，我要让我的人生变得更聪明，有的时候人生需要绕路走。

第三个人看到蜘蛛以后，被深深地感动了：一个蜘蛛还能够这样不屈不挠，那一个人这一辈子应该有多少能量可以激发？有多少奇迹可以出现？这一切，都酝酿在自己的生命之中。

一个小小的场景，在不同的人心中，可以得出不同的结论，获得不同的人生感悟。

我曾经看到这样一个故事。

有一个秀才去赶考。赶考，对于任何一个书生来讲，都是一生中的大事。这个秀才心里一直很忐忑，一直想自己会考成一个什么样子，会有什么样的结果在等待自己。

在赶考的前一天，他做了三个很奇异的梦。

第一个梦，他梦见自己在墙头上种白菜。第二个梦，他梦见自己在下雨天出门，戴了一顶斗笠，还打了一把伞。第三个梦，他梦见自己和一个非常喜欢的女人背靠背睡在一张床上。

秀才醒来，觉得这三个梦都不同寻常。第二天就要考试了，这一天他就去找一个通灵的人解梦。这个人听了梦境，说："你的人生挺暗淡的。你在墙上种白菜，这不是叫白费劲吗？你戴了斗笠，还打把伞，这不叫多此一举吗？你跟喜欢的女人在一张床上，却还背对背，这不是没戏吗？你也别考了，你收拾行李回去吧。"

秀才听了这些话，回去就收拾行李，准备回家。

这时，旅店的老板问："你怎么不考就走啊？"秀才就把事情告诉了他。这个老板说："唉，我也会解梦，我觉得你这三个梦挺好。你在墙上种白菜，这个就叫作高中。你戴了斗笠，还打了把伞，这个就叫作有备而来。你跟你喜欢的女人已经躺在一张床上了，这就说明你翻身的时候该到了。”

经老板这么一解释，这个秀才信心大增，第二天就去应考，结果高中。

这也是一种对于生命密码的解读。

可能在很多很多的抉择之下，没有人来替我们解梦。我们只有问问自己：我现在处在一个什么样的阶段？我在这个时候内心要做什么样的决断？

儒家与道家关于生死的观念，不尽相同。儒家追求“杀生而取义”，而道家强调“不知说生，不知恶死”。两者殊途同归，都是让生命获得价值。

那么，什么样的生命才真正有价值呢？

庄子在《大宗师》篇推崇真人。他所描述的真人是什么样子的呢？

庄子说：“古之真人，不知说生，不知恶死。其出不䜣，其入不距。翛然而往，翛然而来而已矣。不忘其所始，不求其所终。受而喜之，忘而复之。是之谓不以心捐道，不以人助天，是之谓真人。”

古代的真人，不知道喜欢生命，也不知道害怕死亡。出生了他不欣喜，死去他不拒绝。无拘无束地来，无拘无束地走而已。他不会忘记自己从哪里来，也不会追求自己要去的归宿。有事就欣然接受，忘记生死，归于自然。他不会因为心智的欲求而损坏天道，也不会有意做什么去辅助天然。

庄子又说：“若然者，其心志，其容寂”,“喜怒通四时，与物有宜而莫知其极”。这些真人都是那些容貌显得宁静淡然，心里能忘怀一切的人。喜怒哀乐的性情能够与四时相通，对生活里的任何事情都能够坦然应对。

庄子借助真人，表达了对于死亡的一种态度，就是第一不怕死，第二也绝不找死。

这种观点跟儒家思想是有不同的。儒家讲仁人志士可以“杀生而取义”，可以舍去自己的生命而维护一个大的道理。

在生命长河中，儒家与道家表现出两种不同的态度。儒家的姿态是烈士，道家的姿态是高士；儒家的姿态是与时间去争抢，抢出来有限的时光去建立，而道家的态度是在流光中顺应，去把握每分每秒，去乐生。

这两种人生观最终殊途同归的是什么呢？那就是让生命获得价值。

但是，人生的价值判断永远都不会相同。

有的人更多地看中历史上的名垂青史，看重社会上的建功立业，让个人生命付出代价，也要去建立一种社会功勋。也有的人更多地看重自己内心的完善、安顿和自己道德上的成全。

如果是前者，他对人生的心有不甘多一点，而后者则淡泊多一点。其实这就是儒与道在作用于我们内心的时候，在我们拥有的相同的光阴中呈现出的不同的态度。

其实，中国人在对待生死的态度上，往往表现出两种不同的态度，一种以屈原为代表，另一种以司马迁为代表。

屈原投江自尽，选择了一种激烈的方式。为什么？

屈原生当战国乱世之中，作为楚王的同姓贵族，作为一个士大夫，当楚国被攻破郢都的时候，当秦将白起把郢都屠城的时候，尽管一个人流落在外，尽管他还有很多国家可以去，但是，他知道，自己的宗庙和自己的国家都已经万劫不复了。他生命最好的终结就是随着这一切一同归去。

屈原之死既是一种殉国，也是一种无奈。用郭沫若先生的话说，屈原是在自己美好的理想和不能实现理想的现实之中被撕碎的。所以，这样一个人，他必须采取这样一种惨烈而决绝的方式来处理生命。

但司马迁在生死关头，采用了另一种方式，他看到了比生死名节更重要的事情。

司马迁有一封著名的信，是写给好朋友任安的，叫作《报任安书》，完整地表达了自己对于生死的态度。

在信里，司马迁回顾了自己下狱、受刑的整个过程。他说自己非常冤枉，以莫须有的罪名被诬陷，满朝文武没有人来救他。这种情况下，他当然可以选择死亡，以维护自己的尊严。

可是，他没有。他接受了作为男人最难以容忍的耻辱：腐刑，就是被割去了生殖器。

他为什么要忍辱偷生呢？因为他有一件更大的事必须完成，就是他亦欲以究天人之际，通古今之变，而成一家之言的《史记》。

从他的父亲司马谈把这样一个史官的大业托付给他的时候，就告诉他，周公死后五百年而有孔子，孔子死后五百年至于今，没有人能够“绍明世”“续《春秋》”，来把这样一个时代记录下来，传承历史。所以，司马谈临死之前，把编撰《史记》的重任交给了司马迁。所以，司马迁说，他面对历史托付下来五百年一人的使命，他自己的态度是“小子何敢让焉”。天降大任于斯人，有这么大的事情，那么宁可受辱也绝不轻生，这就是司马迁的态度。

其实这样的态度，跟庄子给我们讲述的生命态度，可以形成一个映衬。

> 庄子对于生命的态度，第一他不怕死，第二他绝不找死。
> ——于丹心语

庄子对于生命的态度，第一他不怕死，第二他绝不找死。

但在现实生活中，有这样一些人，他们因为在生活中受到挫折，或者感受到压力，就选择了轻生。

是什么原因使他们害怕生命中的挑战呢？

现在，在大学里的学生都承受着一种压力，大家心情很沉重，就是在这个独生子女时代，轻生的孩子越来越多了。在一些大学里，按年度去统计，大学生、硕士生、博士生的自杀率真是不低啊。

原因无非几种，最多的一种是感情问题，恋爱没处理好，觉得此生无望了，殉情。第二种，工作没找好，觉得自己从小就是一个尖子，上了这么好的学校，社会还不接纳自己，愤而轻生。第三种，觉得学习压力太大了，觉得太压抑，人生没有什么乐趣。

这些轻生的孩子在他们的人生刚刚到达 20 个楼层的时候，把自己连同他们的背包一起从楼上扔了下去。他们的理想还没打开，甚至也没来得及放下，一切就都陨落了。

他们绝大多数都是独生子女，从小就生活在小皇帝的那种环境之中，四个老人、两个大人供着一个小孩子。这个家庭是个金字塔，孩子永远在塔尖之上。这样长大的孩子，怎么可能不唯我独尊？

但是，社会也是一个金字塔，每一个公民刚刚走进社会，就意味着要做塔的基座。

我们现在有一个悖论，就是每个从家庭的塔尖走出来的独生子女不肯做社会的基座。当不愿意做基座的时候，他面对的不是简单的心理的失衡，走到极致就是对于生死轻易的选择。其实，我们最不希望看到的，就是在今天种种压力下，人由于这种失衡而采取的对生命最草率的一种处理。

轻生的方式在今天有两种，一种明显的轻生方式是果决地把自己像一件破衣服那样从高楼顶上扔下去。

另外，还有一种隐蔽的轻生方式，就是让自己放任自流。在工作岗位上他不思进取了，在一个无望的家庭中不营建感情了，在朋友圈中穷困潦倒、醉生梦死了。这个人成为行尸走肉。他肉体的生命没有寂灭，但是心其实已经死了。他那个痛至极点的心也已经寂灭了。

今天我们讨论生死这个话题，看起来很远，其实离每一个人很近。

我们生命中究竟还有多少肌体在活着？我们的心中到底还有多少梦想在活着？我们的未来到底还有多少希望在活着？人跟人的回答并不相同。

所以，带着自己心里最初的梦想，以庄子的豁达去穿越生死大限，也许在今天要比庄子生活的那个时候更重要。

庄子那个时候物质太贫瘠了，人的选择太少了，所以活下去会变成一个单纯的愿望。

抉择过多，人生之累相对也多。
——于丹心语

而今天的人可能拥有太多的富足，但是在抉择的迷惑中反而会不堪重负。也就是说，抉择过多，人生之累相对也多。

所以在当下，不仅是抉择生与死这种外在的选择，更重要的是在自己的心灵中让多少有价值的生命能够真正活下去。

《庄子》看似都是一些“谬悠之说，荒唐之言，无端崖之辞”，如果真正把它和我们自己的状态联系起来，就会发现庄子的悲天悯人在于他的每个故事都贴近人心。

看见自己内心中生与死的较量，看见我们可以活下去的那个希望，其实我们是可以在有生之年真正做到乐生，做到顺应，做到当下的快乐，活好每分每秒。真正到生死大限来临的时候，有一份微笑的坦然，可以面对死亡说：我此生无憾。

其实这是我们每一个凡人可以企及的境界，这也就是庄子在今天的一个解读。

坚持与顺应

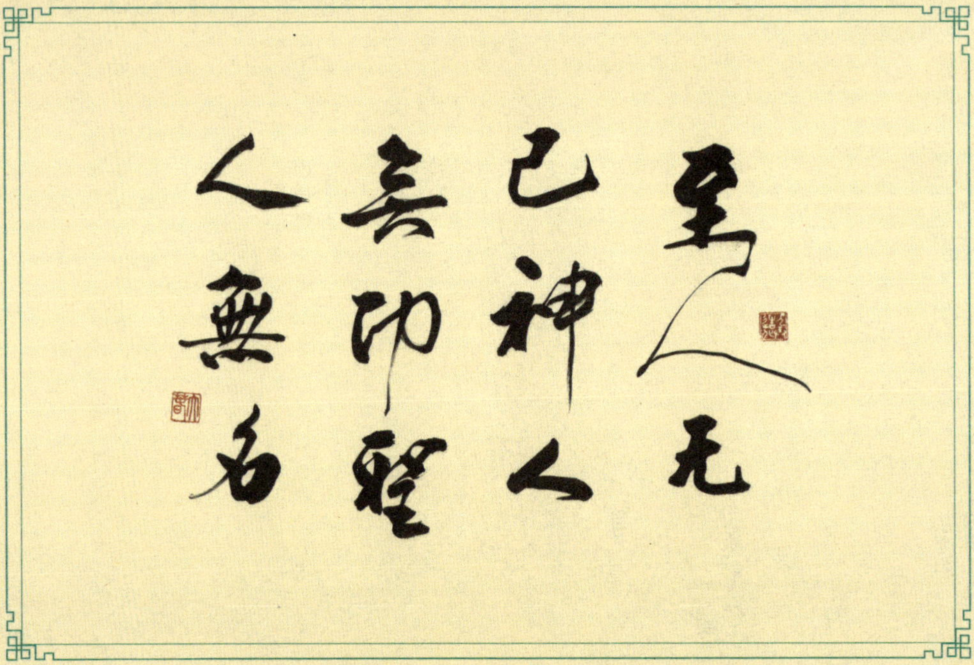

每个人都是一个独立的个体，但同时也是社会中的一员。庄子认为，在人的内心应该坚持自己的秉性而不要随波逐流，而面对外在的世界，则应该通达和顺应。我们怎样才能做到内心的坚持和外在的顺应呢？

庄子在他的书里面提出一种人生的价值观。这一次他是假托孔子之口说的。《知北游》篇中说：“仲尼曰：‘古之人外化而内不化，今之人内化而外不化。’”

这两句话怎么理解呢？

“外化而内不化”，字面上的意思是说，外表随物变化，而内心有所坚持，宁静不变。

一个人在社会上生存，需要顺应规则，遵从法度，与人交往，这一切都是我们可以叫作外化的东西。一个人在表面上可以非常随和，一切可以放下来，与人融通，这就是一种化境。但是，一个人之所以成为他自己，有他独特的价值观，有他独特的风格，有一个人内心的秉持，就在于他的内心真正有他的“不化”。

也就是说，生命应该有所坚持，而生存可以随遇而安。

生命应该有所坚持，而生存可以随遇而安。

——于丹心语

我们真的能够做到这一点吗？其实，这个命题对今人来讲更加重要。

我们外在的大千世界每天都在变化，已经进入了信息时代。每天出现的新情况、提出的新规则对每个人来讲都是一种新的尺度、新的坐标。我们是食古不化，坚持自己保守陈旧的、循规蹈矩的、墨守成规的准则，还是与时俱进调整自己呢？

“外化而内不化”，就是说，面对外在的世界，则应该通达和顺应；而人的内心应该坚持自己的秉性而不要随波逐流。

那么，为什么对于外在世界，我们一定要通达和顺应呢？

芸芸众生，大千世界，有太多太多的不得已不是我们能够左右的。人人会在这个世界上遭遇危险，人人都会面临一些困境，人人都会在一些突然而来的变故中遭遇一种内心的挑战。

我们能做到处变而不惊吗？

庄子在《秋水》篇里面讲了这样一个故事。

这个故事的主人公还是假托为孔子。孔子有一次周游卫国匡地的时候，突然之间遭到了卫国人的围攻，大家把他一层一层地包围起来。孔子坐在那里，“弦歌不惙”，在那儿弹着琴，唱着歌，没有停下来的意思。

这时候，他的弟子子路慌慌张张地进来了，一看老师还这样呢，就质问老师说：“何夫子之娱也？”外面都要打进来了，咱们有性命之忧了，您怎么还有娱乐的心思啊？

孔子淡淡地说："来，吾语女。"你过来，我告诉你我是怎么想的。

孔子说：子路啊，你看看我这个人，我的道行陷于穷困之境已经很久了，叫作"我讳穷久矣"，这是为什么呢？这是我的命。我希望我的道行通达也已经很久了，但是也没有得到，为什么呢？这是时运不好。在尧舜的时代，政治清明，天下是没有不得志的人的，并不是因为他们智慧高超；在桀纣的时代，暴君当道，天下没有得志的人，也不是因为他们才能低下。这一切都是时势造成的啊！

世界上有很多不同的勇敢，一个人在水中穿行不避蛟龙，这是渔夫的勇敢；一个人在陆地行走不避犀牛、猛虎，这是猎人的勇敢；一个人在白刃相交于前，能够视死若生，这是烈士的勇敢；懂得穷通之道是由于天命时运，遭遇大难而不畏惧，这是圣人的勇敢。

至人无己，神人无功，圣人无名。

——《逍遥游》

最后，他安慰了子路一句，说"由处矣"，你就少安毋躁，歇歇吧，"吾命有所制矣"，我自己知道我的命是有定数的。

又过了一会儿，果然有个带着兵器的军官进来，对孔子说："对不起，我们弄错人了，我们要围的是一个叫阳虎的人。现在知道你不是阳虎，我们向你道歉，撤兵了。"《论语》里面对这件事也有记载，说阳虎的面貌跟孔子有点相似。

庄子在他的《秋水》篇里为什么要引用这个寓言呢？这是为了告诉人们，只有内心安静、勇敢，在外在的气度

只有内心安静、勇敢，在外在的气度上才能表现为处变不惊。

——于丹心语

上才能表现为处变不惊。

这就是内心有所秉持，是为“内不化”。

在今天的世界上，我们太容易受外在言论的干扰了。这样一个物质丰富的时代，只要有几个人跟你说话，三人而成虎，就能够影响人的想法；如果七八个人一起鼓噪，那改变一个人的想法就很容易了。

我读过一个很有意思的小故事。

有一个人，他的朋友跟他打赌，说：“你今天在你屋子里面挂一只空鸟笼子，挂一些天之后，你非养鸟不可。”他说：“不可能。挂鸟笼子和养鸟，是两回事。”

他朋友说：“那我们打个赌吧，你挂一个鸟笼子试试。”

他就真在屋里挂了一个鸟笼子。从他挂上鸟笼子起，到他家来的客人不经意地都要看一眼笼子，然后就问他：“你的鸟是死了，还是飞了？你原来养的是什么鸟啊？要不然我给你送一只吧。”

这个人跟人解释。第二天，客人又来了，说：“你看看空笼子还挂在这儿，你特伤心吧！你那鸟死了多长时间？你是不是不会养鸟啊？我给你买了一本养鸟的书，看看吧。”

到第三天，有人就开始捧着小鸟来了，说：“大伙儿看见了空鸟笼子，鸟死了，挺可惜的。我送你一只鸟吧，还有鸟食，我告诉你怎么养鸟。”拿鸟的，拿食的，拿书的，来的人实在让这个人不堪其扰。

没过一星期，他说：“算了，我就养只鸟吧，省得别人成天问这个鸟到底是怎么回事。”所以，这个笼子里真的养上了鸟。

这是一个寓言吗？它多像是我们的生活。

我们在年轻的时候内心都是有所坚持的。但是，日常生活总是在考验我们，外部世界总是在试图改变我们。这其实就跟空笼子终于养上了鸟是一个道理。也就是说，我们为什么会改变一种习惯呢？是因为我们“内不化”的力量太弱了。

庄子所说的“内不化”，是指无论外界如何变化，一个人的内心不要受外界的影响，一定要有所坚持。

庄子所说的外化，则是指在与外界相处时要通达，要使自己的行为与社会相顺应。

但一向超脱的庄子，为什么会提倡顺应外在世界呢？

庄子在他的《人间世》里，假托孔子之口说：人间万事有很多规则，有两种东西你必须遵守，一个是命，一个是义，这是“天下大戒”。什么叫大戒？就是足以为法的最大的戒律。子女事亲，对父母尽孝，这就是命，命定的必须要这么做。人臣事君，对国家尽一份忠诚，这就叫义，是无法逃避的必须做的事。

我们所了解的庄子一直提倡特立独行，遨游天地，心游万仞。在这里，他又提倡遵守这命与义的“天下大戒”，与我们的想象有所不同。

其实，在当今世界，我们哪一个人能够跟他人没有关系呢？我们哪一个人光凭着内心的骄傲，光凭着内心的一种秉持，就可以安身立命呢？

有一个故事说得好。

陈传席　《江山独钓图》（局部）

有一个使者考察天堂和地狱。他下到地狱的时候发现，被罚到这里来的人，一个个饿得面黄肌瘦，都像饿死鬼一样，每天非常痛苦。地狱里不给他们吃的吗？不，有吃的，问题是给他们的勺子太难用了。每个人手里都拿着一把一米长的勺子，尽管勺子里面装满了食物，但怎么也放不到自己的嘴里。所以，地狱里的人越想吃到东西，内心就越受煎熬，所以形容枯槁、面黄肌瘦。

这个使者又到了天堂。他看到天堂里每一个人都是红光满面、精神焕发。他觉得天堂的日子这么好啊。但是他看到一个现象，大吃一惊。天堂里的人吃的食物跟地狱没有差别，每个人手中拿的也是一米长的长把勺子。

为什么天堂里的人能够那么和美欢畅呢？只有一个奥秘，天堂里的人用长把勺子互相喂别人食物，而地狱里的人是用长把勺子往自己的嘴里喂，所以永远挨饿。

其实，这就是我们的社会真相。我们手中可能都拿着一米长的大勺子，这就是社会赋予我们的、你必须接受的一种规矩，就是社会的法则。

为什么要提倡人的外化呢？当你用长勺子给他人喂食物的时候，你内心真正有所坚持的东西才会得以实现。大家互相扶助，才会其乐融融。

大家互相扶助，才会其乐融融。
——于丹心语

庄子提倡顺应外在世界。同时，他进一步认为，人在处世时，有一件更难的事：言语。

说话是人们在社会交往中最基本的工具，我们在说话时，应该注意什么？什么可说？什么不可说？

说话这件事可是个难事，言多语失啊。庄子还是借孔子之口说：那个时候，两国之间的外交，远的地方要有使者传话，近的地方要凭书信保持交往。两国之间，不管书信往来，还是言辞往来，都要可靠，都要忠信。

庄子说：什么样的话最难传？“夫传两喜两怒之言，天下之难者也。”最难传的就是两国国君带有喜怒的言词。两个国君喜欢的言词，传话者往往会添上更多的好话；两国国君愤怒的言词，传话者往往会加上更多的坏话。失真的言词没有人相信，传话者会招惹杀身之祸。

那么，传话者怎么才能做到不失真呢？应该“传其常情，无传其溢言”。也就是说，平平实实传话，千万不要添枝加叶、添油加醋。所以，语言一定要非常慎重。

有这么一个传说。

在非洲的一些部落，老酋长在传位的时候，总要找到富于智慧的年轻人来继承衣钵。酋长用什么去考验人的智慧呢?

老酋长问一个他看重的年轻人,说:“你给我做两顿饭。你一定让我吃得非常舒服,合乎我的胃口,我才能把衣钵传给你。第一顿饭,你去给我找天底下最好最好的东西来给我做。”

这个年轻人做好了,端上来,揭开盖子,老酋长一看,是用舌头做了一餐饭。酋长问:“为什么你要找动物的舌头呢?”这个年轻人说:“因为天底下最好最好的言辞都是说出来的,再也没有比舌头更美的东西。”老酋长说:“说得对。”就把这顿饭吃了。

酋长接着说:“第二顿饭,你去找天底下最最难吃的东西,拿来也给我做一顿饭。”

这个年轻人又做好了。老酋长揭开一看,一模一样,还是舌头。

酋长问:“你为什么又给我做了一顿舌头啊?”这个年轻人说:“这个世界上真正的灾难都是因为舌头造成的,再也没有一样东西比舌头更惹祸的了,天底下最坏的东西就是舌头。”老酋长说:“好,你已经洞悉了天下的明理,所以这个酋长之位可以传给你了。”

这样一个传说恰好和庄子所说的“传其常情,无传其溢言”相吻合。

这个舌头怎么能让它不成为天下最巧言令色、最虚妄无聊的东西,也不成为天下灾难的肇端呢?那就是要做到“传其常情”,实实在在传递出事情最真实的部分。

现代人最大的困惑，就是如何面对千变万化的外在世界而内心不变。

如果我们没有内心的定力，就会随波逐流，丧失自我，但如果我行我素，桀骜不驯，又会为社会所不容。

那么，我们如何才能做到内心的安定？我们如何才能达到庄子所提倡的坚持内心而顺应外在的境界？

庄子在《大宗师》里面，讲了这么一个老人的经验。

一个老者，年事已经很高了，却面如孩童。别人很奇怪，问他："为什么这么年轻？"

老人说："我懂得道啊。"要参透圣人之道，必须有所持守。这持守参悟，有七个阶段："吾犹守而告之，参日而后能外天下；已外天下矣，吾又守之，七日而后能外物；已外物矣，吾又守之，九日而后能外生；已外生矣，而后能朝彻；朝彻而后能见独；见独而后能无古今；无古今而后能入于不死不生。"

第一步，要"外天下"，也就是说，忘记天下所有牵绊你的人情世故。比如说住房子，你住得舒服还是不舒服，吃美食是可口还是不可口，所有的这一切，其实是身外之事，不要在心里牵挂太重。如果你把外在的一切，包括社会规则、人际关系等，都排除在你的心外，你就远离了世故，远离了很多外在能约束你的规矩法度，这是第一步。

第二步，叫"外物"，就是把物质世界的东西尽量剥离出去。其实"外物"很不容易。比如人的口腹之欲，要真正忘掉，真难。现在有多少人因为吃河豚而中毒？他们为了河豚的美味，甘愿用生命去冒这个危险。其实，冒险的人有没有想过亲人的牵挂？有没有想过他生命的分量？有没有想一想明天你自己生命中还有哪件事情没做？其实这就是不能做到“外物”。所以，庄子说，外物是第二步，把所有物质的东西，从你的心里拿走。

第三步，有点难了，叫作“外生”，也就是说，超越了生死。超越生死，并不是不看重生命，不重视人生，而是顺应自然规律，从容自在，朴素欢喜，活在当下，享受你生命中的每一个时刻，安详地穿越人生。

第四步，人就要彻悟了，叫作“朝彻”，心境洞明澄澈。当你把外在一切东西都腾空了，你的心灵开始有了虚灵之境。大家知道，只有空旷的屋子可以装下光明，只有真正干净的房间，阳光照进来的时候可以达到“虚室生白”，这是一种温暖欢欣的境界。

第五步，叫作“见独”。独是什么？是指唯一，指的是唯一的天地大道。见独，就是人能够达到洞见天地万物的道理这一精神世界。天下纷扰的万事万物，在你的眼睛里已经不再神秘。你不会再孤立地看很多事了。你的思想会更加通透明了。

第六步，叫作“无古今”，你能够贯穿古今的长河，没有时间的限制和阻隔。我们今天讲庄子，讲孔子，讲先秦的诸子，我们都会有一种温暖的感觉，所谓“道不远人”，他们真正的道理都贴近当下，在今天依然让我们感慨感动。我们今天看古往今来的文人墨客，他们的诗词歌赋依然让我们怦然心动。这就是无古今。

当古人的这些切肤之感、天地之叹都进入我们的生命之中，我们才达到庄子所说的第七重境界，叫作“不死不生”，追求到了一种人生的永恒。

人生不会因为物质生命的陨落而真正寂灭，也不会因为有这个形体存在而忽略了生命的本真，这大概就是庄子所谓的不死不生吧！

不要认为道家永远只提倡精神的自由，而没有规则的顺应。道家并不是只知道吸风饮露、不食五谷、遨游天下，他们也跟我们一样。

庄子所提出来的“外化而内不化”，是要我们的心灵逐渐地腾空，把我们心中的杂念逐渐地排除，让我们心底真正那个内化的依据能够有所秉持。而在外在，本着内心的宽容和洞察的清明，随遇而安，不与世争，这样的话，我们可能会把每一个当下活得更好，会把人生整个的流光以一种从容的姿态安详走过，少了很多的纷争，少了很多矛盾，而我们最后会获得一个圆融的、合乎道的、合乎天地自然的自己的生命境界。

本性与悟性

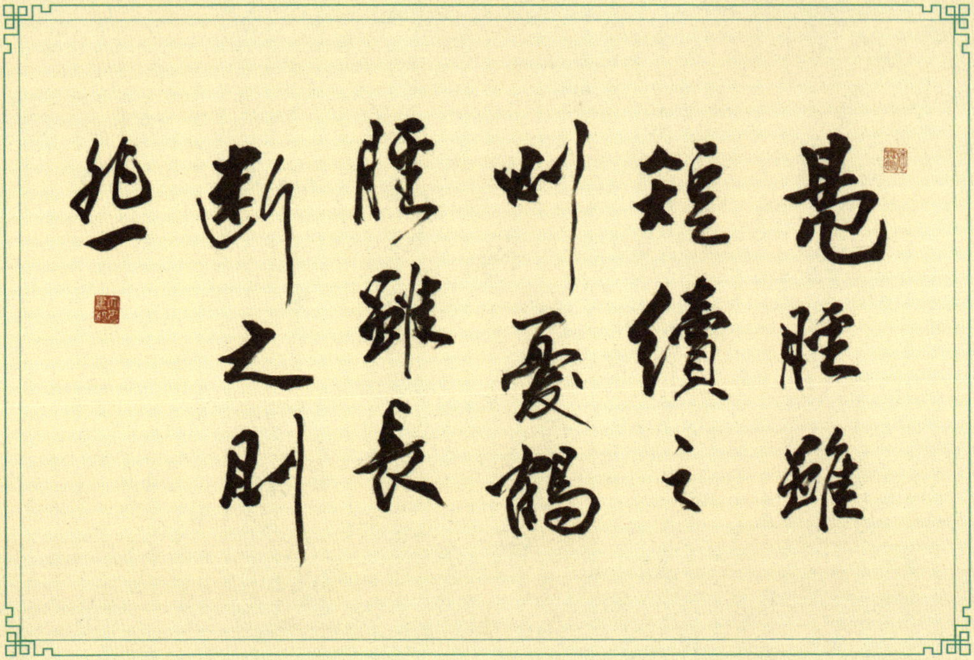

庄子认为，人生的最高境界是逍遥游。

人的本性是无羁无绊的，只有释放了人的本性，才能达到逍遥游的境界。

人的本性，不应该为外物所役使，所左右。顺乎自然，就能获得人生的幸福快乐！

读《庄子》，大家都知道有一个最高的境界叫作“逍遥游”。

这个“游”字，庄子用过很多。比如，他说在天地之中，要达到“乘万物以游心”的境界。那么，什么是“游”呢？我们每一个人都能够达到“游”的境界吗？

《庄子》里有一篇叫《在宥》，这一篇里面，庄子讲了这样一个故事。

云将到东边游历，经过扶摇神木之枝的时候，见到了这样一个人，名叫鸿蒙。鸿蒙是自然元气凝聚、混沌未开的老头儿，此刻他正用手拍着大腿，像鸟一样跳来跳去地玩儿，“雀跃而游”，很开心的样子。

云将问道：“老头儿，你是谁啊？你在干什么呢？”

鸿蒙也不停，还在用手拍着大腿，像鸟一样跳着玩儿，回答了一个字：“游！”说我在遨游呢。

云将说：“我有问题想要来问问您。”老头儿天真得像个小孩，仰面看着云将，又回答了一个字:“啊!”

云将说:“天气不和，地气郁结，六气不调，四时不节。”这样的一个天地万象，没有一样事情是和谐顺利的。云将还说:“我愿意合天地所有精华之气来养育芸芸众生，使百姓的生活风调雨顺。我这样一个理想，怎么才能做到呢?”

没想到这个鸿蒙继续拍着大腿蹦来蹦去，嘴里回答说:“吾弗知!吾弗知!”我不知道啊!我不知道啊!

云将什么答案也没问出来。

又过了三年，云将又东游，在有宋这个地方恰好又一次碰到了鸿蒙。这一次云将非常认真，快步上前，把鸿蒙尊称为“天”，说:“您还认识我吗?我终于又遇到您了。您这一次一定要回答我的问题。”

鸿蒙对他说:“我在天地之间浮游，从不知道追求是什么;我随心所欲，自由自在，不知道要到哪里去。我只知道纵游在纷繁的世间，观察天地万物。我哪里知道什么道理啊?”

最后在云将一而再、再而三的坚持之下，鸿蒙终于脱去了一副老顽童的外表，把心里最朴素的真理说了出来。他说了两个字:“心养。”“心养”，其实也就是“养心”，修养心灵。

现在我们常常提到“养生”，但是很少提到“养心”。让你心中有一些意念，有一些彻悟，有一些天地至理，有一些生命最真纯的愿望，能够真正地自然生成，并且让你看清自己。

其实，小到一个个人的生命，大到自然社会的万物之理，都在乎心养。

鸿蒙告诉云将“堕尔形体，吐尔聪明”，你要忘掉你的肢体，抛开你的聪明，把你所有外在的一切都忘掉，做到“伦与物忘”，人投身到大自然中，用你更多的心智，去体会大自然给你的一切。当你真正能够顺乎自然，让心真正飞翔起来，释放出来，就做到了“解心释神”。

我们怎么样才能像鸿蒙一样，拍着大腿跳来跳去，玩乐天真得像个孩子，逍遥自由？庄子认为，只有释放了人的本性，才能达到逍遥游的境界。

但是，对于我们现代人来说，当我们在生活的压力之下，当我们处于社会所赋予的各种角色之中时，我们想到过自己内心的真正感受吗？我们是不是已经被束缚了本性而全然不知呢？

当我们真正进入社会之中，当我们为一个社会角色所规范的时候，当我们追求名利的时候，我们已经被束缚了。

在这个过程中，没有别人可以帮助自己，只有自己解放自己的心灵、释放自己的魂魄，所有的一切都已经自然顺畅。到这个时候，天下的众生万物会各复其根，人不再矫情了，人不再强制了。去掉了所有的强制，这个世界会是一片葱茏的绿色。

我们大家都有过这样的经验，节假日去逛公园，看到的树木都是被修剪过的。有很多公共场所把树木修剪成一个个动物的形状。每当我看到这样的景观时，心里就非常纳闷儿，植物本身不是动物，我们没有必要逼着动物成为

凫胫虽短，续之则忧。鹤胫虽长，断之则悲。

——《骈拇》

植物，我们又何必非逼着植物去做动物呢?

其实，我们今天繁华的物质世界不是不够美好，而是这种美好有了太多人为的痕迹和社会化的标准。我们能够贴近自然的地方已经太少了，所以我们就不再有拍着大腿像鸟儿一样跳来跳去那样的欢欣了。

什么样的人生是至极人生呢?

鸿蒙告诉云将:“万物云云，各复其根，各复其根而不知。浑浑沌沌，终身不离。若彼知之，乃是离之。无问其名，无窥其情，物固自生。”

天地万物纷纭，应该各自回归各自的本性。浑然不用心机，其本性才会终身不离。如果使用心机，就会失去本性。不要去追问它们的名称，不必去探究其中的道理，让这个世界上的一切自由生长吧，让各种生命自然蓬勃吧，这才构成了天地和谐。

我们今天距离这个境界已经太远太远了，我们已经有太多的时候习惯于追问，习惯于探究，却忘记了自己的本性。

有一则寓言，说的是青蛙看见蜈蚣行走，非常好奇，就问蜈蚣说:“你看我就四条腿，有前后的分工，每次都是一蹦一蹦地前进。你这蜈蚣号称百足之虫，有这么多只脚。我就是不明白，你走路的时候，最先迈的是哪只脚?”

这句话一问，蜈蚣“啪”地就顿在那儿，不会走路了。

蜈蚣说:“你不能再问我这个问题，希望你以后也不要问任何蜈蚣这个问题了。我不知道先迈哪只脚。我要一思考，我所有的脚都不会动了，我都不知道该怎么走路了。”

这多像我们的生活。

大家想一想，我们生活中的头绪之多，大概比蜈蚣的脚只多不少吧？你的生活，你的工作，你的交友，从老人到孩子，从领导到同事，当这一切一切顺理成章地成为你生活的组成部分时，我们是无法过多思考的。

大家都知道这句话：人类一思考，上帝就发笑。上帝也许是在笑我们违背了一种顺其自然的真实。

所以，庄子有这样一个观点，叫作“有大物者，不可以物”，也就是说，真正拥有了这个天地世界，就不要为外物所役使、所左右。不要拘泥，不必刻意，顺乎自然，这一直是庄子最根本的观点。

庄子提倡顺乎自然，但在现实生活中，有那么多的社会标准规范着我们的言行，有那么多名利诱惑摆在我们的面前。

那么，我们该怎么样面对诱惑，减少迷惑，让自己保有本性的真实和澄澈呢？

庄子说过一句惊心动魄的话，在我们的这种以圣贤为规矩法度的价值标准中，“自三代以下者，天下莫不以物易其性矣”。

也就是说，从尧、舜、禹大治天下以来，人们无不在以外在的物质标准去改变人的本性。

庄子说，人人都看重自己的一些东西，“小人则以身殉利，士则以身殉名，大夫则以身殉家，圣人则以身殉天下”。

同样是抛弃生命，听起来好像很不一样，小人为了一点点利益,可以丢了性命,大家会不齿。士为了名誉放弃了生命,大家会觉得这是应该的。士大夫为了一个家族的利益,牺牲了自己的生命,大家会觉得很好。而圣人为了天下的安定而抛弃了个人的生命,这叫作崇高。

但是在庄子看来,这一切是一样的,无非是"事业不同,名声异号",但是"其于伤性以身为殉,一也",从"以物易性"这一点上来讲,都是一样的,都是不应该的。

庄子说,这个世界上有很多很多的诱惑和迷惑,"小惑易其方,大惑易其性"。小迷惑改变的是人生的方向,大迷惑改变的是人的本性。

这两句话值得我们今天好好地玩味。

今天这个世界,迷惑少吗?诱惑少吗?困惑少吗?疑惑少吗?充天斥地这一个"惑"字,古往今来莫过于 21 世纪如此之多!

在这个惑里面,小惑能改变我们的人生方向。比如说孩子高考,填报志愿。一个孩子说:"我想学物理,我对宇宙的奥秘、对天体黑洞感兴趣。"但是家长说:"学理论科学能学得出来吗?咱们学金融管理吧,以后能挣钱啊。"一个考文科的孩子说:"我想当诗人,我的志愿是念中文系。"家长说:"当诗人以后能挣饭吃吗?学法律吧,以后当律师啊,收入高。"其实这就叫"易其方",为了某种现实的功利的目的,改变心中的理想。

这是小惑,而大惑会"易其性",也就是说,让一个人做出跟本性相违背的事情来。比如说,这个世界的不忠、不孝、不义。这一切都是因为什么呢?所谓利令智昏,当利能够令智昏掉，心中就不再有洞明清澈的智慧，那么，一切迷惑会让我们改变本初之性。

有这样一个故事。

有一个人得到了一张天下无双的弓。这把弓用多年的紫檀古木制成，沉实、压手，非常好用。

这个人爱不释手，但又觉得它不够华美，太朴素了。于是，他找了一个天下第一的能工巧匠，请他在弓上雕刻一幅行猎图。

这个巧匠尽心施展一身的技艺。行猎图完成了，雕刻在弓上，果然惟妙惟肖，有奔跑的马，有追逐的猎物，有搭弓射箭的勇士，有天上的太阳，地下的土地，还有遍布整张弓的美丽的花纹。

这个人欣赏着这张弓，感觉现在这张弓才真正叫作完美至极。这个时候，他搭弓引箭，用力一拉，“嘣”的一下，弓在他手里断了，恰恰是因为这个木头上承载了过多的美丽的花纹。

弓看起来很美丽，却因为美丽而失去了它成为一柄良弓的可能。我们有多少时候就是为了这种表面的装饰而失去了生命本初的质地。这就叫作“舍本而逐末”。

我们自己又何尝不是这样的一柄弓呢？我们本来可能比现在更好，但是，我们由于没有看见自己真正的生命本初，没有认清未经雕琢的原始面貌和心中的朴素愿望，我们常常会做出损性而伤命的事情。

贪欲往往折损了人的本性，使人成为物质的奴隶。

人的欲望是没有止境的。如果一个人丢失了自己的本性，在疯狂地追求物质利益的同时，灾难也会随之而至。

人心应该是自然的，不应有很多刻意的羁绊和外在的雕琢。只有这样，才不会迷失自我。

有一则传播很广的寓言。

一只小狗问它妈妈："我有一个朋友跟我打赌，说我只要做到一件事，就能够得到最好的幸福、最大的欢乐，就是抓住自己的尾巴。我这一天就跳着蹦着追自己的尾巴，怎么抓也抓不着。妈妈，我这一辈子是不是就达不到幸福和快乐了呢？为什么我连自己身上的东西都抓不着呢？"

小狗妈妈笑了："幸福和快乐就跟你自己的尾巴一样，你没有想着抓住它的时候，你自己往前走，它永远都跟着你。你为什么非要抓住它不可呢？你忘了它吧！"

人永远不要和自己已经获得的东西去较劲。

> 人永远不要和自己已经获得的东西去较劲。
>
> ——于丹心语

小狗的尾巴是它身体的一部分，自己往前走，一切都会跟随你的。

人生的幸福快乐，其本身也是人生的一部分，刻意追求，往往得不到。但如果认真地生活，幸福快乐就永远跟随着你。其实，这就叫作无心得。

庄子一向不崇尚人的刻意，一向不崇尚人的矫情。

他希望所有的生命就像天地间蓬勃的植物和快乐的动物一样，真正能够在这个世界上以一种朴素归真的姿态而出现。

庄子有一种观点，说我们每一个人的心应该像一面镜子。

"水静犹明，而况精神！圣人之心静乎！"水什么时候能够照到天地万物呢？只有在一种情况下，就是水是安静的时候。

我们想一想，急流大浪中，水照得到万物的影子吗？当我们的心也像急流澎湃、大浪汹涌的时候，世间万物也照不进我们的心里。

我们应该怎么样去参破世间的至理呢？需要我们心静，静得像一面镜子，成为“天地之鉴也，万物之镜也”。

这样的心对于世间的万物既不逢迎，也不拒绝，安安静静、坦坦然然地去接受、去反射、去照见而已。

当我们的心灵保持这样的状态时，我们会以一种最清明的理性看见世界，也看见自己。

镜子是什么？从镜子表面来讲，无非就是一层玻璃。镜子和玻璃的区别是什么？就在于它里面含有一层薄薄的水银。

没有水银的玻璃，你只能透过它看见外在的世界；当有一层水银膜挡在那里，你就可以通过它看见自己，同时你也可以看见世界。

我们的心里应该拥有这么一层水银，把我们眼前的玻璃化为一面镜子，不仅外视世界，而且自视内心，让这样的一方天地之鉴可以照见自己生命的本真。

庄子一直都提倡人心一定要自然，不要有很多刻意的羁绊和外在的锤炼。

《庄子》中有一篇叫《马蹄》，说：“马，蹄可以践霜雪，毛可以御风寒。龁草饮水，翘足而陆，此马之真性也。”马的蹄子可以踏霜雪而飞奔，马的皮毛可以抵御风

陈传席 《黄金难买一生闲》(局部)

寒。它吃草喝水，自由驰骋，蹦蹦跳跳，欢欢畅畅，这就是马的本性。你让马住进高大的殿堂，它不会感兴趣。

但是很不幸，伯乐出现了。伯乐说：“我善治马。”他是怎么对待马的呢？他要修剪马的毛发，对马蹄子要烧治、要削刻、要烙印，给这些马勒上马嚼子、捆上脚绊子，关进马槽里拴住。等伯乐做完这些的时候，他的马十有二三都已经死了。

伯乐还要训练呢！他要让这些马饿着、渴着，奔跑、驰骋，编队整齐、步伐一致，前面有马嚼子勒着，后面有鞭子赶着。到这个时候，马已经死伤过半了。

其实，庄子给我们提供了一种与众不同的价值判断。

我们站在社会需要的角度，可以评价伯乐是一个善于发现骏马、训练骏马的优秀人才。但是庄子认为，伯乐恰恰是戕害马天性的最大的凶手。因为他违反了马的先天本性，扼杀了马的欢乐。

在庄子看来，所有这些外在的雕琢治理，实际上都违反了自然本初之意。也就是说，每一个生命都要求得到尊重，也应该得到尊重。每一个生命的本初是什么样的，就应该让它是什么样的。

所以，庄子说："吾所谓聪者，非谓其闻彼也，自闻而已矣；吾所谓明者，非谓其见彼也，自见而已矣。"我所说的耳聪，不是说他能听到世间所有的声音，而是他自己能够听到自己的声音；我所说的目明，不是说他能看见世间所有的事物，而是能看见自己。

一个人真正的聪明，不是作用于外在世界，而是静下心来，发现自己生命中最本初的愿望。

一个人真正的聪明，不是作用于外在世界，而是静下心来，发现自己生命中最本初的愿望。

——于丹心语

一个小小的婴儿，他的价值观跟我们的是不一样的。

我见过这样的场景：一个六七个月的小婴儿，周围堆着各式各样的玩具，豪华的积木啊，漂亮的绒毛熊啊，电动火车啊。可是他一概不感兴趣，手里拧着一个空瓶子，专心致志地玩儿。

家长会按照自己的判断，热烈地对孩子说："你看这个电动娃娃多漂亮啊！你看看这个小火车可贵了！这个益智玩具设计得多巧妙啊！这个瓶子是个废物，你扔了吧，咱们不玩这个。"

这个空瓶子真的是废物吗？一个孩子在把玩这个瓶子的时候，那是他智力的发现，快乐的享受，而那些所谓昂贵的、华美的、益智的玩具，在他的眼中，可能如粪土。

我们想想，身为父母，我们有几个人尊重过我们的婴儿？我们总认为孩子必须接受大人的训导，殊不知在一个小婴儿的心中有自己的快乐。

对一个家长来讲，家里的东西，只要安全和卫生，没有什么不是孩子的玩具。一切一切，他喜欢的就是他的快乐。

在纷繁喧嚣的世间，怎么样才能认清自己的心灵，发现自己的本性呢？

庄子认为，只要保持内心的恬淡清净，以淡漠自然的态度去面对，你就可以保持一颗健康的、恒久的心。

其实，对人，对马，对植物，甚至对自己，我们缺少的就是以一种静观之心去尊重真正的物性。

有这样一个故事。

有一位木匠在干活的时候，手一甩，把手腕上的表给甩掉了。他到处找，但是遍地都是刨花、木屑，一时找不到。徒弟们也来帮着找，人多眼杂，四处翻查，可是房间太乱，地上杂物太多了，怎么都没找到。这时候天黑了，大家说，等明天天亮再找吧。

木匠的小儿子一个人在木工房里玩儿。晚上，他回去对爸爸说："爸爸，我把你的表找回来了。"

木匠大吃一惊，问："天都黑了，你怎么找到的呢？"

小孩子说："你们大家都走了，我一个人坐在那儿，就听见那个秒针嘀嗒嘀嗒的声音。我顺着声音过去，翻开刨花、木屑，就把表找到了。"

这是生活里发生的一件小事，但说明了一个大道理：

当我们身处世间的喧嚣嘈杂时，纷纷扰扰地追求，忙忙乱乱地寻找，往往一无所得。

一颗孩子的心，安静天真地倾听，就能听到最细微的声音。这时候就是我们找到表的依据。

一块巨石，懵懵懂懂、浑浑沌沌放在那里，雕塑家开始工作了。他要雕一个美女头像。

一个小孩子坐在旁边。他惊讶地看着雕塑家用手中的刻刀，把一小块一小块石头凿落下来，一个玉洁冰清的美人，就从石头里一点一点地浮现出来。

浮出她的眼睛，眼睛是顾盼生辉的；浮出她的嘴巴，嘴巴好像能说话似的；浮出她的面颊，面颊上有一层圣洁的光彩。

孩子特别奇怪，问雕刻家："你怎么知道她藏在里面啊？你是怎么把她给找出来的啊？"

雕刻家回答说："我不知道她藏在石头里，她其实藏在我心里。我只不过是把我心中的美人搬到了石头里。"

其实，我们把每天从事着的日常工作仅仅当作一个职业，完成的仅仅是一件器物，而并没有在工作中移植我们心中的愿望和梦想。

我们没有把手中的职业变成一个载体，来实现生命与职业的沟通。

其实，做到生命与职业的沟通，并不是依赖技巧，而是依赖我们心中的愿望和梦想。

这是需要勇敢和自省的。这需要我们每一个人真正能够养心，让自己的心合乎自然。用庄子的话来讲，叫作:“汝游心于淡,合气于漠,顺物自然而无容私焉,而天下治矣。”

今天我们说淡漠,似乎是一个贬义词。庄子的淡漠,指的就是恬淡的心境,清净的行为。当这个世界过于喧嚣嘈杂的时候,我们是需要一点点恬淡清净的。当我们的心对世界万物可以淡然处之,很多事情就可以持久了。

有一个小故事说得很有意思。

有一个国王得到了三个进贡来的小金人。这三个小金人形态一模一样,重量分毫不差。国王就问:“那这三个小金人哪个更好更贵重呢?”

有一个睿智的大臣告诉国王:“拿一根草,从它的耳朵捅进去,看从哪儿出来,就能够知道了。”

第一个小金人,草从左耳朵捅进去,从右耳朵出来了。第二个小金人,草从左耳朵进去,却从嘴里出来了。第三个小金人,草也从左耳朵捅进去,结果掉到肚子里,不出来了。

这个国王恍然大悟,说:“我明白了,第三个小金人最贵重!”

为什么呢?其实这就像是我们的生活。

在今天这样一个过于喧嚣的世界里,我们听到的言辞、消息、故事、道理太多太多了,左耳进,右耳出,这是绝大多数人的情形,根本就没有经过大脑。

第二种人,是进了耳朵,从嘴里出来了,听见什么道听途说的消息,信与不信,都去传播。

而第三种人,从耳朵进去,落在肚子里,再不说话了。这是一个沉默的人，但他是一个有辨别的人。他能了解自己的愿望，他能分清世间的真伪，很多东西不热衷，不逢迎，而以一种沉默的姿态让自己“游心于淡，合气于漠”。

我相信，一个真正明朗、健硕的精神世界，是要依赖于我们自然的、朴素的、健康的、富于活力的肢体的。

让我们放下更多的计较，放下更多的喧嚣，放下更多的急功近利，看到长远的未来，以庄子所说的这样一种淡与漠，去保持我们恒久的心。

这种淡与漠不会消除我们生命的激情，却能把我们的情愫变为一种更恒久的、更持续的生命力量。它会让我们终其一生，保有自己的本真。

人生的本性，就是不受到社会的雕琢，不违逆内心的本真，看清晰心中的愿望，真真实实地走自己的人生路。在这样的淡与漠中，在这样的不违真实里，合于天地大道，实现自我修炼，终至大化天成。

心态与状态

我们常常感叹人生苦短，如何在短暂的人生中将自己的才能发挥到最佳状态呢？

庄子告诉我们：一个人的心态，决定了他的生活状态。怎样才能有一个好心态？怎样才能活出生命的最佳状态？

“生年不满百，常怀千岁忧。”

“人生代代无穷已，江月年年只相似。不知江月待何人？但见长江送流水。”

人生百年。我们生命里的这一段光阴，跟整个时间的流程相比，是微不足道的。

用庄子的比喻来讲，“人生天地之间，若白驹之过郤，忽然而已”，好像是一匹白马从门缝里跑过去，那样倏忽一瞬一样。

那么，这么短的流光在我们自己的手里，怎么样才能真正地善待生命？怎么样的生命才是人生最有效的呢？

庄子面对这个问题，给我们提供了一种态度，那就是：达生。

面对生命，我们首先要有一种旷达的态度。这种态度会决定我们生命的质量。心态决定人的状态。

什么是真正的旷达？

面对生命，我们首先要有一种旷达的态度。这种态度会决定我们生命的质量。

——于丹心语

陈传席 《半林霜叶可怜红》(局部)

庄子说:“达生之情者,不务生之所无以为;达命之情者,不务命之所无奈何。”

“达生之情者,不务生之所无以为”是什么意思呢?真正通达生命真相的人,不去追求生命中不必要的东西。也就是说,在生命中没有价值的东西,就不要用此生的光阴去追逐了。

大家会反问,既然我认为没价值,我还会追求吗?当然,有的时候我们为声名所累,有的时候我们趋同于社会的价值,为了人生中“无以为”的事情,我们就为了一口气,去追求得还少吗?

有时候,一个高考生,考上了一个他并不喜欢的专业,仅仅因为这个专业在清华大学,所以,他宁可服从调剂。家长骄傲地说:“我儿子上了清华啦!”孩子说:“我戴着清华的校徽啊！”其实他心中也许会有一种隐痛。他真正喜欢的专业可能在他第二志愿的那个学校。此生，他错过了。

有时候，年轻人，可能为了娶一个绝色的女子，也可能是为了嫁一个富商，也许会舍弃心中真正的爱情，仅仅因为众人的目光和心里的虚荣。此生，他（她）错过了。

如果说真正做到“达生之情”，能够不去追求生命中的“无以为”，这并不是一件容易的事情。

达生之情者，不务生之所无以为。
——《达生》

“达命之情者，不务命之所无奈何”是什么意思呢？通达命运真相的人，不去追求命运中无可奈何的东西和命运中达不到的目标。它提醒我们，放下我们心中那点较劲的、执拗的东西。

在艾尔基尔这个地区，山里的猴子经常跑到农田里祸害庄稼。它们的目的很简单，无非是为了自己的一点生计，储备一点粮食。所以，这个地区就发明了一种捕猴子的方法，农民们在家门口放一点米，诱使猴子来。其奥妙在于用什么样的容器来装这点米。

这是一种大口的瓶子，却有细细的瓶颈。瓶颈的尺寸有奥秘，很细小，恰好可以容纳一个猴子的爪子伸进去。但是，一旦猴子抓住一把米，攥上拳头，就拔不出来了。

这个时候，如果“达生”，那么猴子可以放下米，爪子还能拔出来。但是没有一只猴子愿意这么做。

在这个瓶子里面，自然有大把大把诱人的白米，猴子们夜里来偷米的时候，把它细细的爪子，顺着那个瓶颈伸进去。到了早上，你会看见一只一只猴子在那里跟那个瓶子较劲，手里紧抓着大把的米，但就是拔不出来。

这仅仅是一个群猴图吗？这是一个世相图呢！

听到这个故事，大家都会哑然失笑。但是，我们有多少人，手中抓着一把米不肯放下，因此被连累了一生呢？

庄子说："生之来不能却，其去不能止。悲夫！"

生命这东西来临的时候，父母没有征求我们的同意，就把我们带到世界上了，我们是无法拒绝的。流光要把我们的年华带走的时候，同样不会征得我们的同意，我们阻挡不住，最后，它自然就走了。

来也无奈，走也无助，这是一件多么悲哀的事情啊！关键在于你心中怎么看待你的生命呢？

人们常感叹人生的短暂，希望在短暂的人生中能够获取成功的事业。

那么，当我们在确定人生目标时，如何判断何事可为，何事不可为呢？

庄子用他的寓言故事告诉我们：一个人的见识和阅历，决定了你的能力和胆识。

庄子曾假托孔子说了这样一件事。

孔子最喜欢的学生颜渊对孔子说：我曾经渡过一个名字叫觞深的深渊，看见摆渡的人划船技术太高明了，简直是"操舟若神"，如有神助一般。我就很羡慕地问他：操舟可以学吗？他回答说：可以。但是他又透露了一个秘密，说：如果你要是会游泳的话，你学划船就特别容易；要是你会潜水的话，即使你从来没见过船，你也会划船了。我就问他为什么。他却什么也不说了。请问老师，这是怎么一回事呢？

孔子听了，说："善游者数能，忘水也。"一个真正会游泳的人就不怕水了，甚至把水都忘记了，这样他划船的时候，他不害怕，因为即使船翻了，他生命也有保障。为什么会潜水的人，没见过船都敢划呢？是因为会潜水的人，他可以把波浪看成是陆地上的小山丘，把深渊看作前方的一个高冈，哪怕船翻了，也看作车子后退一样。他连水底都可以潜，还会怕翻船吗？

孔子告诉他的学生，世间的道理就是这样，人如果有大见识，他再去学一种技巧，就容易得多；人如果没有阅历，心中就会忐忑。

孔子甚至还给颜渊举了这样的一个例子：你看看赌博，赌博的时候有下注大的，有下注小的。拿一个瓦片当赌注的人，他赌得自如潇洒，反正他赌的就是个瓦片；拿漂亮昂贵的带钩当赌注的人，他赌起来可能就战战兢兢，他就施展不开，心存恐惧了；拿黄金当赌注的人，一定会神志昏乱。

为什么？这是因为他太看重外物了。技巧都是一样的，"凡外重者内拙"，凡是看重外物的人，内心一定笨拙。

其实，在我们今天的生活里，很多人越是面临重大的抉择，越会失手。他并不是失给了对手，而是失给了自己。

有很多人的失败，真正是败给了内心的"在乎"二字。这种"在乎"会让我们在面临大事的时候，战战兢

> 在这个世界上，在有限的生命中，我们可以去学习很多，我们可以去经历很多，但你心底的在乎与不在乎，你个人的经验系统，会决定你的生命效率。
>
> ——于丹心语

兢，束手束脚，惊慌失措。因为我们心中过分地患得，所以患失。

所以，庄子告诉我们：在这个世界上，在有限的生命中，我们可以去学习很多，我们可以去经历很多，但你心底的在乎与不在乎，你个人的经验系统，会决定你的生命效率。

在生活中，我们会发现，决定成败胜负的，不一定是一个人的技术水平，而是一个人的心态。

当我们患得患失时，当我们心有所虑时，你所有的经验和技巧，都不可能得到最好的发挥。

庄子在《田子方》里面说了这样一个故事。

列御寇，就是那个御风而行的列子，为伯昏无人表演射箭。他射箭的时候，志满意得，满是骄矜之气，拉满了弓弦，然后在自己的胳膊肘上，放了满满的一杯水，弯弓射箭。第一支箭刚刚射出去，第二支箭就紧跟着发射出去了，而第三支箭已经在弦上等着了，手臂上那杯水纹丝不动，而列御寇这个人也正像个木头人一样站在那里，岿然不动。

像列御寇这样的射箭技巧，不可谓不高，但这样的人真正达到大境界了吗？

伯昏无人不以为然，说：你这种箭术，只能算是有心射箭的射术，而不是无心射箭的射术。“是射之射，非不射之射也。”伯昏无人说：我现在要邀请你，我们一同去“登高山、履危石、临百仞之渊”，我看看你射得如何？

伯昏无人就当先走上高高的山冈，脚上踏着风化的危石，身临百丈深渊，然后转过身来，倒退着向深渊退步，一直走到自己的脚掌有一部分已经悬在悬崖之外。站在这个地方，伯昏无人请列御寇上来射箭。

而此时此刻，列御寇只能趴在地上，“汗流至踵”，汗都流到脚后跟了。

这时，伯昏无人说：“夫至人者，上窥青天，下潜黄泉，挥斥八极，神气不变。”人世间真正高明的人，向上可以看透苍天，向下可以看清黄泉，世界万象了然于心，在任何时刻都可以神色不变，气定神闲。

他对列御寇说：你现在心惊目眩，再让你射箭，你能射中的可能性就太小太小了。

这个故事说明，在这个世界上，我们永远不要过分相信技巧。也就是说，没有人可以摆脱环境而生存。

在这个世界上，我们永远不要过分相信技巧。
——于丹心语

当我们都面对恶劣环境的时候，就要看我们内心所酝酿的心境如何。当一个人的心境可以抵消外在恐惧的时候，这个人才成为真正的勇者，这个人的技巧才有发挥的空间。如果在你的心境已经被环境挫败的时候，你做任何事情都将一事无成。

有人做过这样一个实验。

一个教授和十个实验者参与这个实验。在一个黑咕隆咚的屋子里面，铺了一条独木桥。教授对实验者说：“这屋子很黑，前面是一座独木桥。现在我领着你们过桥。你们只要跟着我走就行了。”

十个人跟着教授，如履平地，稳稳当当走过了独木桥，来到屋子的另一端。这时，教授打开了一盏灯。这些人定睛一看，顿时吓得趴下了，原来他们刚才走的，不仅仅是一座独木桥，在独木桥下面，是一个巨大的水池，水池里面有十几条鳄鱼，正在来回游着。

这时教授说："来，这就是刚才你们走过的桥。现在我再走回去，你们还有几个人愿意跟着我回去？"

一个人都没有！他们全都趴在那儿不动了。教授说："我要求你们，一定要站出来。真正的勇敢者跟着我过去。"

最后好歹站出了三个人。而这三个人里面，有一个人走到一半儿就哆嗦了，最后蹲着蹭着过桥了。还有一个人，刚走几步就趴下了，最后爬着过去了。只有一个人还算是走着过去了。教授再动员剩下的那七个人，结果他们说什么也不走。

这时，教授又打亮了几盏灯，大家又看到一个事实：在桥和鳄鱼之间，还有一层防护网。教授说："现在还有谁愿意跟着我走这个桥呢？"这回又有五个人站了出来。因为知道有了防护网，所以他们放心地跟着教授走过桥去。

教授问最后剩下的两个人："刚才你们不是从这上面走过来了吗？为什么现在死活都不愿意跟我走回去了呢？"那两个人哆哆嗦嗦地说："我们一直在想，这个网子它就真的安全牢靠吗？"

其实，这可能就是我们所面对的真实的生活。

有的时候，在你看不清生活坎坷的时候，你反而可以闯过去了。在你仅仅看到一些表象的时候，你就被彻底吓晕了。而当你真正看清楚生活中的安与危、利与弊的时候，也许我们会鼓起勇气，心怀恐惧，但还能战胜自我地走过去。

这个时候，行走作为一种技巧，还重要吗？我们内心的判断，才是最重要的。

一个人的心态，决定了他生活的状态。

那么，一个人的内心要达到什么样的状态才最好呢？怎么样才能达到这样的状态呢？

庄子又讲了一个斗鸡的故事。

纪渻子为大王培养斗鸡。大王显然很喜欢斗鸡，希望纪渻子能养出一只雄霸四方的斗鸡，能够尽快出战。

十天过去了，大王就去问这个纪渻子：我那只鸡能斗了吗？

纪渻子回答说：还不行，因为这只鸡“方虚憍而恃气”，大公鸡盛气凌人，羽毛张开，目光炯炯，非常地骄傲，胸中有一股气。

我们一般人认为，这个时候斗鸡不是正好吗？但真正懂得训练鸡的人说，这个时候是根本不行的。

又过了十天，大王又问。纪渻子回答说：还不行。尽管它的气开始收敛了，但别的鸡一有响动，它马上还有反应，还想去争斗，这还不行。

又过了十天，大王第三次去问。纪渻子说：还不行。它现在虽然对外在的反应已经淡了很多，但是它的目光中还有怒气，不行，再等等。

又过了十天，大王来问。纪渻子终于说：这回鸡差不多可以了。别的鸡有一些响动鸣叫，它已经不应答了。现在它像个什么样子呢？这就引出我们生活中常用的一个成语，叫作“呆若木鸡”。纪渻子说，这只鸡现在已经训练得看起来像个木头鸡一样，“其德全矣”，就是精神内聚，它的德性已经内化了，内敛了。所以，这只鸡往那儿一站，任何鸡一看见它，马上会落荒而逃。这个时候的鸡可以去参加斗鸡了。

在《庄子》里面，有很多寓言是发人深省的，因为它提供了与我们常人大相径庭的判断系统。

我们认为，一只鸡如果去争斗的时候，就像一个将士上阵三通鼓一样，需要趾高气扬，需要踌躇满志，需要有必胜之心张扬显露。

而庄子给我们的境界是，当它一层一层把外在的锋芒全都消除了，把一切的锐气纳于内心时，这并不是说，它没有真正的斗志了，而是斗志内敛。这种时候，才可以叫全德。

真正的争斗，取得胜利，不在于勇猛，不在于技巧，而在于德行。

> 真正的争斗，取得胜利，不在于勇猛，不在于技巧，而在于德行。
>
> ——于丹心语

庄子在《达生》篇里，讲了一个木匠的故事。

这是一个鲁国的木匠，名叫梓庆。他“削木为鐻”。

这鐻，是悬挂钟鼓的架子两侧的柱子，上面雕饰着猛兽。这鐻还有一种解释，说它是一种乐器，上面雕成老虎的样子。

这木匠把鐻做成了“见者惊犹鬼神”，看见的人都惊讶无比，以为鬼斧神工啊！怎么会做得这么好？那上面的猛兽栩栩如生。

梓庆的名声传了出去，传着传着就传到国君那里了，所以鲁侯召见这个木匠梓庆，要问一问他其中的奥秘。

梓庆很谦虚，说：我一个木匠，我哪有什么诀窍？根本没有什么技巧啊！

他对鲁侯说：我准备做这个鐻的时候，我都不敢损耗自己丝毫的力气，而要用心去斋戒。斋戒的目的是“静心”，让自己的内心真正安静下来。

在斋戒的过程中，斋戒到第三天的时候，我就可以忘记“庆赏爵禄”了，也就是说，我成功以后可以得到的封功啊，受赏啊，庆贺啊，等等，这些东西都可以扔掉了。也就是说，斋戒到三天，我可以忘利。

斋戒到第五天的时候，我就可以忘记“非誉巧拙”了，也就是说，我已经不在乎别人对我是毁是誉、是是是非，大家说我做得好也罢，做得不好也罢，我都已经不在乎了，也就是忘记名声了。

还要继续斋戒。到第七天的时候，我可以忘却我这个人的“四枝形体”，也就是说，到第七天，达到忘我之境。这个时候，我可以忘记我是在为朝廷做事了。大家知道，为朝廷做事心有惴惴，有了杂念，就做不好了。

这个时候，我就进山了。进山以后，静下心来，寻找我要的木材，观察树木的质地，看到形态合适的，仿佛一个成形的鐻就在眼前。然后我就把这个最合适的木材砍回来，顺手一加工，它就成为现在的样子了。

梓庆最后说：我做的事情无非叫作“以天合天”，这就是我的奥秘。

木匠的故事让我们认识到，有一个坦荡的好心态，就能达到最佳的状态，做到“以天合天”，才能把事情做到最好。

那么，到底什么叫“以天合天”呢？怎样才能做到“以天合天”呢？所谓的斋戒具有什么样的意义呢？

这四个字值得我们记住：“以天合天”。

人就应该用那些本身最合乎规律的事情去应对规律，也就是说，人永远不要和规律较劲，不要违背规律，不要做徒劳的努力，而应该用自己澄净清明的心，用一种世间大智慧，看到哪些事情可以“以天合天”。这就是人生的效率，木匠斋戒七天，其实是穿越了三个阶段：第一个阶段，忘记利益，不再想着用我的事情，去博取一个世间的大利；第二个阶段，忘记名誉，不再想着大家的是非毁誉对我们有多么重要；第三个境界，忘记自己，人其实只有达到忘我之境，才可以做到最好。

在今天这样一个资讯时代，真正能够打动人心的新闻，来自什么地方？来自那种最前沿的现场。那里一定有一批舍生忘死的记者，他们已经忘记自我的存在，而仅仅把新闻的传递当成他的天职。他们发回的报道才是最好的。

如果一个记者在现场还在想：我妆化得好不好？我哪个角度照出来最好看？我该怎么提问？那么，他是一定不会采访到好新闻的。所以，真正好的职业状态，是要达到忘我。

所以，这个木匠告诉我们一个朴素而又玄妙的道理，就是人做事要做得好，要穿越三个阶段：忘利、忘名、忘我。如果能做到这三点，你就会知道世间大道的规则，做到“以天合天”。

想一想，这个道理很难吗？并不难！这只是需要我们在心中，把很多朴素的东西重新捡回来，这就是所谓的“见素而抱朴”。把人世间很多很多世故的规则打破，打破之后，我们就能品尝到生活本初的滋味。

有一个故事说得好。

一个普通的园丁，他致力于种各种各样的瓜果。

一个夏天，他收获了满满一架葡萄，这是他一直用心栽培的成果，葡萄又大又甜。他高兴极了，希望大家都能够分享葡萄的滋味。他就抱着一串串葡萄，站在家门口，只要有来往的路人，他就要递上去，让人家尝尝。

有一个富商路过。园丁抱着葡萄上去说：“你尝尝我的葡萄好不好？”这个富商吃了，说：“这个葡萄这么好，你要多少钱？我一定得付给你钱。”园丁说：“我不要钱，我就想让你尝尝味道怎么样。”富商说：“你凭什么白给我葡萄呢？你给我葡萄，肯定得要钱啊！你不要不好意思，来来，我先把钱给你，这个葡萄，我买回去再慢慢尝。”商人硬塞给他一笔钱，捧着葡萄走了。

园丁特别失落。这个时候，过来一个官员，他又捧了一抱葡萄递过去，说：“你尝尝葡萄味道怎么样？”官员一尝，太好了，说：“你是不是有什么事求我啊？你看见我穿官服了吧？有什么事你就开口，我也不能白拿你的葡萄。你快说说，你有什么事？”园丁说：“我什么事都没有，我

人做事要做得好，要穿越三个阶段：忘利、忘名、忘我。

——于丹心语

就是想让你尝尝这葡萄的味道啊！”官员说：“你还是让我帮你点什么忙吧，否则，我白拿你的葡萄，也不合适。要不我给你放下吧！”官员放下葡萄，走了。

这个园丁就更失落了。接着，他看见一对恩恩爱爱的小两口走过来了。他就想，这个年轻女孩子肯定爱吃这个新鲜水果。他就很殷勤地对那个少妇说：“你赶紧尝尝我的葡萄怎么样？”那少妇接过来吃了，喜笑颜开，还没说话呢，她丈夫就虎视眈眈地盯着园丁，说：“你什么意思？”园丁一看，转身就跑了，也顾不上问滋味怎么样了。

他太郁闷了。有一天，郁闷的园丁看见一个穿着破衣烂衫的老头儿过来了。他也捧了一大抱葡萄过去，说：“你想尝尝我的葡萄吗？”这老头儿接过来，一颗一颗地吃，一边吃一边赞美，说：“这是天底下最好的滋味了。这个葡萄又多汁，又甜美，这个味道，跟所有的葡萄都不一样。”他高高兴兴把葡萄吃完了以后，扬长而去。

这个园丁特别高兴，觉得一天下来，只有最后的这个老头儿真正懂了葡萄的滋味。

其实，在我们的生活中，有多少葡萄就在眼前，但是我们已经失去了认真品尝它的心愿，我们认为这个葡萄的背后，一定有着某种寓意，要么为利，要么为名，要么为色，人怎么能没点目的呢？所以在我们计较内心的时候，我们就失去了葡萄的美味。

其实，这样的寓言，跟庄子给我们的启发不是一样吗？

两千多年的道理，庄子告诉我们的是什么呢？也就是说，人只有打破了一切的世俗心，用你自己本初的那种愿望，去遇合这个世界，这时候你才能够体会到世界的真意。

在这样的一个世界上，摆在我们眼前的机遇和美味是一样的，只不过要求我们，要以什么样的生存状态去解读它。

生命只是一段流光。流光在我们手中，绝对的时长不会太多。我们每个人，再善养生也不过活出百岁。

但是，流光在手中的质量却因人而异。

这种质量并不一定像我们想象的知识越多、财富越丰、官位越高，他就一定有更高的品质。恰恰相反，很多时候返璞归真，用一颗天真的心去面对世界，让我们的生命回到赤子的烂漫状态，我们的情怀才可能开放，我们的心才真正像通过斋戒一样，可以破名破利，达到浑然忘我，而忘我之境视为天成。

当一个人个体的生命，与大道自然合乎一体，我们会在天成之境中，体会到生命至真至纯的欢欣。

大道与自然

《庄子》中讲了许多寓言故事，其中所有的道理，都是非常朴素而合乎自然的。其中的奥秘只有一个，那就是：“大道合乎自然。”

那么，我们应该如何理解庄子的“大道合乎自然”呢？

综观整部《庄子》，所有的理论，所有的寓言，其实只有一个奥秘，那就是：大道合乎自然。

在道家的理论中，人以大地为法，地以苍天为法，天以道为法，而道法自然。可以说，世间万象，合乎规律为最好。也就是说，每一个人之间、每一件事之间，没有单纯的技巧高下之分，只有境界的优劣之辨。那么，境界的优劣取决于什么？只有一个标准：大道合乎自然。

庄子在他的《知北游》篇里，托一个名字就叫“知”的人去追问，什么才是人间的道？知，读作“智”，实际就是有大智慧的人。

知向北游历到玄水之上，见到了一个高人，名叫“无为谓”，问这个人：“何思何虑则知道？何处何服则安道？何从何道则得道？”

这个问题是人间至问：人怎么样才能知道大道呢？怎么样才能安于大道呢？又怎么样才能获得大道呢？

这个无为谓不说话，什么都没告诉他。

知于是离开了玄水，又回到白水的南岸，登狐阕之丘，见到了另外一个高人，名叫“狂屈”。他又问他这样一段话。

狂屈说：“我知道，正要告诉你，可是我却忘了我要说什么。”

知得不到回答，又去问黄帝。黄帝给他的回答是：“无思无虑始知道，无处无服始安道，无从无道始得道。”

“无思无虑始知道”，不要思考你才能懂得大道。“无处无服始安道”，不要考虑怎么样安身处世，你才能安于大道。“无从无道始得道”，不想途径、不问方法，你才能真正获得大道。也就是说，当我们忘却了一个一个人生坐标的参照，真正洞明自己的内心，我们才会把握住人生独一无二的自己。

当我们忘却了一个一个人生坐标的参照，真正洞明自己的内心，我们才会把握住人生独一无二的自己。
——于丹心语

在这个世界上，我们花费太多太多的时间来羡慕他人。所以，庄子在他的《秋水》篇里讲了这样一个故事。

这个世界上有一种一条腿的神兽叫作夔。夔特别羡慕蚿，因为蚿比它脚多能够行走。蚿是一种长了很多条腿的虫子。蚿又羡慕蛇，因为蛇没有脚，却比蚿行走得还要快。蛇又羡慕风，因为风比蛇要移动得更快，却连形状都没有。风又羡慕什么呢？风羡慕人的眼睛，因为目光所及，风还没到，人的目光已经到了。目光是不是最快的呢？目光最终羡慕一样东西，就是人心。当人的目光未及的时候，人心可以到。我们的心中一动，有所思而心意已达。

这就是庄子所说的："夔怜蚿，蚿怜蛇，蛇怜风，风怜目，目怜心。"这个怜，怜爱的怜，也就是羡慕、喜欢，觉得别人的境界比自己高。

在我们每一个人的生命中，都曾经有过榜样的力量。过去叫榜样，今天叫偶像，也就是说，总会有一些人比我们完美，总让我们羡慕，我们总想要成为像榜样、偶像一样的人。

天地有大美而不言。

——《知北游》

我们真的能成为别人吗？有这样一个寓言：小老鼠觉得自己太渺小了，一直希望找到最大的东西。抬头一看，什么大啊？莫大于天。所以，小老鼠说："我人生的境界就是要找到天的真谛。天无所畏惧，它太辽阔了，笼盖四野。"小老鼠问天："天哪，你什么都不怕，我却这么渺小，你能给我勇气吗？"

天告诉它说："我也有怕的，我怕云。因为云是可以遮天蔽日的，太阳和天空都可以被云彩密密地遮住。"

小老鼠觉得云更了不起，就去找云，说："你能遮天蔽日，你是天地之间最大的力量吧？"

云彩说："不，我怕风。我好不容易把天遮得密密的，哗，大风一吹，云开雾散，风过云飘。所以我还是有怕的东西。"

小老鼠又跑去找风，说："你力量太大了，天空上万物都抵挡不住你，你没有什么怕的吧？"

风说："我也有怕的啊，我怕墙。天上的云彩我能吹散，但是地上有堵墙我就绕不过去了，所以墙比我厉害。"

小老鼠就跑去找墙，说："你连风都挡得住，你是不是天下最强大的？"

墙却说了一句令小老鼠非常惊诧的话，墙说："我最怕的就是老鼠。因为老鼠会在我的根基上一点一点咬出很多墙洞，总有一天，我这面伟岸高大的大墙，会因为这些老鼠洞而轰然倒塌。"

在这个时候，小老鼠恍然大悟：原来这个世界上最了不起的就是它自己。其实，这样一番寻找，难道不是我们从小到大膜拜偶像、崇尚榜样，一生追逐而最终发现自己内心的一个过程吗？

每一个生命的个体虽然表面各异，但本质却是相同的。

每个人的一生都是独特的，崇拜偶像不如认清自己，因为我们自己永远不可能成为别人。

虽然我们的人生道路上会有坎坷和不平，但无论是荣誉还是困苦，一切都会成为过去。

在这个世界上，人会遭遇太多太多的事情，一切机遇会来，一切风波会走，在每一个机遇中把握自己，这就是道家所说的合乎天地大道。

庄子最终要提醒世人的，叫作："丧己于物，失性于俗者，谓之倒置之民。"一个人如果把自己迷失在物质世界中，一个人如果把自己的性情流失在世俗之中，这个人叫作倒置之民，就是说，整个人本末彻底颠倒了。

我们真正要辨清的是外在的两个障碍，一是物质，二是世俗。物质往往是一种利益，可以迷惑我们的判断；而世俗往往是一种言论，一种眼光，可以扰乱我们的价值观。

虽然我们的人生道路上会有坎坷和不平，但无论是荣誉还是困苦，一切都会成为过去。

——于丹心语

如果一个人丧己于物，失性于俗，那么他就会彻底找不到自己内心真正的价值与力量。

人怎么样才能不丧失？怎么样才能不迷惑？就在于我们应该明白：眼前遭遇的每一件事情，最终都将被穿越。有太多美好的东西，我们享受当下，但这美好总会过去；有很多苦难的事情，我们要把它扛过去，这苦难也会过去。

有这样一个故事。

一个国王曾经在梦中得到了一句箴言，可以行之终身。有人告诉他："在世界上你只要记住这句话，那么这一生你都将忘怀得失，能够安然度过任何的大宠大辱。"

但是，当国王醒来，竟然把这句话给忘了。有一言可以行之终身，这么重要的一句话，到底是什么呢？国王百思不得。他就倾宫中所有的钱财打造了一枚巨大的钻戒，对自己所有的大臣们说："你们去给我找这句话。谁把这话找回来，我就把这枚钻戒给谁。"

有一天，一位最聪明的老臣对国王说："把你的钻戒先给我吧！"

国王说："你找到了吗？"

老臣不说话，拿过钻戒来，在钻戒的戒环上刻了一句话，把钻戒又还给了国王，扬长而去。

国王一看，恍然记起了梦里正是这句话，一句淡淡的话，叫作："一切都会过去。"

这一句话是我们每个人都会记住的。光荣会过去，耻辱会过去，辉煌会过去，苦难会过去。我们身边的一切都只是过往。就在我们的生命穿越其中的时候，我们要追究每一个当下的质量。

庄子说，“大道合乎自然”。

那么，什么是真正的天地大道呢？大道无非是一种规则。

我们每一个人年龄不同，境遇不同，学养不同，出身不同，走过的道路不同，经历的沧桑各异，所以每一个人要符合天地大道之法，只有看自己的，而不能去看别人的。别人的经验也许你可以借鉴，但是真正要了解、要懂得的，只有自己的心。

庄子说，在天地之间，真正了解自己内心的人叫作善养生者。那么，什么人是真正了解自己内心的人呢？

庄子说，真正的善养生者，若牧羊人，就好像是放羊的人。牧羊人虽然挥着鞭子，但他对整个羊群都很和善。他的鞭子会落在谁的身上？“视其后者而鞭之”，一定要落在最后的那只羊身上。前面的羊你都不用打，让最后的一只羊加快脚步，整个羊群就前进了。

这恰好映照了现代管理学一个家喻户晓的理论，叫作木桶理论。一个桶是用很多块木板箍起来的，木板有的长，有的短。这个木桶能够盛多少水，不取决于最长的一块板子，而取决于最短的一块板子。

羊群也罢，木桶也罢，总有最后一只羊，总有最短一块板。只有我们自己可以看清，你的羊群里最后一只羊是哪一只，你的木桶上最短的一块板是哪一块。

什么样的人生是没有效率的呢？是那种损不足以益有

余的人生。有些人的眼睛永远只看着自己最长的一块板，永远只看见领头的头羊。他总有资本去炫耀，他总可以说："我人生的最高分在那里。"

当头羊依然威风凛凛，但是后面的羊群已经在山坡上散落，丢失了不知多少的时候，他还在看着头羊沾沾自喜。当他看着最长的一块板超过常人，却不知道木桶中的水因为那块最短的板子流失了。

所以，我们要经常问一问：我人生的最后那头羊是什么？我最短的那块板在哪里？

人生的大智慧是，为自己雪中送炭，而不要总是锦上添花。锦上添花是给别人看的，而雪中送炭是为自己的。

用这样的道理来看这个世界，庄子说："道德不废，安取仁义！性情不离，安用礼乐！"这个世界上，如果每一个人的道德都固守在心中，用得着外在礼仪规范吗？！每一个人的性情如果不离散，不违背人的本真，用得着外在的礼乐吗？！

我们现在看一看，媒体上经常宣传弘扬的很多道德观念，很多正面的褒奖，实际上已经低于道德的底线。比如说，很多地方在选孝子，表彰说孝子在父母的病榻旁伺候，孝顺老人。实际上这用得着媒体表扬吗？孝敬父母已经是做人的一个最基本的底线了。

庄子认为，在人世间，最朴素的就是人心中的本真，而不应该由外在嘈杂的声音去刻意地提倡弘扬。

庄子认为，所有的道理法规，无非就是人心中最自然的本真，是用不着任何外在的形式去刻意而为的。

人生的大智慧是，为自己雪中送炭，而不要总是锦上添花。

——于丹心语

陈传席 《平生心事》(局部)

但孔子却认为，礼仪对于一个人，乃至一个国家都是非常重要的。

庄子与孔子，到底孰是孰非？我们又应该如何理解儒家与道家的不同？

在这里，我们可以看到，道家与儒家的真正的不同。

儒家是提倡礼仪的，让每一个人遵守外在的行为规范，以礼义去应对他人，投身社会，用外在的规矩准则来缔造世界的和谐。而道家，提倡每一个人遵循内心的道德，听从自在的声音，而不必有外在的任何的刻意。

可以说，儒道相生相济，孕育了中国人的人格。

儒家教给我们入世，一个人的自我实现，必须扎根于这块土地。道家教给我们出世，实现人格的超越，让我们在天空上有飞翔的翅膀。

儒家教给我们的，是在土地上践行的能力，所以人与人之间要有礼仪。而道家告诉我们的，是天空中飞翔的理想，所以每一个人要遵守内心的道德。

其实这两者以我们今人的眼光来看，并不偏废。尽管儒道之间有些冲突，有些观点之间看起来是矛盾的，但是当应用于每一个人的时候，就形成了一种互补。

在这个世界上，真正重要的莫过于认知自己，以自己的生命合乎大道，这会让我们少走很多很多弯路。

很多时候我们不是输在自己奔跑的速度上，而是输在自己的智商上。

有这么一则寓言。

羚羊是最灵巧、最机敏的动物，它欺负乌龟，跟乌龟赛跑。你想想，这比赛的胜负不是明摆在那儿的吗？羚羊要胜一场肯定要赢的比赛。可是乌龟居然就答应了，说第二天早晨咱们开始比赛赛跑。

第二天一早，羚羊跟乌龟站在同一个起跑线上。比赛一开始，羚羊看都没看乌龟，就箭一般地蹿出去了。它急匆匆地奔跑了一段，停下来，很得意地叫了一声："小乌龟，你在哪儿呢？"突然，它听见在前面不远的草丛里面，乌龟慢吞吞地说："我在这儿呢。你接着跑吧。"

羚羊吓了一大跳，怎么乌龟在自己之前呢？这羚羊撒腿就跑。又跑了一段，羚羊又停下来，叫道："小乌龟，你跟上我了吗？"突然它又听见比它远几步的草丛里面，小乌龟慢悠悠地说："我已经超过你了，你赶紧跑吧。"

羚羊开始惶惑了。它又跑一段，再问。乌龟应声而答，还要比它快几步。羚羊最后在极度沮丧之中跑到了终点，发现乌龟早已经在终点线外等着了。羚羊承认，自己失败了，自己的速度毫无用处。

事情真的是这样吗？其实，在头一天晚上乌龟答应和羚羊赛跑之后，就把它整个家族都调动起来了，在比赛要经过的路上，隔不远就埋伏一只乌龟。无论羚羊跑到哪儿，都有一只乌龟等在它前面。而在终点，早有乌龟以胜利者的姿态迎接羚羊。可怜的羚羊就败给了这样一个假象，它真心地承认自己失败了。

在这个世界上，
智力比速度更重要，
判断力比技巧更高明。
——于丹心语

这则寓言讲述了一个什么样的道理？它告诉我们，在这个世界上，智力比速度更重要，判断力比技巧更高明。

庄子认为，这个世界应当返璞归真，也就是说，外在的道德少一点，不要过分相信技巧，让我们回到最朴素、最本初的状态。

现代社会竞争激烈，甚至有人不择手段获取利益和名誉。庄子对于我们现代人的意义就在于，多一些内心朴素自然的淡泊，少一些投机取巧的刻意行为，否则，我们则有可能在这个大千世界里迷失了自己。

但是，我们怎么样才能让自己有限的生命，真正进入自然的大道之中呢？

庄子说："虚无恬惔，乃合天德。"一个人自己的行为做到虚无恬淡了，让心真正静下来，不慌乱，不迷茫，这就合乎天德。

在很多时候，生命是会陷入绝境的。陷入绝境之后，只有依靠我们明确的判断和心底的冷静，才能使我们真正走出绝境。在这个时候，究竟是谁引领了我们的心？

有一个真实的故事。

有一批地质学系的学生，跟随他们的教授去一个千年古洞考察。在这个古洞中，传说有珍贵的水晶石，所以他们一直想进去看一看。但是这个古洞非常幽深，很多人进去了就出不来，大家把这个地方视为绝境。

学生们带了很多的装备，照明灯啊，火把啊，指南针啊，全都准备好了，在教授的引领下，进入了这个洞。这个洞果然峰回路转，曲径通幽。他们一洞一洞地探寻，一层一层地跨越，最后终于走到了洞的最深处，找到了梦寐以求的水晶石，惊为奇观，觉得真是不枉此行。大家兴奋地惊叹啊，观察啊，取样啊。等工作结束，准备返回时，忽然发现，这么多的洞口几乎一样，几乎每一个洞口都深不可测，大家已经不辨来时的路了。

这个时候，他们的教授淡淡地说："这里头还有前人留下来的标志。你们看，这个路口有石灰石画的印记，我们顺着这里走出去。"然后大家就往外走，教授拿着一盏灯，领着大家走。每走一段，他就惊呼说："这里还有前人的印记！"他总是第一个发现印记的人。

顺着一个又一个石灰石的印记，大家终于走出了这千年古洞，终于又看见阳光。学生们一下子就瘫在地上，有人甚至大哭起来。有人说："真是绝境逢生啊！如果没有前人的引导，我们根本就走不出来了。"

这个时候，教授默默地从兜儿里面掏出来只剩下一小点的石灰石。其实，所有的标志都是这个教授一路画的。

本来他们探的就是一处绝境，本来他们就有走不出去的危险，本来就没有前人的指引。但是，靠自己的用心，顺着自己的心路，教授把学生们带出了绝境。

其实，这就好像是人一生的历练。当我们追寻一个辉煌的目标，获得一个诱人的物质利益时，我们都有可能忘记风险，在一路上不做标记就一头扎进去，结果到最后，我们会发现没有了退路，“回顾所来径，苍苍横翠微”。

当我们不辨来时路的时候，还有能力回到本初、重见阳光吗？在这个时候，我们才想到，来的时候为什么只凭着一腔激情，盯着一个目标，而忘记给自己的退路做一点记号呢？这是我们在大千世界中的真正的迷失。

庄子在《天道》篇里面，讲了这样一个故事。

尧和舜一起探讨治理天下的问题，两个人代表了两种不同的态度。

舜问尧：请问你是用什么样的心面对世界、治理天下的？

尧回答说：我“不敖无告”，对无依无靠的人，我从来不轻视；“不废穷民”，对穷苦贫困的人，我从来不抛弃；“苦死者”，对死去的人，我怀有悲悯之心；“嘉孺子而哀妇人”，我喜欢小孩子，同情妇女。这就是我的用心了。

尧的回答其实代表了儒家的观点，以宽和、悲悯的态度对待整个世界，尤其是同情弱势群体。

舜给了尧一个评价，说：“美则美矣，而未大也。”你的这番心意对于这个世界来讲，是善良的，是美好的，但是境界不够阔大。那么尧就问他：“然则何如？”你所说的大又是什么样呢？

舜说："天德而出宁，日月照而四时行，若昼夜之有经，云行而雨施矣！"他说天就生成在那里，大地宁静，太阳、月亮轮番照耀着世间，四时周行不惰，整个世界就这样一直运转着，好像是白天结束了就有黑夜一样，好像是天空有云才会下雨一样，有它的变幻常规。也就是说，世界的一切自然而然，这就是我所谓的大。

听完了舜的话，尧说："我明白了，我所说的那番用心合乎的只是人之道，而你说的这番用心合乎的是天之道。天之道才是大道。"

可以说，整个的外在世界就是人生最好的老师。只有你自己浸淫其中，真正去感知这一花一世界，一叶一菩提，在这一花一叶上有所彻悟，那么我们就洞悉了万物之理。

整个的外在世界就是人生最好的老师。
——于丹心语

有一个寓言，说的是一位老酋长，对他部落里的年轻人说："你们去远行吧，闯荡你的一生。这一生我只要给你六个字就够了。我先给你们每个人一张纸条，写着前三个字，你们到世界上历练，等到你们建功立业以后，回来找我取后三个字。"

这些年轻人拿着一个小小的纸条走向了天地四海。他们经历了各自的荣辱磨难，在每一个时刻他们会看纸条上的这三个字，简简单单地写着："不要怕"。人只要"不要怕"，任何磨难都能闯过去。

等到他们人过中年，已经穿越了太多太多错失的机遇，或者跨越了太多太多坎坷的时候，他们带着或是风霜，或是荣耀，回来找老酋长要后三个字。他们看到的是："不要悔”。

人的前半生不要怕，后半生不要悔。在这个世界上，我们无所畏惧，也无所懊悔。其实人生无非是尽心尽力，如此而已。西方的哲言，东方的至理，天地大道合于此理。

有一个寓言，说一个年轻人跟睿智的老者打赌。他手里握着一只小小的雏鸟，说：“智者，既然你能够洞悉一切，你现在告诉我，我手中的这只弱小的鸟它是死还是活？”这个年轻人认为他胜券在握，他想，老人如果说鸟是活的，他轻轻一动就能把小鸟掐死；如果老人说小鸟已经死了，他手心一张小鸟就会放飞，老人一定会输了。老人淡淡地对他说了一句话：“生命就在你的手中。”

每一个人的生命无异于这样一只小鸟。生命可生可死，它取决于我们的天地之心。

生命有限，流光苦短，而在天地之间，我们每一个人的心合乎自然大道，最终每一个生命的成全就是这一句话：每一个人的生命在我们自己的手中。

附录

《庄子》原文

庄子·内篇·逍遥游第一

庄子·内篇·齐物论第二

庄子·内篇·养生主第三

庄子·内篇·人间世第四

庄子·内篇·德充符第五

庄子·内篇·大宗师第六

庄子·内篇·应帝王第七

庄子·外篇·骈拇第八

庄子·外篇·马蹄第九

庄子·外篇·胠箧第十

庄子·外篇·在宥第十一

庄子·外篇·天地第十二

庄子·外篇·天道第十三

庄子·外篇·天运第十四

庄子·外篇·刻意第十五

庄子·外篇·缮性第十六

庄子·外篇·秋水第十七

庄子·外篇·至乐第十八

庄子·外篇·达生第十九

庄子·外篇·山木第二十

庄子·外篇·田子方第二十一

庄子·外篇·知北游第二十二

庄子·杂篇·庚桑楚第二十三

庄子·杂篇·徐无鬼第二十四

庄子·杂篇·则阳第二十五

庄子·杂篇·外物第二十六

庄子·杂篇·寓言第二十七

庄子·杂篇·让王第二十八

庄子·杂篇·盗跖第二十九

庄子·杂篇·说剑第三十

庄子·杂篇·渔父第三十一

庄子·杂篇·列御寇第三十二

庄子·杂篇·天下第三十三

庄子·内篇·逍遥游第一

北冥有鱼，其名为鲲。鲲之大，不知其几千里也。化而为鸟，其名为鹏。鹏之背，不知其几千里也。怒而飞，其翼若垂天之云。是鸟也，海运则将徙于南冥。南冥者，天池也。

《齐谐》者，志怪者也。《谐》之言曰：“鹏之徙于南冥也，水击三千里，抟扶摇而上者九万里，去以六月息者也。”野马也，尘埃也，生物之以息相吹也。天之苍苍，其正色邪？其远而无所至极邪？其视下也，亦若是则已矣。

且夫水之积也不厚，则其负大舟也无力。覆杯水于坳堂之上，则芥为之舟。置杯焉则胶，水浅而舟大也。风之积也不厚，则其负大翼也无力。故九万里则风斯在下矣，而后乃今培风；背负青天而莫之夭阏者，而后乃今将图南。

蜩与学鸠笑之曰：“我决起而飞，抢榆枋，时则不至而控于地而已矣，奚以之九万里而南为？”适莽苍者，三飡而反，腹犹果然；适百里者，宿舂粮；适千里者，三月聚粮。之二虫又何知！

小知不及大知，小年不及大年。奚以知其然也？朝菌不知晦朔，蟪蛄不知春秋，此小年也。楚之南有冥灵者，以五百岁为春，五百岁为秋；上古有大椿者，以八千岁为春，八千岁为秋。而彭祖乃今以久特闻，众人匹之，不亦悲乎！

汤之问棘也是已：穷发之北，有冥海者，天池也。有鱼焉，其广数千里，未有知其修者，其名为鲲。有鸟焉，其名为鹏，背若太山，翼若垂天之云，抟扶摇羊角而上者九万里，绝云气，负青天，然后图南，且适南冥也。

斥鴳笑之曰："彼且奚适也？我腾跃而上，不过数仞而下，翱翔蓬蒿之间，此亦飞之至也，而彼且奚适也？"此大小之辩也。

故夫知效一官，行比一乡，德合一君，而徵一国者，其自视也，亦若此矣。而宋荣子犹然笑之。且举世而誉之而不加劝，举世而非之而不加沮，定乎内外之分，辩乎荣辱之境，斯已矣。彼其于世，未数数然也。虽然，犹有未树也。

夫列子御风而行，泠然善也，旬有五日而后反。彼于致福者。未数数然也。此虽免乎行，犹有所待者也。

若夫乘天地之正，而御六气之辩，以游无穷者，彼且恶乎待哉！故曰：至人无己，神人无功，圣人无名。

尧让天下于许由，曰："日月出矣，而爝火不息，其于光也，不亦难乎！时雨降矣，而犹浸灌，其于泽也，不亦劳乎！夫子立而天下治，而我犹尸之，吾自视缺然。请致天下。"许由曰："子治天下，天下既已治也，而我犹代子，吾将为名乎？名者，实之宾也，吾将为宾乎？鹪鹩巢于深林，不过一枝；偃鼠饮河，不过满腹。归休乎君，予无所用天下为！庖人虽不治庖，尸祝不越樽俎而代之矣。"

肩吾问于连叔曰："吾闻言于接舆，大而无当，往而不反。吾惊怖其言犹河汉而无极也，大有径庭，不近人情焉。"连叔曰："其言谓何哉？""曰'藐姑射之山，有神人居焉。肌肤若冰雪，淖约若处子；不食五谷，吸风饮露；乘云气，御飞龙，而游乎四海之外；其神凝，使物不疵疠而年谷熟'。吾以是狂而不信也。"连叔曰："然，瞽者无以与乎文章之观，聋者无以与乎钟鼓之声。岂唯形骸有聋盲哉？夫知亦有之。是其言也，犹时女也。之人也，之德也，将旁礴万物以为一，世蕲乎乱，孰弊弊焉以天下为事！之人也，物莫之伤，大浸稽天而不溺，大旱金石流、土山焦而不热。是其尘垢秕糠，将犹陶铸尧舜者也，孰肯以物为事！"

宋人资章甫而适诸越，越人断发文身，无所用之。

尧治天下之民，平海内之政。往见四子藐姑射之山，汾水之阳，窅然丧其天下焉。

惠子谓庄子曰："魏王贻我大瓠之种，我树之成而实五石。以盛水浆，其坚不能自举也。剖之以为瓢，则瓠落无所容。非不呺然大也，吾为其无用而掊之。”庄子曰：“夫子固拙于用大矣。宋人有善为不龟手之药者，世世以洴澼絖为事。客闻之，请买其方百金。聚族而谋曰：‘我世世为洴澼絖，不过数金。今一朝而鬻技百金，请与之。’客得之，以说吴王。越有难，吴王使之将。冬，与越人水战，大败越人，裂地而封之。能不龟手一也，或以封，或不免于洴澼絖，则所用之异也。今子有五石之瓠，何不虑以为大樽而浮乎江湖，而忧其瓠落无所容？则夫子犹有蓬之心也夫！”

惠子谓庄子曰：“吾有大树，人谓之樗。其大本拥肿而不中绳墨，其小枝卷曲而不中规矩。立之涂，匠者不顾。今子之言，大而无用，众所同去也。”庄子曰：“子独不见狸狌乎？卑身而伏，以候敖者；东西跳梁，不避高下；中于机辟，死于罔罟。今夫斄牛，其大若垂天之云。此能为大矣，而不能执鼠。今子有大树，患其无用，何不树之于无何有之乡，广莫之野，彷徨乎无为其侧，逍遥乎寝卧其下。不夭斤斧，物无害者，无所可用，安所困苦哉！”

庄子·内篇·齐物论第二

南郭子綦隐机而坐，仰天而嘘，荅焉似丧其耦。颜成子游立侍乎前，曰：“何居乎？形固可使如槁木，而心固可使如死灰乎？今之隐机者，非昔之隐机者也？”子綦曰：“偃，不亦善乎而问之也！今者吾丧我，汝知之乎？女闻人籁而未闻地籁，女闻地籁而未闻天籁夫！”

子游曰：“敢问其方。”子綦曰：“夫大块噫气，其名为风。是唯无作，作则万窍怒呺。而独不闻之翏翏乎？山林之畏佳，大木百围之窍穴，似鼻，似口，似耳，似枅，似圈，似臼，似洼者，似污者。激者、謞者、叱者、吸者、叫者、譹者、宎者、咬者，前者唱于而随者唱喁，泠风则小和，飘风则大和，厉风济则众窍为虚。而独不见之调调之刁刁乎？”

子游曰：“地籁则众窍是已，人籁则比竹是已，敢问天籁。”子綦曰：“夫吹万不同，而使其自己也。咸其自取，怒者其谁邪？”

大知闲闲，小知间间。大言炎炎，小言詹詹。其寐也魂交，其觉也形开。与接为拘，日以心斗。缦者、窖者、密者。小恐惴惴，大恐缦缦。其发若机栝，其司是非之谓也；其留如诅盟，其守胜之谓也；其杀若秋冬，以言其日消也；其溺之所为之，不可使复之也；其厌也如缄，以言其老洫也；近死之心，莫使复阳也。喜怒哀乐，虑叹变慹，姚佚启态——乐出虚，蒸成菌。日夜相代乎前而莫知其所萌。已乎，已乎！旦暮得此，其所由以生乎！

非彼无我，非我无所取。是亦近矣，而不知其所为使。若有真宰，而特不得其眹。可行已信，而不见其形，有情而无形。百骸、九窍、六藏，赅而存焉，吾谁与为亲？汝皆说之乎？其有私焉？如是皆有为臣妾乎？其臣妾不足以相治乎？其递相为君臣乎？其有真君存焉！如求得其情与不得，无益损乎其真。一受其成形，不亡以待尽。与物相刃相靡，其行尽如驰而莫之能止，不亦悲乎！终身役役而不见其成功，苶然疲役而不知其所归，可不哀邪！人谓之不死，奚益！其形化，其心与之然，可不谓大哀乎？人之生也，固若是芒乎？其我独芒，而人亦有不芒者乎？

夫随其成心而师之，谁独且无师乎？奚必知代而心自取者有之？愚者与有焉！未成乎心而有是非，是今日适越而昔至也。是以无有为有。无有为有，虽有神禹且不能知，吾独且奈何哉！

夫言非吹也，言者有言。其所言者特未定也。果有言邪？其未尝有言邪？其以为异于鷇音，亦有辩乎？其无辩乎？道恶乎隐而有真伪？言恶乎隐而有是非？道恶乎往而不存？言恶乎存而不可？道隐于小成，言隐于荣华。故有儒墨之是非，以是其所非而非其所是。欲是其所非而非其所是，则莫若以明。

物无非彼，物无非是。自彼则不见，自知则知之。故曰：彼出于是，是亦因彼。彼是方生之说也。虽然，方生方死，方死方生；方可方不可，方不可方可；因是因非，因非因是。是以圣人不由而照之于天，亦因是也。是亦彼也，彼亦是也。彼亦一是非，此亦一是非，果且有彼是乎哉？果且无彼是乎哉？彼是莫得其偶，谓之道枢。枢始得其环中，以应无穷。是亦一无穷，非亦一无穷也。故曰：莫若以明。

以指喻指之非指，不若以非指喻指之非指也；以马喻马之非马，不若以非马喻马之非马也。天地一指也，万物一马也。

可乎可，不可乎不可。道行之而成，物谓之而然。恶乎然？然于然。恶乎不然？不然于不然。物固有所然，物固有所可。无物不然，无物不可。故为是举莛与楹，厉与西施，恢恑憰怪，道通为一。

其分也，成也；其成也，毁也。凡物无成与毁，复通为一。唯达者知通为一，为是不用而寓诸庸。庸也者，用也；用也者，通也；通也者，得也。适得而几矣。因是已，已而不知其然谓之道。劳神明为一而不知其同也，谓之“朝三”。何谓“朝三”？狙公赋芧，曰：“朝三而暮四。”众狙皆怒。曰：“然则朝四而暮三。”众狙皆悦。名实未亏而喜怒为用，亦因是也。是以圣人和之以是非而休乎天钧，是之谓两行。

古之人，其知有所至矣。恶乎至？有以为未始有物者，至矣，尽矣，不可以加矣！其次以为有物矣，而未始有封也。其次以为有封焉，而未始有是非也。是非之彰也，道之所以亏也。道之所以亏，爱之所以成。果且有成与亏乎哉？果且无成与亏乎哉？有成与亏，故昭氏之鼓琴也；无成与亏，故昭氏之不鼓琴也。昭文之鼓琴也，师旷之枝策也，惠子之据梧也，三子之知几乎皆其盛者也，故载之末年。唯其好之也以异于彼，其好之也欲以明之。彼非所明而明之，故以坚白之昧终。而其子又以文之纶终，终身无成。若是而可谓成乎，虽我亦成也；若是而不可谓成乎，物与我无成也。是故滑疑之耀，圣人之所图也。为是不用而寓诸庸，此之谓“以明”。

今且有言于此，不知其与是类乎？其与是不类乎？类与不类，相与为类，则与彼无以异矣。虽然，请尝言之：有始也者，有未始有始也者，有未始有夫未始有始也者；有有也者，有无也者，有未始有无也者，有未始有夫未始有无也者。俄而有无矣，而未知有无之果孰有孰无也。今我则已有谓矣，而未知吾所谓之其果有谓乎？其果无谓乎？

天下莫大于秋豪之末，而大山为小；莫寿于殇子，而彭祖为夭。天地与我并生，而万物与我为一。既已为一矣，且得有言乎？既已谓之一矣，且得无言乎？一与言为二，二与一为三。自此以往，巧历不能得，而况其凡乎！故自无适有，以至于三，而况自有适有乎？无适焉，因是已！

夫道未始有封，言未始有常，为是而有畛也。请言其畛：有左有右，有伦有义，有分有辩，有竞有争，此之谓八德。六合之外，圣人存而不论；六合之内，圣人论而不议；春秋经世先王之志，圣人议而不辩。

故分也者，有不分也；辩也者，有不辩也。曰：“何也？”“圣人怀之，众人辩之以相示也。故曰：辩也者，有不见也。”夫大道不称，大辩不言，大仁不仁，大廉不嗛，大勇不忮。道昭而不道，言辩而不及，仁常而不成，廉清而不信，勇忮而不成。五者圆而几向方矣！故知止其所不知，至矣。孰知不言之辩，不道之道？若有能知，此之谓天府。注焉而不满，酌焉而不竭，而不知其所由来，此之谓葆光。

故昔者尧问于舜曰："我欲伐宗脍、胥、敖，南面而不释然。其何故也？"舜曰："夫三子者，犹存乎蓬艾之间。若不释然何哉！昔者十日并出，万物皆照，而况德之进乎日者乎！"

啮缺问乎王倪曰："子知物之所同是乎？"曰："吾恶乎知之！""子知子之所不知邪？"曰："吾恶乎知之！""然则物无知邪？"曰："吾恶乎知之！虽然，尝试言之：庸讵知吾所谓知之非不知邪？庸讵知吾所谓不知之非知邪？且吾尝试问乎女：民湿寝则腰疾偏死，鳅然乎哉？木处则惴栗恂惧，猨猴然乎哉？三者孰知正处？民食刍豢，麋鹿食荐，蝍蛆甘带，鸱鸦耆鼠，四者孰知正味？猿猵狙以为雌，麋与鹿交，鳅与鱼游。毛嫱丽姬，人之所美也；鱼见之深入，鸟见之高飞，麋鹿见之决骤，四者孰知天下之正色哉？自我观之，仁义之端，是非之涂，樊然淆乱，吾恶能知其辩！"啮缺曰："子不知利害，则至人固不知利害乎？"王倪曰："至人神矣！大泽焚而不能热，河汉冱而不能寒，疾雷破山、飘风振海而不能惊。若然者，乘云气，骑日月，而游乎四海之外，死生无变于己，而况利害之端乎！"

瞿鹊子问乎长梧子曰："吾闻诸夫子：圣人不从事于务，不就利，不违害，不喜求，不缘道，无谓有谓，有谓无谓，而游乎尘垢之外。夫子以为孟浪之言，而我以为妙道之行也。吾子以为奚若？"

长梧子曰："是黄帝之所听荧也，而丘也何足以知之！且女亦大早计，见卵而求时夜，见弹而求鸮炙。予尝为女妄言之，女以妄听之。奚旁日月，挟宇宙，为其吻合，置其滑涽，以隶相尊？众人役役，圣人愚芚，参万岁而一成纯。万物尽然，而以是相蕴。予恶乎知说生之非惑邪！予恶乎知恶死之非弱丧而不知归者邪！

丽之姬，艾封人之子也。晋国之始得之也，涕泣沾襟。及其至于王所，与王同筐床，食刍豢，而后悔其泣也。予恶乎知夫死者不悔其始之蕲生乎？梦饮酒者，旦而哭泣；梦哭泣者，旦而田猎。方其梦也，不知其梦也。梦之中又占其梦焉，觉而后知其梦也。且有大觉而后知此其大梦也，而愚者自以为觉，窃窃然知之。'君乎！牧乎！'固哉！丘也与女皆梦也，予谓女梦亦梦也。是其言也，其名为吊诡。万世之后而一遇大圣知其解者，是旦暮遇之也。

既使我与若辩矣，若胜我，我不若胜，若果是也？我果非也邪？我胜若，若不吾胜，我果是也？而果非也邪？其或是也？其或非也邪？其俱是也？其俱非也邪？我与若不能相知也。则人固受其黮闇，吾谁使正之？使同乎若者正之，既与若同矣，恶能正之？使同乎我者正之，既同乎我矣，恶能正之？使异乎我与若者正之，既异乎我与若矣，恶能正之？使同乎我与若者正之，既同乎我与若矣，恶能正之？然则我与若与人俱不能相知也，而待彼也邪？

“何谓和之以天倪？”曰：“是不是，然不然。是若果是也，则是之异乎不是也亦无辩；然若果然也，则然之异乎不然也亦无辩。化声之相待，若其不相待。和之以天倪，因之以曼衍，所以穷年也。忘年忘义，振于无竟，故寓诸无竟。”

罔两问景曰：“曩子行，今子止；曩子坐，今子起。何其无特操与？”景曰：“吾有待而然者邪？吾所待又有待而然者邪？吾待蛇蚹蜩翼邪？恶识所以然？恶识所以不然？”

昔者庄周梦为胡蝶，栩栩然胡蝶也。自喻适志与！不知周也。俄然觉，则蘧蘧然周也。不知周之梦为胡蝶与？胡蝶之梦为周与？周与胡蝶则必有分矣。此之谓物化。

庄子·内篇·养生主第三

吾生也有涯，而知也无涯。以有涯随无涯，殆已！已而为知者，殆而已矣！为善无近名，为恶无近刑，缘督以为经，可以保身，可以全生，可以养亲，可以尽年。

庖丁为文惠君解牛，手之所触，肩之所倚，足之所履，膝之所踦，砉然响然，奏刀騞然，莫不中音，合于桑林之舞，乃中经首之会。

文惠君曰：“嘻，善哉！技盖至此乎？”庖丁释刀对曰：“臣之所好者道也，进乎技矣。始臣之解牛之时，所见无非全牛者；三年之后，未尝见全牛也；方今之时，臣以神遇而不以目视，官知止而神欲行。依乎天理，批大郤，导大窾，因其固然。技经肯綮之未尝，而况大軱乎！良庖岁更刀，割也；族庖月更刀，折也；今臣之刀十九年矣，所解数千牛矣，而刀刃若新发于硎。彼节者有间而刀刃者无厚，以无厚入有间，恢恢乎其于游刃必有余地矣。是以十九年而刀刃若新发于硎。虽然，每至于族，吾见其难为，怵然为戒，视为止，行为迟，动刀甚微，謋然已解，如土委地。提刀而立，为之四顾，为之踌躇满志，善刀而藏之。”文惠君曰：“善哉！吾闻庖丁之言，得养生焉。”

公文轩见右师而惊曰：“是何人也？恶乎介也？天与？其人与？”曰：“天也，非人也。天之生是使独也，人之貌有与也。以是知其天也，非人也。”

泽雉十步一啄，百步一饮，不蕲畜乎樊中。神虽王，不善也。

老聃死，秦失吊之，三号而出。弟子曰：“非夫子之友邪？”曰：“然。”“然则吊焉若此可乎？”曰：“然。”始也吾以为其人也，而今非也。向吾入而吊焉，有老者哭之，如哭其子；少者哭之，如哭其母。彼其所以会之，必有不蕲言而言，不蕲哭而哭者。是遁天倍情，忘其所受，古者谓之遁天之刑。适来，夫子时也；适去，夫子顺也。安时而处顺，哀乐不能入也，古者谓是帝之县解。”

指穷于为薪，火传也，不知其尽也。

庄子·内篇·人间世第四

颜回见仲尼，请行。曰：“奚之？”曰：“将之卫。”曰：“奚为焉？”曰：“回闻卫君，其年壮，其行独。轻用其国而不见其过。轻用民死，死者以国量，乎泽若蕉，民其无如矣！回尝闻之夫子曰：‘治国去之，乱国就之。医门多疾。’愿以所闻思其则，庶几其国有瘳乎！”

仲尼曰：“嘻，若殆往而刑耳。夫道不欲杂，杂则多，多则扰，扰则忧，忧而不救。古之至人，先存诸已而后存诸人。所存于己者未定，何暇至于暴人之所行！且若亦知夫德之所荡而知之所为出乎哉？德荡乎名，知出乎争。名也者，相轧也；知也者，争之器也。二者凶器，非所以尽行也。

且德厚信矼，未达人气；名闻不争，未达人心。而强以仁义绳墨之言術暴人之前者，是以人恶有其美也，命之曰菑人。菑人者，人必反菑之。若殆为人菑夫。

且苟为悦贤而恶不肖，恶用而求有以异？若唯无诏，王公必将乘人而斗其捷。

而目将荧之，而色将平之，口将营之，容将行之，心且成之。是以火救火，以水救水，名之曰益多。顺始无穷，若殆以不信厚言，必死于暴人之前矣！”

“且昔者桀杀关龙逢，纣杀王子比干，是皆修其身以下伛拊人之民，以下拂其上者也，故其君因其修以挤之。是好名者也。

昔者尧攻丛枝、胥、敖，禹攻有扈。国为虚厉，身为刑戮。其用兵不止，其求实无已，是皆求名实者也，而独不闻之乎？名实者，圣人之所不能胜也，而况若乎！虽然，若必有以也，尝以语我来。”

颜回曰：“端而虚，勉而一，则可乎？”曰：“恶！恶可！夫以阳为充孔扬，采色不定，常人之所不违，因案人之所感，以求容与其心，名之曰日渐之德不成，而况大德乎！将执而不化，外合而内不訾，其庸讵可乎！”

“然则我内直而外曲，成而上比。内直者，与天为徒。与天为徒者，知天子之与己，皆天之所子，而独以己言蕲乎而人善之，蕲乎而人不善之邪？若然者，人谓之童子，是之谓与天为徒。外曲者，与人为徒也。擎跽曲拳，人臣之礼也。人皆为之，吾敢不为邪？为人之所为者，人亦无疵焉，是之谓与人为徒。成而上比者，与古为徒。其言虽教，谪之实也，古之有也，非吾有也。若然者，虽直而不病，是之谓与古为徒。若是则可乎？”仲尼曰：“恶！恶可！大多政法而不谍。虽固，亦无罪。虽然，止是耳矣，夫胡可以及化！犹师心者也。”

颜回曰：“吾无以进矣，敢问其方。”仲尼曰：“斋，吾将语若。有心而为之，其易邪？易之者，皞天不宜。”颜回曰：“回之家贫，唯不饮酒不茹荤者数月矣。如此则可以为斋乎？”曰：“是祭祀之斋，非心斋也。”

回曰：“敢问心斋。”仲尼曰：“若一志，无听之以耳而听之以心；无听之以心而听之以气。听止于耳，心止于符。气也者，虚而待物者也。唯道集虚。虚者，心斋也。”

颜回曰：“回之未始得使，实自回也；得使之也，未始有回也，可谓虚乎？”夫子曰：“尽矣！吾语若：若能入游其樊而无感其名，入则鸣，不入则止。无门无毒，一宅而寓于不得已则几矣。绝迹易，无行地难。为人使易以伪，为天使难以伪。闻以有翼飞者矣，未闻以无翼飞者也；闻以有知知者矣，未闻以无知知者也。瞻彼阕者，虚室生白，吉祥止止。夫且不止，是之谓坐驰。夫徇耳目内通而外于心知，鬼神将来舍，而况人乎！是万物之化也，禹、舜之所纽也，伏戏、几蘧之所行终，而况散焉者乎！”

叶公子高将使于齐，问于仲尼曰：“王使诸梁也甚重。齐之待使者，盖将甚敬而不急。匹夫犹未可动，而况诸侯乎！吾甚栗之。子常语诸梁也曰：‘凡事若小若大，寡不道以欢成。事若不成，则必有人道之患；事若成，则必有阴阳之患。若成若不成而后无患者，唯有德者能之。’吾食也执粗而不臧，爨无欲清之人。今吾朝受命而夕饮冰，我其内热与！吾未至乎事之情而既有阴阳之患矣！事若不成，必有人道之患，是两也。为人臣者不足以任之，子其有以语我来！”

仲尼曰：“天下有大戒二：其一命也，其一义也。子之爱亲，命也，不可解于心；臣之事君，义也，无适而非君也，无所逃于天地之间。是之谓大戒。是以夫事其亲者，不择地而安之，孝之至也；夫事其君者，不择事而安之，忠之盛也；自事其心者，哀乐不易施乎前，知其不可奈何而安之若命，德之至也。为人臣子者，固有所不得已。行事之情而忘其身，何暇至于悦生而恶死！夫子其行可矣！

“丘请复以所闻：凡交近则必相靡以信，远则必忠之以言。言必或传之。夫传两喜两怒之言，天下之难者也。夫两喜必多溢美之言，两怒必多溢恶之言。凡溢之类妄，妄则其信之也莫，莫则传言者殃。故法言曰：‘传其常情，无传其溢言，则几乎全。’

“且以巧斗力者，始乎阳，常卒乎阴，泰至则多奇巧；以礼饮酒者，始乎治，常卒乎乱，泰至则多奇乐。凡事亦然，始乎谅，常卒乎鄙；其作始也简，其将毕也必巨。言者，风波也；行者，实丧也。夫风波易以动，实丧易以危。故忿设无由，巧言偏辞。兽死不择音，气息茀然，于是并生心厉。剋核大至，则必有不肖之心应之而不知其然也。苟为不知其然也，孰知其所终！故法言曰：‘无迁令，无劝成。过度益也。’迁令劝成殆事。美成在久，恶成不及改，可不慎与！且夫乘物以游心，托不得已以养中，至矣。何作为报也！莫若为致命，此其难者？”

颜阖将傅卫灵公太子，而问于蘧伯玉曰：“有人于此，其德天杀。与之为无方则危吾国，与之为有方则危吾身。其知适足以知人之过，而不知其所以过。若然者，吾奈之何？”蘧伯玉曰：“善哉问乎！戒之，慎之，正女身也哉！形莫若就，心莫若和。虽然，之二者有患。就不欲入，和不欲出。形就而入，且为颠为灭，为崩为蹶；心和而出，且为声为名，为妖为孽。彼且为婴儿，亦与之为婴儿；彼且为无町畦，亦与之为无町畦；彼且为无崖，亦与之为无崖；达之，入于无疵。”

“汝不知夫螳螂乎？怒其臂以当车辙，不知其不胜任也，是其才之美者也。戒之，慎之，积伐而美者以犯之，几矣！

汝不知夫养虎者乎？不敢以生物与之，为其杀之之怒也；不敢以全物与之，为其决之之怒也。时其饥饱，达其怒心。虎之与人异类，而媚养己者，顺也；故其杀者，逆也。

夫爱马者，以筐盛矢，以蜄盛溺。适有蚊虻仆缘，而拊之不时，则缺衔毁首碎胸。意有所至而爱有所亡，可不慎邪！”

匠石之齐，至于曲辕，见栎社树。其大蔽数千牛，絜之百围，其高临山十仞而后有枝，其可以为舟者旁十数。观者如市，匠伯不顾，遂行不辍。弟子厌观之，走近匠石，曰：“自吾执斧斤以随夫子，未尝见材如此其美也。先生不肯视，行不辍，何邪？”曰：“已矣，勿言之矣！散木也，以为舟则沉，以为棺椁则速腐，以为器则速毁，以为门户则液樠，以为柱则蠹，是不材之木也。无所可用，故能若是之寿。”

匠石归，栎社见梦曰：“女将恶乎比予哉？若将比予于文木邪？夫柤梨橘柚果蓏之属，实熟则剥，剥则辱。大枝折，小枝泄。此以其能苦其生者也。故不终其天年而中道夭，自掊击于世俗者也。物莫不若是。且予求无所可用久矣！几死，乃今得之，为予大用。使予也而有用，且得有此大也邪？且也若与予也皆物也，奈何哉其相物也？而几死之散人，又恶知散木！”匠石觉而诊其梦。弟子曰：“趣取无用，则为社何邪？”曰：“密！若无言！彼亦直寄焉！以为不知己者诟厉也。不为社者，且几有剪乎！且也彼其所保与众异，而以义喻之，不亦远乎！”

南伯子綦游乎商之丘，见大木焉，有异：结驷千乘，隐，将芘其所藾。子綦曰：“此何木也哉！此必有异材夫！”仰而视其细枝，则拳曲而不可以为栋梁；俯而视其大根，则轴解而不可以为棺椁；咶其叶，则口烂而为伤；嗅之，则使人狂酲三日而不已。子綦曰：“此果不材之木也，以至于此其大也。嗟乎，神人以此不材。”

宋有荆氏者，宜楸柏桑。其拱把而上者，求狙猴之杙者斩之；三围四围，求高名之丽者斩之；七围八围，贵人富商之家求樿傍者斩之。故未终其天年而中道之夭于斧斤，此材之患也。故解之以牛之白颡者，与豚之亢鼻者，与人有痔病者，不可以适河。此皆巫祝以知之矣，所以为不祥也。此乃神人之所以为大祥也。

支离疏者，颐隐于脐，肩高于顶，会撮指天，五管在上，两髀为胁。挫针治繲，足以𫗦口；鼓筴播精，足以食十人。上征武士，则支离攘臂而游于其间；上有大役，则支离以有常疾不受功；上与病者粟，则受三锺与十束薪。夫支离其形者，犹足以养身，终其天年，又况支离其德者乎！

孔子适楚，楚狂接舆游其门曰："凤兮凤兮，何如德之衰也。来世不可待，往世不可追也。天下有道，圣人成焉；天下无道，圣人生焉。方今之时，仅免刑焉！福轻乎羽，莫之知载；祸重乎地，莫之知避。已乎，已乎！临人以德。殆乎，殆乎！画地而趋。迷阳迷阳，无伤吾行。吾行郤曲，无伤吾足。"

山木，自寇也；膏火，自煎也。桂可食，故伐之；漆可用，故割之。人皆知有用之用，而莫知无用之用也。

庄子·内篇·德充符第五

鲁有兀者王骀，从之游者与仲尼相若。常季问于仲尼曰："王骀，兀者也，从之游者与夫子中分鲁。立不教，坐不议。虚而往，实而归。固有不言之教，无形而心成者邪？是何人也？"仲尼曰："夫子，圣人也，丘也直后而未往耳！丘将以为师，而况不若丘者乎！奚假鲁国，丘将引天下而与从之。"

常季曰："彼兀者也，而王先生，其与庸亦远矣。若然者，其用心也，独若之何？"仲尼曰："生死亦大矣，而不得与之变；虽天地覆坠，亦将不与之遗；审乎无假而不与物迁，命物之化而守其宗也。"

常季曰："何谓也？"仲尼曰："自其异者视之，肝胆楚越也；自其同者视之，万物皆一也。夫若然者，且不知耳目之所宜，而游心乎德之和。物视其所一而不见其所丧，视丧其足犹遗土也。"

常季曰："彼为己，以其知得其心，以其心得其常心。物何为最之哉？"仲尼曰："人莫鉴于流水而鉴于止水。唯止能止众止。受命于地，唯松柏独也正，在冬夏青青；受命于天，唯尧、舜独也正，在万物之首。幸能正生，以正众生。夫保始之徵，不惧之实，勇士一人，雄入于九军。将求名而能自要者而犹若是，而况官天地、府万物、直寓六骸、象耳目、一知之所知而心未尝死者乎！彼且择日而登假，人则从是也。彼且何肎以物为事乎！”

申徒嘉，兀者也，而与郑子产同师于伯昏无人。子产谓申徒嘉曰；“我先出则子止，子先出则我止。”明其日，又与合堂同席而坐。子产谓申徒嘉曰：“我先出则子止，子先出则我止。今将我出，子可以止乎？其未邪？且子见执政而不违，子齐执政乎？”申徒嘉曰：“先生之门固有执政焉如此哉？子而说子之执政而后人者也。闻之曰：‘鉴明则尘垢不止，止则不明也。久与贤人处则无过。’今子之所取大者，先生也，而犹出言若是，不亦过乎！”

子产曰：“子既若是矣，犹与尧争善。计子之德，不足以自反邪？”申徒嘉曰：“自状其过以不当亡者众；不状其过以不当存者寡。知不可奈何而安之若命，唯有德者能之。游于羿之彀中。中央者，中地也；然而不中者，命也。人以其全足笑吾不全者多矣，我怫然而怒，而适先生之所，则废然而反。不知先生之洗我以善邪？吾之自寤邪？吾与夫子游十九年矣，而未尝知吾兀者也。今子与我游于形骸之内，而子索我于形骸之外，不亦过乎！”子产蹴然改容更貌曰：“子无乃称！”

鲁有兀者叔山无趾，踵见仲尼。仲尼曰：“子不谨，前既犯患若是矣。虽今来，何及矣！”无趾曰：“吾唯不知务而轻用吾身，吾是以亡足。今吾来也，犹有尊足者存，吾是以务全之地。夫天无不覆，地无不载，吾以夫子为天地，安知夫子之犹若是也！”孔子曰：“丘则陋矣！夫子胡不入乎？请讲以所闻。”无趾出。孔子曰：“弟子勉之！夫无趾，兀者也，犹务学以复补前行之恶，而况全德之人乎！”

无趾语老聃曰：“孔丘之于至人，其未邪？彼何宾宾以学子为？彼且蕲以諔诡幻怪之名闻，不知至人之以是为己桎梏邪？”老聃曰：“胡不直使彼以死生为一条，以可不可为一贯者，解其桎梏，其可乎？”无趾曰：“天刑之，安可解！”

鲁哀公问于仲尼曰：“卫有恶人焉，曰哀骀它。丈夫与之处者，思而不能去也；妇人见之。请于父母曰：‘与为人妻，宁为夫子妾’者，十数而未止也。未尝有闻其唱者也，常和人而已矣。无君人之位以济乎人之死，无聚禄以望人之腹，又以恶骇天下，和而不唱，知不出乎四域，且而雌雄合乎前，是必有异乎人者也。寡人召而观之，果以恶骇天下。与寡人处，不至以月数，而寡人有意乎其为人也；不至乎期年，而寡人信之。国无宰，寡人传国焉。闷然而后应，氾若辞。寡人丑乎，卒授之国。无几何也，去寡人而行。寡人恤焉若有亡也，若无与乐是国也。是何人者也！”

仲尼曰：“丘也尝使于楚矣，适见豘子食于其死母者，少焉眴若，皆弃之而走。不见已焉尔，不得类焉尔。所爱其母者，非爱其形也，爱使其形者也。战而死者，其人之葬也不以翣资；刖者之屦，无为爱之。皆无其本矣。为天子之诸御：不爪剪，不穿耳；取妻者止于外，不得复使。形全犹足以为尔，而况全德之人乎！今哀骀它未言而信，无功而亲，使人授己国，唯恐其不受也，是必才全而德不形者也。”

哀公曰：“何谓才全？”仲尼曰：“死生、存亡、穷达、贫富、贤与不肖、毁誉、饥渴、寒暑，是事之变、命之行也。日夜相代乎前，而知不能规乎其始者也。故不足以滑和，不可入于灵府。使之和豫，通而不失于兑。使日夜无郤，而与物为春，是接而生时于心者也。是之谓才全。”“何谓德不形？”曰：“平者，水停之盛也。其可以为法也，内保之而外不荡也。德者，成和之修也。德不形者，物不能离也。”

哀公异日以告闵子曰：“始也吾以南面而君天下，执民之纪而忧其死，吾自以为至通矣。今吾闻至人之言，恐吾无其实，轻用吾身而亡其国。吾与孔丘非君臣也，德友而已矣！”

闉跂支离无脤说卫灵公，灵公说之，而视全人：其脰肩肩。瓮㼜大瘿说齐桓公，桓公说之，而视全人：其脰肩肩。故德有所长而形有所忘。人不忘其所忘而忘其所不忘，此谓诚忘。

故圣人有所游，而知为孽，约为胶，德为接，工为商。圣人不谋，恶用知？不斲，恶用胶？无丧，恶用德？不货，恶用商？四者，天鬻也。天鬻者，天食也。既受食于天，又恶用人！

有人之形，无人之情。有人之形，故群于人；无人之情，故是非不得于身。眇乎小哉，所以属于人也；謷乎大哉，独成其天。

惠子谓庄子曰：“人故无情乎？”庄子曰：“然。”惠子曰：“人而无情，何以谓之人？”庄子曰：“道与之貌，天与之形，恶得不谓之人？”惠子曰：“既谓之人，恶得无情？”庄子曰：“是非吾所谓情也。吾所谓无情者，言人之不以好恶内伤其身，常因自然而不益生也。”惠子曰：“不益生，何以有其身？”庄子曰：“道与之貌，天与之形，无以好恶内伤其身。今子外乎子之神，劳乎子之精，倚树而吟，据槁梧而瞑。天选子之形，子以坚白鸣。”

庄子·内篇·大宗师第六

知天之所为，知人之所为者，至矣！知天之所为者，天而生也；知人之所为者，以其知之所知以养其知之所不知，终其天年而不中道夭者，是知之盛也。虽然，有患：夫知有所待而后当，其所待者特未定也。庸讵知吾所谓天之非人乎？所谓人之非天乎？且有真人而后有真知。

何谓真人？古之真人，不逆寡，不雄成，不谟士。若然者，过而弗悔，当而不自得也。若然者，登高不栗，入水不濡，入火不热，是知之能登假于道者也若此。

古之真人，其寝不梦，其觉无忧，其食不甘，其息深深。真人之息以踵，众人之息以喉。屈服者，其嗌言若哇。其耆欲深者，其天机浅。

古之真人，不知说生，不知恶死。其出不䜣，其入不距。翛然而往，翛然而来而已矣。不忘其所始，不求其所终。受而喜之，忘而复之。是之谓不以心捐道，不以人助天，是之谓真人。若然者，其心志，其容寂，其颡頯。凄然似秋，暖然似春，喜怒通四时，与物有宜而莫知其极。故圣人之用兵也，亡国而不失人心。利泽施乎万世，不为爱人。故乐通物，非圣人也；有亲，非仁也；天时，非贤也；利害不通，非君子也；行名失己，非士也；亡身不真，非役人也。若狐不偕、务光、伯夷、叔齐、箕子、胥馀、纪他、申徒狄，是役人之役，适人之适，而不自适其适者也。

古之真人，其状义而不朋，若不足而不承；与乎其觚而不坚也，张乎其虚而不华也；邴邴乎其似喜乎，崔崔乎其不得已也，滀乎进我色也，与乎止我德也，广乎其似世乎，謷乎其未可制也，连乎其似好闭也，悗乎忘其言也。以刑为体，以礼为翼，以知为时，以德为循。以刑为体者，绰乎其杀也；以礼为翼者，所以行于世也；以知为时者，不得已于事也；以德为循者，言其与有足者至于丘也，而人真以为勤行者也。故其好之也一，其弗好之也一。其一也一，其不一也一。其一与天为徒，其不一与人为徒，天与人不相胜也，是之谓真人。

死生，命也；其有夜旦之常，天也。人之有所不得与，皆物之情也。彼特以天为父，而身犹爱之，而况其卓乎！人特以有君为愈乎己，而身犹死之，而况其真乎！

泉涸，鱼相与处于陆，相呴以湿，相濡以沫，不如相忘于江湖。与其誉尧而非桀也，不如两忘而化其道。

夫大块载我以形，劳我以生，佚我以老，息我以死。故善吾生者，乃所以善吾死也。夫藏舟于壑，藏山于泽，谓之固矣！然而夜半有力者负之而走，昧者不知也。藏小大有宜，犹有所遯。若夫藏天下于天下而不得所遯，是恒物之大情也。特犯人之形而犹喜之。若人之形者，万化而未始有极也，其为乐可胜计邪？故圣人将游于物之所不得遯而皆存。善妖善老，善始善终，人犹效之，又况万物之所系而一化之所待乎！

夫道有情有信，无为无形；可传而不可受，可得而不可见；自本自根，未有天地，自古以固存；神鬼神帝，生天生地；在太极之先而不为高，在六极之下而不为深，先天地生而不为久，长于上古而不为老。狶韦氏得之，以挈天地；伏戏氏得之，以袭气母；维斗得之，终古不忒；日月得之，终古不息；堪坏得之，以袭昆仑；冯夷得之，以游大川；肩吾得之，以处大山；黄帝得之，以登云天；颛顼得之，以处玄宫；禺强得之，立乎北极；西王母得之，坐乎少广，莫知其始，莫知其终；彭祖得之，上及有虞，下及五伯；傅说得之，以相武丁，奄有天下，乘东维、骑箕尾而比于列星。

南伯子葵问乎女偊曰："子之年长矣，而色若孺子，何也？"曰："吾闻道矣。"南伯子葵曰："道可得学邪？"曰："恶！恶可！子非其人也。夫卜梁倚有圣人之才而无圣人之道，我有圣人之道而无圣人之才，吾欲以教之，庶几其果为圣人乎？不然，以圣人之道告圣人之才，亦易矣。吾犹守而告之，参日而后能外天下；已外天下矣，吾又守之，七日而后能外物，已外物矣，吾又守之，九日而后能外生；已外生矣，而后能朝彻；朝彻而后能见独；见独而后能无古今；无古今而后能入于不死不生。杀生者不死，生生者不生。其为物无不将也，无不迎也，无不毁也，无不成也。其名为撄宁。撄宁也者，撄而后成者也。"

南伯子葵曰："子独恶乎闻之？"曰："闻诸副墨之子，副墨之子闻诸洛诵之孙，洛诵之孙闻之瞻明，瞻明闻之聂许，聂许闻之需役，需役闻之于讴，于讴闻之玄冥，玄冥闻之参寥，参寥闻之疑始。"

子祀、子舆、子犁、子来四人相与语曰："孰能以无为首，以生为脊、以死为尻；孰知死生存亡之一体者，吾与之友矣！"四人相视而笑，莫逆于心，遂相与为友。俄而子舆有病，子祀往问之，曰："伟哉，夫造物者将以予为此拘拘也。"曲偻发背，上有五管，颐隐于齐，肩高于顶，句赘指天，阴阳之气有沴，其心闲而无事，跰𨇤而鉴于井，曰："嗟乎！夫造物者又将以予为此拘拘也。"

子祀曰："女恶之乎？"曰："亡，予何恶！浸假而化予之左臂以为鸡，予因以求时夜；浸假而化予之右臂以为弹，予因以求鸮炙；浸假而化予之尻以为轮，以神为马，与因以乘之，岂更驾哉！且夫得者，时也；失者，顺也。安时而处顺，哀乐不能入也，此古之所谓县解也，而不能自解者，物有结之。且夫物不胜天久矣，吾又何恶焉！"

俄而子来有病。喘喘然将死。其妻子环而泣之。子犁往问之，曰："叱！避！无怛化！"倚其户与之语曰："伟哉造化！又将奚以汝为？将奚以汝适？以汝为鼠肝乎？以汝为虫臂乎？"子来曰："父母于子，东西南北，唯命之从，阴阳于人，不翅于父母。彼近吾死而我不听，我则悍矣，彼何罪焉？夫大块载我以形，劳我以生，佚我以老，息我以死。故善吾生者，乃所以善吾死也。今大冶铸金，金踊跃曰：'我且必为镆铘！'大冶必以为不祥之金。今一犯人之形而曰'人耳！人耳！'夫造化者必以为不祥之人。今一以天为大炉，以造化为大冶，恶乎往而不可哉！"成然寐，蘧然觉。

子桑户、孟子反、子琴张三人相与友，曰："孰能相与于无相与，相为于无相为？孰能登天游雾，挠挑无极，相忘以生，无所终穷？"三人相视而笑，莫逆于心。遂相与为友。

莫然有间，而子桑户死，未葬。孔子闻之，使子贡往侍事焉。或编曲，或鼓琴，相和而歌曰："嗟来桑户乎！嗟来桑户乎！而已反其真，而我犹为人猗！"子贡趋而进曰："敢问临尸而歌，礼乎？"二人相视而笑曰："是恶知礼意！"子贡反，以告孔子曰："彼何人邪？修行无有而外其形骸，临尸而歌，颜色不变，无以命之。彼何人者邪？"孔子曰："彼游方之外者也，而丘游方之内者也。外内不相及，而丘使女往吊之，丘则陋矣！彼方且与造物者为人，而游乎天地之一气。彼以生为附赘县疣，以死为决𤴯溃痈。夫若然者，又恶知死生先后之所在！假于异物，托于同体；忘其肝胆，遗其耳目；反复终始，不知端倪；芒然彷徨乎尘垢之外，逍遥乎无为之业，彼又恶能愦愦然为世俗之礼，以观众人之耳目哉！"

子贡曰："然则夫子何方之依？"孔子曰："丘，天之戮民也。虽然，吾与汝共之。"子贡曰："敢问其方？"孔子曰："鱼相造乎水，人相造乎道。相造乎水者，穿池而养给;相造乎道者,无事而生定。故曰:鱼相忘乎江湖,人相忘乎道术。”子贡曰:“敢问畸人。”曰:“畸人者,畸于人而侔于天。故曰:天之小人,人之君子;人之君子,天之小人也。”

颜回问仲尼曰:“孟孙才,其母死,哭泣无涕,中心不戚,居丧不哀。无是三者,以善处丧盖鲁国,固有无其实而得其名者乎?回壹怪之。”仲尼曰:“夫孟孙氏尽之矣,进于知矣。唯简之而不得,夫已有所简矣。孟孙氏不知所以生,不知所以死。不知就先,不知就后。若化为物,以待其所不知之化已乎。且方将化,恶知不化哉?方将不化,恶知已化哉?吾特与汝,其梦未始觉者邪!且彼有骇形而无损心,有旦宅而无情死。孟孙氏特觉,人哭亦哭,是自其所以乃。且也相与‘吾之’耳矣,庸讵知吾所谓‘吾之’乎?且汝梦为鸟而厉乎天,梦为鱼而没于渊。不识今之言者,其觉者乎?其梦者乎?造适不及笑,献笑不及排,安排而去化,乃入于寥天一。”

意而子见许由,许由曰:“尧何以资汝?”意而子曰:“尧谓我:汝必躬服仁义而明言是非。”许由曰:“而奚来为轵?夫尧既已黥汝以仁义,而劓汝以是非矣。汝将何以游夫遥荡恣睢转徙之涂乎?”

意而子曰:“虽然,吾愿游于其藩。”许由曰:“不然。夫盲者无以与乎眉目颜色之好,瞽者无以与乎青黄黼黻之观。”意而子曰:“夫无庄之失其美,据梁之失其力,黄帝之亡其知,皆在炉捶之间耳。庸讵知夫造物者之不息我黥而补我劓,使我乘成以随先生邪?”许由曰:“噫!未可知也。我为汝言其大略:吾师乎!吾师乎!齑万物而不为义,泽及万世而不为仁,长于上古而不为老,覆载天地、刻雕众形而不为巧。此所游已!”

颜回曰:“回益矣。”仲尼曰:“何谓也?”曰:“回忘仁义矣。”曰:“可矣,犹未也。”他日复见,曰:“回益矣。”曰:“何谓也?”曰:“回忘礼乐矣!”曰:“可矣,犹未也。”他日复见,曰:“回益矣!”曰:“何谓也?”曰:“回坐忘矣。”仲尼蹴然曰:“何谓坐忘?”颜回曰:“堕肢体,黜聪明,离形去知,同于大通,此谓坐忘。”仲尼曰:“同则无好也,化则无常也。而果其贤乎!丘也请从而后也。”

子舆与子桑友。而霖雨十日,子舆曰:“子桑殆病矣!”裹饭而往食之。至子桑之门,则若歌若哭,鼓琴曰:“父邪!母邪!天乎!人乎!”有不任其声而趋举其诗焉。子舆入,曰:“子之歌诗,何故若是?”曰:“吾思夫使我至此极者而弗得也。父母岂欲吾贫哉？天无私覆，地无私载。天地岂私贫我哉？求其为之者而不得也！然而至此极者，命也夫！”

庄子·内篇·应帝王第七

齧缺问于王倪，四问而四不知。齧缺因跃而大喜，行以告蒲衣子。蒲衣子曰：“而乃今知之乎？有虞氏不及泰氏。有虞氏其犹藏仁以要人，亦得人矣，而未始出于非人。泰氏其卧徐徐，其觉于于。一以己为马，一以己为牛。其知情信，其德甚真，而未始入于非人。”

肩吾见狂接舆。狂接舆曰：“日中始何以语女？”肩吾曰：“告我：君人者以己出经式义度，人孰敢不听而化诸！”狂接舆曰：“是欺德也。其于治天下也，犹涉海凿河而使蚊负山也。夫圣人之治也，治外乎？正而后行，确乎能其事者而已矣。且鸟高飞以避矰弋之害。鼷鼠深穴乎神丘之下以避熏凿之患，而曾二虫之无知？”

天根游于殷阳，至蓼水之上，适遭无名人而问焉，曰：“请问为天下。”无名人曰：“去！汝鄙人也，何问之不豫也！予方将与造物者为人，厌则又乘夫莽眇之鸟，以出六极之外，而游无何有之乡，以处圹埌之野。汝又何帠以治天下感予之心为？”又复问，无名人曰：“汝游心于淡，合气于漠，顺物自然而无容私焉，而天下治矣。”

阳子居见老聃，曰：“有人于此，向疾强梁，物彻疏明，学道不勌。如是者，可比明王乎？”老聃曰：“是於圣人也，胥易技系，劳形怵心者也。且也虎豹之文来田，猿狙之便执斄之狗来藉。如是者，可比明王乎？”阳子居蹴然曰：“敢问明王之治。”老聃曰：“明王之治：功盖天下而似不自己，化贷万物而民弗恃。有莫举名，使物自喜。立乎不测，而游于无有者也。”

郑有神巫曰季咸，知人之死生、存亡、祸福、寿夭，期以岁月旬日若神。郑人见之，皆弃而走。列子见之而心醉，归，以告壶子，曰：“始吾以夫子之道为至矣，则又有至焉者矣。”壶子曰：“吾与汝既其文，未既其实。而固得道与？众雌而无雄，而又奚卵焉！而以道与世亢，必信，夫故使人得而相汝。尝试与来，以予示之。”

明日，列子与之见壶子。出而谓列子曰：“嘻！子之先生死矣！弗活矣！不以旬数矣！吾见怪焉，见湿灰焉。”列子入，泣涕沾襟以告壶子。壶子曰：“乡吾示之以地文，萌乎不震不正，是殆见吾杜德机也，尝又与来。”明日，又与之见壶子。出而谓列子曰：“幸矣！子之先生遇我也，有瘳矣！全然有生矣！吾见其杜权矣！”列子入，以告壶子。壶子曰：“乡吾示之以天壤，名实不入，而机发于踵。是殆见吾善者机也。尝又与来。”明日，又与之见壶子。出而谓列子曰：“子之先生不齐，吾无得而相焉。试齐，且复相之。”列子入，以告壶子。壶子曰：“吾乡示之以太冲莫胜，是殆见吾衡气机也，鲵桓之审为渊，止水之审为渊，流水之审为渊。渊有九名，此处三焉。尝又与来。”明日，又与之见壶子。立未定，自失而走。壶子曰：“追之！”列子追之不及。反，以报壶子曰：“已灭矣，已失矣，吾弗及已。”壶子曰：“乡吾示之以未始出吾宗。吾与之虚而委蛇，不知其谁何，因以为弟靡，因以为波流，故逃也。”然后列子自以为未始学而归。三年不出，为其妻爨，食豕如食人，于事无与亲。雕琢复朴，块然独以其形立。纷而封哉，一以是终。

无为名尸，无为谋府，无为事任，无为知主。体尽无穷，而游无朕。尽其所受乎天而无见得，亦虚而已！至人之用心若镜，不将不迎，应而不藏，故能胜物而不伤。

南海之帝为倏，北海之帝为忽，中央之帝为浑沌。倏与忽时相与遇于浑沌之地，浑沌待之甚善。倏与忽谋报浑沌之德，曰：“人皆有七窍以视听食息。此独无有，尝试凿之。”日凿一窍，七日而浑沌死。

庄子·外篇·骈拇第八

骈拇枝指出乎性哉，而侈于德；附赘县疣出乎形哉，而侈于性；多方乎仁义而用之者，列于五藏哉，而非道德之正也。是故骈于足者，连无用之肉也；枝于手者，树无用之指也；多方骈枝于五藏之情者，淫僻于仁义之行，而多方于聪明之用也。

是故骈于明者，乱五色，淫文章，青黄黼黻之煌煌非乎？而离朱是已！多于聪者，乱五声，淫六律，金石丝竹黄钟大吕之声非乎？而师旷是已！枝于仁者，擢德塞性以收名声，使天下簧鼓以奉不及之法非乎？而曾、史是已！骈于辩者，累瓦结绳窜句，游心于坚白同异之间，而敝跬誉无用之言非乎？而杨、墨是已！故此皆多骈旁枝之道，非天下之至正也。

彼正正者，不失其性命之情。故合者不为骈，而枝者不为跂；长者不为有余，短者不为不足。是故凫胫虽短，续之则忧；鹤胫虽长，断之则悲。故性长非所断，性短非所续，无所去忧也。

意仁义其非人情乎！彼仁人何其多忧也。且夫骈于拇者，决之则泣；枝于手者，龁之则啼。二者或有余于数，或不足于数，其于忧一也。今世之仁人，蒿目而忧世之患；不仁之人，决性命之情而饕贵富。故意仁义其非人情乎！自三代以下者，天下何其嚣嚣也。

且夫待钩绳规矩而正者，是削其性者也；待绳约胶漆而固者，是侵其德者也；屈折礼乐，呴俞仁义，以慰天下之心者，此失其常然也。天下有常然。常然者，曲者不以钩，直者不以绳，圆者不以规，方者不以矩，附离不以胶漆，约束不以纆索。故天下诱然皆生，而不知其所以生；同焉皆得，而不知其所以得。故古今不二，不可亏也。则仁义又奚连连如胶漆纆索而游乎道德之间为哉！使天下惑也！

夫小惑易方，大惑易性。何以知其然邪？自虞氏招仁义以挠天下也，天下莫不奔命于仁义。是非以仁义易其性与？

故尝试论之：自三代以下者，天下莫不以物易其性矣！小人则以身殉利；士则以身殉名；大夫则以身殉家；圣人则以身殉天下。故此数子者，事业不同，名声异号，其于伤性以身为殉，一也。

臧与谷，二人相与牧羊而俱亡其羊。问臧奚事，则挟筴读书；问谷奚事，则博塞以游。二人者，事业不同，其于亡羊均也。

伯夷死名于首阳之下，盗跖死利于东陵之上。二人者，所死不同，其于残生伤性均也。奚必伯夷之是而盗跖之非乎？

天下尽殉也：彼其所殉仁义也，则俗谓之君子；其所殉货财也，则俗谓之小人。其殉一也，则有君子焉，有小人焉。若其残生损性，则盗跖亦伯夷已，又恶取君子小人于其间哉！

且夫属其性乎仁义者，虽通如曾、史，非吾所谓臧也；属其性于五味，虽通如俞儿，非吾所谓臧也；属其性乎五声，虽通如师旷，非吾所谓聪也；属其性乎五色，虽通如离朱，非吾所谓明也。吾所谓臧者，非仁义之谓也，臧于其德而已矣；吾所谓臧者，非所谓仁义之谓也，任其性命之情而已矣；吾所谓聪者，非谓其闻彼也，自闻而已矣；吾所谓明者，非谓其见彼也，自见而已矣。夫不自见而见彼，不自得而得彼者，是得人之得而不自得其得者也，适人之适而不自适其适者也。夫适人之适而不自适其适，虽盗跖与伯夷，是同为淫僻也。余愧乎道德，是以上不敢为仁义之操，而下不敢为淫僻之行也。

庄子·外篇·马蹄第九

马，蹄可以践霜雪，毛可以御风寒。龁草饮水，翘足而陆，此马之真性也。虽有义台路寝，无所用之。及至伯乐，曰:“我善治马。”烧之，剔之，刻之，雒之。连之以羁絷，编之以皂栈，马之死者十二三矣！饥之渴之，驰之骤之，整之齐之，前有橛饰之患，而后有鞭荚之威，而马之死者已过半矣！陶者曰:“我善治埴。”圆者中规，方者中矩。匠人曰:“我善治木。”曲者中钩，直者应绳。夫埴木之性，岂欲中规矩钩绳哉！然且世世称之曰:“伯乐善治马，而陶匠善治埴木。”此亦治天下者之过也。

吾意善治天下者不然。彼民有常性，织而衣，耕而食，是谓同德。一而不党，命曰天放。故至德之世，其行填填，其视颠颠。当是时也，山无蹊隧，泽无舟梁；万物群生，连属其乡；禽兽成群，草木遂长。是故禽兽可系羁而游，乌鹊之巢可攀援而窥。夫至德之世，同与禽兽居，族与万物并。恶乎知君子小人哉！同乎无知，其德不离；同乎无欲，是谓素朴。素朴而民性得矣。及至圣人，蹩躠为仁，踶跂为义，而天下始疑矣。澶漫为乐，摘僻为礼，而天下始分矣。故纯朴不残，孰为牺尊！白玉不毁，孰为珪璋！道德不废，安取仁义！性情不离，安用礼乐！五色不乱，孰为文采！五声不乱，孰应六律！

夫残朴以为器，工匠之罪也；毁道德以为仁义，圣人之过也。夫马陆居则食草饮水，喜则交颈相靡，怒则分背相踶。马知已此矣！夫加之以衡扼，齐之以月题，而马知介倪闉扼鸷曼诡衔窃辔。故马之知而态至盗者，伯乐之罪也。夫赫胥氏之时，民居不知所为，行不知所之，含哺而熙，鼓腹而游。民能以此矣！及至圣人，屈折礼乐以匡天下之形，县跂仁义以慰天下之心，而民乃始踶跂好知，争归于利，不可止也。此亦圣人之过也。

庄子·外篇·胠箧第十

将为胠箧探囊发匮之盗而为守备，则必摄缄縢，固扃鐍，此世俗之所谓知也。然而巨盗至，则负匮揭箧担囊而趋，唯恐缄縢扃鐍之不固也。然则乡之所谓知者，不乃为大盗积者也？

故尝试论之：世俗之所谓知者，有不为大盗积者乎？所谓圣者，有不为大盗守者乎？何以知其然邪？昔者齐国邻邑相望，鸡狗之音相闻，罔罟之所布，耒耨之所刺，方二千余里。阖四竟之内，所以立宗庙社稷，治邑屋州闾乡曲者，曷尝不法圣人哉？然而田成子一旦杀齐君而盗其国，所盗者岂独其国邪？并与其圣知之法而盗之，故田成子有乎盗贼之名，而身处尧舜之安。小国不敢非，大国不敢诛，十二世有齐国，则是不乃窃齐国并与其圣知之法以守其盗贼之身乎？

尝试论之：世俗之所谓至知者，有不为大盗积者乎？所谓至圣者，有不为大盗守者乎？何以知其然邪？昔者龙逢斩，比干剖，苌弘胣，子胥靡。故四子之贤而身不免乎戮。故跖之徒问于跖曰："盗亦有道乎？"跖曰："何适而无有道邪？夫妄意室中之藏，圣也；入先，勇也；出后，义也；知可否，知也；分均，仁也。五者不备而能成大盗者，天下未之有也。"由是观之，善人不得圣人之道不立，跖不得圣人之道不行。天下之善人少而不善人多，则圣人之利天下也少而害天下也多。故曰：唇竭则齿寒，鲁酒薄而邯郸围，圣人生而大盗起。掊击圣人，纵舍盗贼，而天下始治矣。

夫川竭而谷虚，丘夷而渊实。圣人已死，则大盗不起，天下平而无故矣！圣人不死，大盗不止。虽重圣人而治天下，则是重利盗跖也。为之斗斛以量之，则并与斗斛而窃之；为之权衡以称之，则并与权衡而窃之；为之符玺以信之，则并与符玺而窃之；为之仁义以矫之，则并与仁义而窃之。何以知其然邪？彼窃钩者诛，窃国者为诸侯，诸侯之门而仁义存焉，则是非窃仁义圣知邪？故逐于大盗，揭诸侯，窃仁义并斗斛权衡符玺之利者，虽有轩冕之赏弗能劝，斧钺之威弗能禁。此重利盗跖而使不可禁者，乃是圣人之过也。

故曰：“鱼不可脱于渊，国之利器不可以示人。”彼圣人者，天下之利器也，非所以明天下也。故绝圣弃知，大盗乃止；擿玉毁珠，小盗不起；焚符破玺，而民朴鄙；掊斗折衡，而民不争；殚残天下之圣法，而民始可与论议；擢乱六律，铄绝竽瑟，塞瞽旷之耳，而天下始人含其聪矣；灭文章，散五采，胶离朱之目，而天下始人含其明矣；毁绝钩绳而弃规矩，攦工倕之指，而天下始人有其巧矣。故曰：“大巧若拙。”削曾、史之行，钳杨、墨之口，攘弃仁义，而天下之德始玄同矣。彼人含其明，则天下不铄矣；人含其聪，则天下不累矣；人含其知，则天下不惑矣；人含其德，则天下不僻矣。彼曾、史、杨、墨、师旷、工倕、离朱，皆外立其德而以爚乱天下者也，法之所无用也。

子独不知至德之世乎？昔者容成氏、大庭氏、伯皇氏、中央氏、栗陆氏、骊畜氏、轩辕氏、赫胥氏、尊卢氏、祝融氏、伏牺氏、神农氏，当是时也，民结绳而用之。甘其食，美其服，乐其俗，安其居，邻国相望，鸡狗之音相闻，民至老死而不相往来。若此之时，则至治已。今遂至使民延颈举踵，曰“某所有贤者”，赢粮而趣之，则内弃其亲而外去其主之事，足迹接乎诸侯之境，车轨结乎千里之外。则是上好知之过也！

上诚好知而无道，则天下大乱矣！何以知其然邪？夫弓弩毕弋机变之知多，则鸟乱于上矣；钩饵罔罟罾笱之知多，则鱼乱于水矣；削格罗落罝罘之知多，则兽乱于泽矣；知诈渐毒、颉滑坚白、解垢同异之变多，则俗惑于辩矣。故天下每每大乱，罪在于好知。故天下皆知求其所不知而莫知求其所已知者，皆知非其所不善而莫知非其所已善者，是以大乱。故上悖日月之明，下烁山川之精，中堕四时之施，惴耎之虫，肖翘之物，莫不失其性。甚矣夫，好知之乱天下也！自三代以下者是已！舍夫种种之民而悦夫役役之佞；释夫恬淡无为而悦夫啍啍之意，啍啍已乱天下矣！

庄子·外篇·在宥第十一

闻在宥天下，不闻治天下也。在之也者，恐天下之淫其性也；宥之也者，恐天下之迁其德也。天下不淫其性，不迁其德，有治天下者哉？昔尧之治天下也，使天下欣欣焉人乐其性，是不恬也；桀之治天下也，使天下瘁瘁焉人苦其性，是不愉也。夫不恬不愉，非德也；非德也而可长久者，天下无之。

人大喜邪，毗于阳；大怒邪，毗于阴。阴阳并毗，四时不至，寒暑之和不成，其反伤人之形乎！使人喜怒失位，居处无常，思虑不自得，中道不成章。于是乎天下始乔诘卓鸷，而后有盗跖、曾、史之行。故举天下以赏其善者不足，举天下以罚其恶者不给。故天下之大不足以赏罚。自三代以下者，匈匈焉终以赏罚为事，彼何暇安其性命之情哉！

而且说明邪，是淫于色也；说聪邪，是淫于声也；说仁邪，是乱于德也；说义邪，是悖于理也；说礼邪，是相于技也；说乐邪，是相于淫也；说圣邪，是相于艺也；说知邪，是相于疵也。天下将安其性命之情，之八者，存可也，亡可也。天下将不安其性命之情，之八者，乃始脔卷狁囊而乱天下也。而天下乃始尊之惜之。甚矣，天下之惑也！岂直过也而去之邪！乃齐戒以言之，跪坐以进之，鼓歌以儛之。吾若是何哉！

故君子不得已而临莅天下，莫若无为。无为也，而后安其性命之情。故贵以身于为天下，则可以托天下；爱以身于为天下，则可以寄天下。故君子苟能无解其五藏，无擢其聪明，尸居而龙见，渊默而雷声，神动而天随，从容无为而万物炊累焉。吾又何暇治天下哉！

崔瞿问于老聃曰："不治天下，安藏人心？"老聃曰："女慎，无撄人心。人心排下而进上，上下囚杀，淖约柔乎刚彊，廉刿雕琢，其热焦火，其寒凝冰，其疾俯仰之间而再抚四海之外。其居也，渊而静；其动也，县而天。偾骄而不可系者，其唯人心乎！昔者黄帝始以仁义撄人之心，尧、舜于是乎股无胈，胫无毛，以养天下之形。愁其五藏以为仁义，矜其血气以规法度。然犹有不胜也。尧于是放讙兜于崇山，投三苗于三峗，流共工于幽都，此不胜天下也。夫施及三王，而天下大骇矣。下有桀、跖，上有曾、史，而儒墨毕起。于是乎喜怒相疑，愚知相欺，善否相非，诞信相讥，而天下衰矣；大德不同，而性命烂漫矣；天下好知，而百姓求竭矣。于是乎釿锯制焉，绳墨杀焉，椎凿决焉。天下脊脊大乱，罪在撄人心。故贤者伏处大山嵁岩之下，而万乘之君忧栗乎庙堂之上。今世殊死者相枕也，桁杨者相推也，刑戮者相望也，而儒墨乃始离跂攘臂乎桎梏之间。意，甚矣哉！其无愧而不知耻也甚矣！吾未知圣知之不为桁杨椄槢也，仁义之不为桎梏凿枘也，焉知曾、史之不为桀、跖嚆矢也！故曰：绝圣弃知，而天下大治。"

黄帝立为天子十九年，令行天下，闻广成子在于空同之山，故往见之，曰："我闻吾子达于至道，敢问至道之精。吾欲取天地之精，以佐五谷，以养民人。吾又欲官阴阳以遂群生，为之奈何？”广成子曰：“而所欲问者，物之质也；而所欲官者，物之残也。自而治天下，云气不待族而雨，草木不待黄而落，日月之光益以荒矣，而佞人之心翦翦者，又奚足以语至道！”黄帝退，捐天下，筑特室，席白茅，闲居三月，复往邀之。广成子南首而卧，黄帝顺下风膝行而进，再拜稽首而问曰：“闻吾子达于至道，敢问：治身奈何而可以长久？”广成子蹶然而起，曰：“善哉问乎！来，吾语女至道：至道之精，窈窈冥冥；至道之极，昏昏默默。无视无听，抱神以静，形将自正。必静必清，无劳女形，无摇女精，乃可以长生。目无所见，耳无所闻，心无所知，女神将守形，形乃长生。慎女内，闭女外，多知为败。我为女遂于大明之上矣，至彼至阳之原也；为女入于窈冥之门矣，至彼至阴之原也。天地有官，阴阳有藏。慎守女身，物将自壮。我守其一以处其和。故我修身千二百岁矣，吾形未常衰。”黄帝再拜稽首曰：“广成子之谓天矣！”广成子曰：“来！余语女：彼其物无穷，而人皆以为有终；彼其物无测，而人皆以为有极。得吾道者，上为皇而下为王；失吾道者，上见光而下为土。今夫百昌皆生于土而反于土。故余将去女，入无穷之门，以游无极之野。吾与日月参光，吾与天地为常。当我缗乎，远我昏乎！人其尽死，而我独存乎！”

云将东游，过扶摇之枝而适遭鸿蒙。鸿蒙方将拊脾雀跃而游。云将见之，倘然止，贽然立，曰：“叟何人邪？叟何为此？”鸿蒙拊脾雀跃不辍，对云将曰：“游！”云将曰：“朕愿有问也。”鸿蒙仰而视云将曰：“吁！”云将曰：“天气不和，地气郁结，六气不调，四时不节。今我愿合六气之精以育群生，为之奈何？”鸿蒙拊脾雀跃掉头曰：“吾弗知！吾弗知！”云将不得问。又三年，东游，过有宋之野，而适遭鸿蒙。云将大喜，行趋而进曰：“天忘朕邪？天忘朕邪？”再拜稽首，愿闻于鸿蒙。鸿蒙曰：“浮游不知所求，猖狂不知所往，游者鞅掌，以观无妄。朕又何知！”云将曰：“朕也自以为猖狂，而民随予所往；朕也不得已于民，今则民之放也！愿闻一言。”鸿蒙曰：“乱天之经，逆物之情，玄天弗成，解兽之群而鸟皆夜鸣，灾及草木，祸及止虫。意！治人之过也。”云将曰：“然则吾奈何？”鸿蒙曰：“意！毒哉！僊僊乎归矣！”云将曰：“吾遇天难，愿闻一言。”鸿蒙曰：“意！心养！汝徒处无为，而物自化。堕尔形体，吐尔聪明，伦与物忘，大同乎涬溟。解心释神，莫然无魂。万物云云，各复其根，各复其根而不知，浑浑沌沌，终身不离。若彼知之，乃是离之。无问其名，无窥其情，物固自生。”云将曰：“天降朕以德，示朕以默。躬身求之，乃今也得。”再拜稽首，起辞而行。

世俗之人，皆喜人之同乎己而恶人之异于己也。同于己而欲之，异于己而不欲者，以出乎众为心也。夫以出乎众为心者，曷常出乎众哉？因众以宁所闻，不如众技众矣。而欲为人之国者，此揽乎三王之利而不见其患者也。此以人之国侥幸也。几何侥幸而不丧人之国乎？其存人之国也，无万分之一；而丧人之国也，一不成而万有余丧矣！悲夫，有土者之不知也！夫有土者，有大物也。有大物者，不可以物。物而不物，故能物物。明乎物物者之非物也，岂独治天下百姓而已哉！出入六合，游乎九州，独往独来，是谓独有。独有之人，是谓至贵。

大人之教，若形之于影，声之于响。有问而应之，尽其所怀，为天下配。处乎无响。行乎无方。挈汝适复之挠挠，以游无端，出入无旁，与日无始。颂论形躯，合乎大同。大同而无己。无己，恶乎得有有。睹有者，昔之君子；睹无者，天地之友。

贱而不可不任者，物也；卑而不可不因者，民也；匿而不可不为者，事也；粗而不可不陈者，法也；远而不可不居者，义也；亲而不可不广者，仁也；节而不可不积者，礼也；中而不可不高者，德也；一而不可不易者，道也；神而不可不为者，天也。故圣人观于天而不助，成于德而不累，出于道而不谋，会于仁而不恃，薄于义而不积，应于礼而不讳，接于事而不辞，齐于法而不乱，恃于民而不轻，因于物而不去。物者莫足为也，而不可不为。不明于天者，不纯于德；不通于道者，无自而可；不明于道者，悲夫！何谓道？有天道，有人道。无为而尊者，天道也；有为而累者，人道也。主者，天道也；臣者，人道也。天道之与人道也，相去远矣，不可不察也。

庄子·外篇·天地第十二

天地虽大，其化均也；万物虽多，其治一也；人卒虽众，其主君也。君原于德而成于天。故曰：玄古之君天下，无为也，天德而已矣。以道观言而天下之君正；以道观分而君臣之义明；以道观能而天下之官治；以道泛观而万物之应备。故通于天地者，德也；行于万物者，道也；上治人者，事也；能有所艺者，技也。技兼于事，事兼于义，义兼于德，德兼于道，道兼于天。故曰：古之畜天下者，无欲而天下足，无为而万物化，渊静而百姓定。《记》曰：“通于一而万事毕，无心得而鬼神服。”

夫子曰：“夫道，覆载万物者也，洋洋乎大哉！君子不可以不刳心焉。无为为之之谓天，无为言之之谓德，爱人利物之谓仁，不同同之之谓大，行不崖异之谓宽，有万不同之谓富。故执德之谓纪，德成之谓立，循于道之谓备，不以物挫志之谓完。君子明于此十者，则韬乎其事心之大也，沛乎其为万物逝也。若然者，藏金于山，藏珠于渊；不利货财，不近贵富；不乐寿，不哀夭；不荣通，不丑穷。不拘一世之利以为己私分，不以王天下为己处显。显则明。万物一府，死生同状。”

夫子曰：“夫道，渊乎其居也，漻乎其清也。金石不得无以鸣。故金石有声，不考不鸣。万物孰能定之！夫王德之人，素逝而耻通于事，立之本原而知通于神，故其德广。其心之出，有物采之。故形非道不生，生非德不明。存形穷生，立德明道，非王德者邪？荡荡乎！忽然出，勃然动，而万物从之乎？此谓王德之人。视乎冥冥，听乎无声。冥冥之中，独见晓焉；无声之中，独闻和焉。故深之又深而能物焉；神之又神而能精焉。故其与万物接也，至无而供其求，时骋而要其宿，大小、长短、修远。”

黄帝游乎赤水之北，登乎昆仑之丘而南望。还归，遗其玄珠。使知索之而不得，使离朱索之而不得，使喫诟索之而不得也。乃使象罔，象罔得之。黄帝曰：“异哉，象罔乃可以得之乎？”

尧之师曰许由，许由之师曰齧缺，齧缺之师曰王倪，王倪之师曰被衣。尧问于许由曰：“齧缺可以配天乎？吾藉王倪以要之。”许由曰：“殆哉，圾乎天下！齧缺之为人也，聪明睿知，给数以敏，其性过人，而又乃以人受天。彼审乎禁过，而不知过之所由生。与之配天乎？彼且乘人而无天。方且本身而异形，方且尊知而火驰，方且为绪使，方且为物絯，方且四顾而物应，方且应众宜，方且与物化而未始有恒。夫何足以配天乎！虽然，有族有祖，可以为众父而不可以为众父父。治，乱之率也，北面之祸也，南面之贼也。”

尧观乎华，华封人曰：“嘻，圣人！请祝圣人，使圣人寿。”尧曰：“辞。”“使圣人富。”尧曰：“辞。”“使圣人多男子。”尧曰：“辞。”封人曰：“寿，富，多男子，人之所欲也。女独不欲，何邪？”尧曰：“多男子则多惧，富则多事，寿则多辱。是三者，非所以养德也，故辞。”封人曰：“始也我以女为圣人邪，今然君子也。天生万民，必授之职。多男子而授之职，则何惧之有？富而使人分之，则何事之有？夫圣人，鹑居而鷇食，鸟行而无彰。天下有道，则与物皆昌；天下无道，则修德就闲。千岁厌世，去而上仙，乘彼白云，至于帝乡。三患莫至，身常无殃，则何辱之有？”封人去之，尧随之曰：“请问。”封人曰：“退已！”

尧治天下，伯成子高立为诸侯。尧授舜，舜授禹，伯成子高辞为诸侯而耕。禹往见之，则耕在野。禹趋就下风，立而问焉，曰：“昔尧治天下，吾子立为诸侯。尧授舜，舜授予，而吾子辞为诸侯而耕。敢问其故何也？”子高曰：“昔尧治天下，不赏而民劝，不罚而民畏。今子赏罚而民且不仁，德自此衰，刑自此立，后世之乱自此始矣！夫子阖行邪？无落吾事！”俋俋乎耕而不顾。

泰初有无，无有无名。一之所起，有一而未形。物得以生谓之德；未形者有分，且然无间谓之命；留动而生物，物成生理谓之形；形体保神，各有仪则谓之性；性修反德，德至同于初。同乃虚，虚乃大。合喙鸣。喙鸣合，与天地为合。其合缗缗，若愚若昏，是谓玄德，同乎大顺。

夫子问于老聃曰：“有人治道若相放，可不可，然不然。辨者有言曰：‘离坚白，若县寓。’若是则可谓圣人乎？”老聃曰：“是胥易技系，劳形怵心者也。执留之狗成思，猿狙之便自山林来。丘，予告若，而所不能闻与而所不能言：凡有首有趾、无心无耳者众；有形者与无形无状而皆存者尽无。其动止也，其死生也，其废起也，此又非其所以也。有治在人。忘乎物，忘乎天，其名为忘己。忘己之人，是之谓入于天。”

将闾葂见季彻曰：“鲁君谓葂也曰：‘请受教。’辞不获命。既已告矣，未知中否。请尝荐之。吾谓鲁君曰：‘必服恭俭，拔出公忠之属而无阿私，民孰敢不辑！’”季彻局局然笑曰：“若夫子之言，于帝王之德，犹螳螂之怒臂以当车轶，则必不胜任矣！且若是，则其自为处危，其观台多物，将往投迹者众。”将闾葂覤覤然惊曰：“葂也汒若于夫子之所言矣！虽然，愿先生之言其风也。”季彻曰：“大圣之治天下也，摇荡民心，使之成教易俗，举灭其贼心而皆进其独志。若性之自为，而民不知其所由然。若然者，岂兄尧、舜之教民溟涬然弟之哉？欲同乎德而心居矣！”

子贡南游于楚，反于晋，过汉阴，见一丈人方将为圃畦，凿隧而入井，抱瓮而出灌，搰搰然用力甚多而见功寡。子贡曰：“有械于此，一日浸百畦，用力甚寡而见功多，夫子不欲乎？”为圃者卬而视之曰：“奈何？”曰：“凿木为机，后重前轻，挈水若抽，数如泆汤，其名为槔。”为圃者忿然作色而笑曰：“吾闻之吾师，有机械者必有机事，有机事者必有机心。机心存于胸中则纯白不备。纯白不备则神生不定，神生不定者，道之所不载也。吾非不知，羞而不为也。”子贡瞒然惭，俯而不对。有间，为圃者曰：“子奚为者邪？”曰：“孔丘之徒也。”为圃者曰：“子非夫博学以拟圣，於于以盖众，独弦哀歌以卖名声于天下者乎？汝方将忘汝神气，堕汝形骸，而庶几乎！而身之不能治，而何暇治天下乎！子往矣，无乏吾事。”

子贡卑陬失色，顼顼然不自得，行三十里而后愈。其弟子曰：“向之人何为者邪？夫子何故见之变容失色，终日不自反邪？”曰：“始吾以为天下一人耳，不知复有夫人也。吾闻之夫子：事求可，功求成，用力少，见功多者，圣人之道。今徒不然。执道者德全，德全者形全，形全者神全。神全者，圣人之道也。托生与民并行而不知其所之，汒乎淳备哉！功利机巧必忘夫人之心。若夫人者，非其志不之，非其心不为。虽以天下誉之，得其所谓，謷然不顾；以天下非之，失其所谓，傥然不受。天下之非誉无益损焉，是谓全德之人哉！我之谓风波之民。”反于鲁，以告孔子。孔子曰：“彼假修浑沌氏之术者也。识其一，不识其二；治其内而不治其外。夫明白入素，无为复朴，体性抱神，以游世俗之间，汝将固惊邪？且浑沌氏之术，予与汝何足以识之哉！”

谆芒将东之大壑，适遇苑风于东海之滨。苑风曰：“子将奚之？”曰：“将之大壑。”曰：“奚为焉？”曰：“夫大壑之为物也，注焉而不满，酌焉而不竭。吾将游焉！”苑风曰：“夫子无意于横目之民乎？愿闻圣治。”谆芒曰：“圣治乎？官施而不失其宜，拔举而不失其能，毕见其情事而行其所为，行言自为而天下化。手挠顾指，四方之民莫不俱至，此之谓圣治。”“愿闻德人。”曰：“德人者，居无思，行无虑，不藏是非美恶。四海之内共利之之谓悦，共给之之谓安。怊乎若婴儿之失其母也，傥乎若行而失其道也。财用有余而不知其所自来，饮食取足而不知其所从，此谓德人之容。”“愿闻神人。”曰：“上神乘光，与形灭亡，是谓照旷。致命尽情，天地乐而万事销亡，万物复情，此之谓混冥。”

门无鬼与赤张满稽观于武王之师，赤张满稽曰：“不及有虞氏乎！故离此患也。”门无鬼曰：“天下均治而有虞氏治之邪？其乱而后治之与？”赤张满稽曰：“天下均治之为愿，而何计以有虞氏为！有虞氏之药疡也，秃而施髢，病而求医。孝子操药以修慈父，其色燋然，圣人羞之。至德之世，不尚贤，不使能，上如标枝，民如野鹿。端正而不知以为义，相爱而不知以为仁，实而不知以为忠，当而不知以为信，蠢动而相使不以为赐。是故行而无迹，事而无传。”

孝子不谀其亲，忠臣不谄其君，臣、子之盛也。亲之所言而然，所行而善，则世俗谓之不肖子；君之所言而然，所行而善，则世俗谓之不肖臣。而未知此其必然邪？世俗之所谓然而然之，所谓善而善之，则不谓之道谀之人也！然则俗故严于亲而尊于君邪？谓己道人，则勃然作色；谓己谀人，则怫然作色。而终身道人也，终身谀人也，合譬饰辞聚众也，是终始本末不相坐。垂衣裳，设采色，动容貌，以媚一世，而不自谓道谀；与夫人之为徒，通是非，而不自谓众人，愚之至也。知其愚者，非大愚也；知其惑者，非大惑也。大惑者，终身不解，大愚者，终身不灵。三人行而一人惑，所适者，犹可致也，惑者少也；二人惑则劳而不至，惑者胜也。而今也以天下惑，予虽有祈向，不可得也。不亦悲夫！大声不入于里耳，折杨、皇荂，则嗑然而笑。是故高言不止于众人之心；至言不出，俗言胜也。以二缶钟惑，而所适不得矣。而今也以天下惑，予虽有祈向，其庸可得邪！知其不可得也而强之，又一惑也！故莫若释之而不推。不推，谁其比忧！厉之人，夜半生其子，遽取火而视之，汲汲然唯恐其似己也。

百年之木，破为牺尊，青黄而文之，其断在沟中。比牺尊于沟中之断，则美恶有间矣，其于失性一也。跖与曾、史，行义有间矣，然其失性均也。且夫失性有五：一曰五色乱目，使目不明；二曰五声乱耳，使耳不聪；三曰五臭熏鼻，困惾中颡；四曰五味浊口，使口厉爽；五曰趣舍滑心，使性飞扬。此五者，皆生之害也。而杨、墨乃始离跂自以为得，非吾所谓得也。夫得者困，可以为得乎？则鸠鸮之在于笼也，亦可以为得矣。且夫趣舍声色以柴其内，皮弁鹬冠搢笏绅修以约其外。内支盈于柴栅，外重缠缴，睆睆然在缠缴之中而自以为得，则是罪人交臂历指而虎豹在于囊槛，亦可以为得矣！

庄子·外篇·天道第十三

天道运而无所积，故万物成；帝道运而无所积，故天下归；圣道运而无所积，故海内服。明于天，通于圣，六通四辟于帝王之德者，其自为也，昧然无不静者矣！圣人之静也，非曰静也善，故静也。万物无足以铙心者，故静也。水静则明烛须眉，平中准，大匠取法焉。水静犹明，而况精神！圣人之心静乎！天地之鉴也，万物之镜也。夫虚静恬淡寂漠无为者，天地之平而道德之至也，故帝王圣人休焉。休则虚，虚则实，实则伦矣。虚则静，静则动，动则得矣。静则无为，无为也，则任事者责矣。无为则俞俞。俞俞者，忧患不能处，年寿长矣。夫虚静恬淡寂漠无为者，万物之本也。明此以南乡，尧之为君也；明此以北面，舜之为臣也。以此处上，帝王天子之德也；以此处下，玄圣素王之道也。以此退居而闲游，江海山林之士服；以此进为而抚世，而功大名显而天下一也。静而圣，动而王，无为也而尊，朴素而天下莫能与之争美。夫明白于天地之德者，此之谓大本大宗，与天和者也。所以均调天下，与人和者也。与人和者，谓之人乐；与天和者，谓之天乐。庄子曰："吾师乎，吾师乎！𩐋万物而不为戾；泽及万世而不为仁；长于上古而不为寿；覆载天地、刻雕众形而不为巧。"此之谓天乐。故曰：知天乐乐者，其生也天行，其死也物化。静而与阴同德，动而与阳同波。故知天乐者，无天怨，无人非，无物累，无鬼责。故曰：其动也天，其静也地，一心定而王天下；其鬼不祟，其魂不疲，一心定而万物服。言以虚静推于天地，通于万物，此之谓天乐。天乐者，圣人之心以畜天下也。

夫帝王之德，以天地为宗，以道德为主，以无为为常。无为也，则用天下而有余；有为也，则为天下用而不足。故古之人贵夫无为也。上无为也，下亦无为也，是下与上同德。下与上同德则不臣。下有为也，上亦有为也，是上与下同道。上与下同道则不主。上必无为而用天下，下必有为为天下用，此不易之道也。

故古之王天下者，知虽落天地，不自虑也；辩虽雕万物，不自说也；能虽穷海内，不自为也。天不产而万物化，地不长而万物育，帝王无为而天下功。故曰：莫神于天，莫富于地，莫大于帝王。故曰，帝王之德配天地。此乘天地，驰万物，而用人群之道也。

本在于上，末在于下；要在于主，详在于臣。三军五兵之运，德之末也；赏罚利害，五刑之辟，教之末也；礼法度数，形名比详，治之末也；钟鼓之音，羽旄之容，乐之末也；哭泣衰绖，隆杀之服，哀之末也。此五末者，须精神之运，心术之动，然后从之者也。末学者，古人有之，而非所以先也。君先而臣从，父先而子从，兄先而弟从，长先而少从，男先而女从，夫先而妇从。夫尊卑先后，天地之行也，故圣人取象焉。天尊地卑，神明之位也；春夏先，秋冬后，四时之序也；万物化作，萌区有状，盛衰之杀，变化之流也。夫天地至神矣，而有尊卑先后之序，而况人道乎！宗庙尚亲，朝廷尚尊，乡党尚齿，行事尚贤，大道之序也。语道而非其序者，非其道也。语道而非其道者，安取道哉！

是故古之明大道者，先明天而道德次之，道德已明而仁义次之，仁义已明而分守次之，分守已明而形名次之，形名已明而因任次之，因任已明而原省次之，原省已明而是非次之，是非已明而赏罚次之，赏罚已明而愚知处宜，贵贱履位，仁贤不肖袭情。必分其能，必由其名。以此事上，以此畜下，以此治物，以此修身，知谋不用，必归其天。此之谓大平，治之至也。故书曰："有形有名。"形名者，古人有之，而非所以先也。古之语大道者，五变而形名可举，九变而赏罚可言也。骤而语形名，不知其本也；骤而语赏罚，不知其始也。倒道而言，迕道而说者，人之所治也，安能治人？骤而语形名赏罚，此有知治之具，非知治之道。可用于天下，不足以用天下。此之谓辩士，一曲之人也。礼法度数，形名比详，古人有之。此下之所以事上，非上之所以畜下也。

昔者舜问于尧曰："天王之用心何如？"尧曰："吾不敖无告，不废穷民，苦死者，嘉孺子而哀妇人，此吾所以用心已。"舜曰："美则美矣，而未大也。"尧曰："然则何如？"舜曰："天德而出宁，日月照而四时行，若昼夜之有经，云行而雨施矣！"尧曰："胶胶扰扰乎！子，天之合也；我，人之合也。"夫天地者，古之所大也，而黄帝、尧、舜之所共美也。故古之王天下者，奚为哉？天地而已矣！

孔子西藏书于周室，子路谋曰："由闻周之征藏史有老聃者，免而归居，夫子欲藏书，则试往因焉。"孔子曰："善。"往见老聃，而老聃不许，于是繙十二经以说。老聃中其说，曰："大谩，愿闻其要。"孔子曰："要在仁义。"老聃曰："请问：仁义，人之性邪？"孔子曰："然，君子不仁则不成，不义则不生。仁义，真人之性也，又将奚为矣？"老聃曰："请问：何谓仁义？"孔子曰："中心物恺，兼爱无私，此仁义之情也。"老聃曰："意，几乎后言！夫兼爱，不亦迂乎！无私焉，乃私也。夫子若欲使天下无失其牧乎？则天地固有常矣，日月固有明矣，星辰固有列矣，禽兽固有群矣，树木固有立矣。夫子亦放德而行，遁道而趋，已至矣！又何偈偈乎揭仁义，若击鼓而求亡子焉！意，夫子乱人之性也。"

士成绮见老子而问曰："吾闻夫子圣人也。吾固不辞远道而来愿见，百舍重趼而不敢息。今吾观子非圣人也，鼠壤有余蔬而弃妹，不仁也！生熟不尽于前，而积无崖。”老子漠然不应。士成绮明日复见，曰：“昔者吾有刺于子，今吾心正郤矣，何故也？”老子曰：“夫巧知神圣之人，吾自以为脱焉。昔者子呼我牛也而谓之牛；呼我马也而谓之马。苟有其实，人与之名而弗受，再受其殃。吾服也恒服，吾非以服有服。”士成绮雁行避影，履行遂进，而问修身若何。老子曰：“而容崖然，而目冲然，而颡頯然，而口阚然，而状义然。似系马而止也，动而持，发也机，察而审，知巧而睹于泰，凡以为不信。边竟有人焉，其名为窃。”

夫子曰：“夫道，于大不终，于小不遗，故万物备。广广乎其无不容也，渊渊乎其不可测也。形德仁义，神之末也，非至人孰能定之！夫至人有世，不亦大乎，而不足以为之累；天下奋棅而不与之偕；审乎无假而不与利迁；极物之真，能守其本。故外天地，遗万物，而神未尝有所困也。通乎道，合乎德，退仁义，宾礼乐，至人之心有所定矣！”

世之所贵道者，书也。书不过语，语有贵也。语之所贵者，意也，意有所随。意之所随者，不可以言传也，而世因贵言传书。世虽贵之，我犹不足贵也，为其贵非其贵也。故视而可见者，形与色也；听而可闻者，名与声也。悲夫！世人以形色名声为足以得彼之情。夫形色名声，果不足以得彼之情，则知者不言，言者不知，而世岂识之哉！

桓公读书于堂上，轮扁斫轮于堂下，释椎凿而上，问桓公曰：“敢问：公之所读者，何言邪？”公曰：“圣人之言也。”曰：“圣人在乎？”公曰：“已死矣。”曰：“然则君之所读者，古人之糟魄已夫！”桓公曰：“寡人读书，轮人安得议乎！有说则可，无说则死！”轮扁曰：“臣也以臣之事观之。斫轮，徐则甘而不固，疾则苦而不入，不徐不疾，得之于手而应于心，口不能言，有数存乎其间。臣不能以喻臣之子，臣之子亦不能受之于臣，是以行年七十而老斫轮。古之人与其不可传也死矣，然则君之所读者，古人之糟魄已夫！”

庄子·外篇·天运第十四

“天其运乎？地其处乎？日月其争于所乎？孰主张是？孰维纲是？孰居无事推而行是？意者其有机缄而不得已邪？意者其运转而不能自止邪？云者为雨乎？雨者

为云乎？孰隆施是？孰居无事淫乐而劝是？风起北方，一西一东，有上彷徨。孰嘘吸是？孰居无事而披拂是？敢问何故？”巫咸祒曰：“来，吾语女。天有六极五常，帝王顺之则治，逆之则凶。九洛之事，治成德备，监照下土，天下戴之，此谓上皇。”

商大宰荡问仁于庄子。庄子曰：“虎狼，仁也。”曰：“何谓也？”庄子曰：“父子相亲，何为不仁！”曰：“请问至仁。”庄子曰：“至仁无亲。”太宰曰：“荡闻之，无亲则不爱，不爱则不孝。谓至仁不孝，可乎？”庄子曰：“不然，夫至仁尚矣，孝固不足以言之。此非过孝之言也，不及孝之言也。夫南行者至于郢，北面而不见冥山，是何也？则去之远也。故曰：以敬孝易，以爱孝难；以爱孝易，以忘亲难；忘亲易，使亲忘我难；使亲忘我易，兼忘天下难；兼忘天下易，使天下兼忘我难。夫德遗尧、舜而不为也，利泽施于万世，天下莫知也，岂直大息而言仁孝乎哉！夫孝悌仁义，忠信贞廉，此皆自勉以役其德者也，不足多也。故曰：至贵，国爵并焉；至富，国财并焉；至愿，名誉并焉。是以道不渝。”

北门成问于黄帝曰：“帝张咸池之乐于洞庭之野，吾始闻之惧，复闻之怠，卒闻之而惑，荡荡默默，乃不自得。”帝曰：“汝殆其然哉！吾奏之以人，征之以天，行之以礼义，建之以大清。四时迭起，万物循生。一盛一衰，文武伦经。一清一浊，阴阳调和，流光其声。蛰虫始作，吾惊之以雷霆。其卒无尾，其始无首。一死一生，一偾一起，所常无穷，而一不可待。汝故惧也。吾又奏之以阴阳之和，烛之以日月之明。其声能短能长，能柔能刚，变化齐一，不主故常。在谷满谷，在阬满阬。涂郤守神，以物为量。其声挥绰，其名高明。是故鬼神守其幽，日月星辰行其纪。吾止之于有穷，流之于无止。子欲虑之而不能知也，望之而不能见也，逐之而不能及也。傥然立于四虚之道，倚于槁梧而吟：‘目知穷乎所欲见，力屈乎所欲逐，吾既不及，已夫！’形充空虚，乃至委蛇。汝委蛇，故怠。吾又奏之以无怠之声，调之以自然之命。故若混逐丛生，林乐而无形，布挥而不曳，幽昏而无声。动于无方，居于窈冥。或谓之死，或谓之生；或谓之实，或谓之荣。行流散徙，不主常声。世疑之，稽于圣人。圣也者，达于情而遂于命也。天机不张而五官皆备。此之谓天乐，无言而心悦。故有焱氏为之颂曰：‘听之不闻其声，视之不见其形，充满天地，苞裹六极。’汝欲听之而无接焉，而故惑也。乐也者，始于惧，惧故祟；吾又次之以怠，怠故遁；卒之于惑，惑故愚；

愚故道，道可载而与之俱也。”

孔子西游于卫，颜渊问师金曰：“以夫子之行为奚如？”师金曰：“惜乎！而夫子其穷哉！”颜渊曰：“何也？”师金曰：“夫刍狗之未陈也，盛以箧衍，巾以文绣，尸祝齐戒以将之。及其已陈也，行者践其首脊，苏者取而爨之而已。将复取而盛以箧衍，巾以文绣，游居寝卧其下，彼不得梦，必且数眯焉。今而夫子亦取先生已陈刍狗，聚弟子游居寝卧其下。故伐树于宋，削迹于卫，穷于商周，是非其梦邪？围于陈蔡之间，七日不火食，死生相与邻，是非其眯邪？夫水行莫如用舟，而陆行莫如用车。以舟之可行于水也，而求推之于陆，则没世不行寻常。古今非水陆与？周鲁非舟车与？今蕲行周于鲁，是犹推舟于陆也！劳而无功，身必有殃。彼未知夫无方之传，应物而不穷者也。且子独不见夫桔槔者乎？引之则俯，舍之则仰。彼，人之所引，非引人者也。故俯仰而不得罪于人。故夫三皇五帝之礼义法度，不矜于同而矜于治。故譬三皇五帝之礼义法度，其犹柤梨橘柚邪！其味相反而皆可于口。故礼义法度者，应时而变者也。今取猨狙而衣以周公之服，彼必龁啮挽裂，尽去而后慊。观古今之异，犹猨狙之异乎周公也。故西施病心而矉其里，其里之丑人见而美之，归亦捧心而矉其里。其里之富人见之，坚闭门而不出；贫人见之，挈妻子而去走。彼知矉美而不知矉之所以美。惜乎，而夫子其穷哉！”

孔子行年五十有一而不闻道，乃南之沛见老聃。老聃曰：“子来乎？吾闻子，北方之贤者也！子亦得道乎？”孔子曰：“未得也。”老子曰：“子恶乎求之哉？”曰：“吾求之于度数，五年而未得也。”老子曰：“子又恶乎求之哉？”曰：“吾求之于阴阳，十有二年而未得也。”老子曰：“然，使道而可献，则人莫不献之于其君；使道而可进，则人莫不进之于其亲；使道而可以告人，则人莫不告其兄弟；使道而可以与人，则人莫不与其子孙。然而不可者，无佗也，中无主而不止，外无正而不行。由中出者，不受于外，圣人不出；由外入者，无主于中，圣人不隐。名，公器也，不可多取。仁义，先王之蘧庐也，止可以一宿而不可久处。觏而多责。古之至人，假道于仁，托宿于义，以游逍遥之虚，食于苟简之田，立于不贷之圃。逍遥，无为也；苟简，易养也；不贷，无出也。古者谓是采真之游。以富为是者，不能让禄；以显为是者，不能让名。亲权者，不能与人柄，操之则栗，舍之则悲，而一无所鉴，以窥其所不休者，是天之戮民也。怨、恩、取、与、谏、教、生、杀八者，正之器也，唯循大变无所湮者为能用之。

故曰：正者，正也。其心以为不然者，天门弗开矣。”

孔子见老聃而语仁义。老聃曰：“夫播糠眯目，则天地四方易位矣；蚊虻噆肤，则通昔不寐矣。夫仁义憯然，乃愤吾心，乱莫大焉。吾子使天下无失其朴，吾子亦放风而动，总德而立矣！又奚杰杰然若负建鼓而求亡子者邪！夫鹄不日浴而白，乌不日黔而黑。黑白之朴，不足以为辩；名誉之观，不足以为广。泉涸，鱼相与处于陆，相呴以湿，相濡以沫，不若相忘于江湖。”

孔子见老聃归，三日不谈。弟子问曰：“夫子见老聃，亦将何规哉？”孔子曰：“吾乃今于是乎见龙。龙，合而成体，散而成章，乘云气而养乎阴阳。予口张而不能嗋。予又何规老聃哉？”子贡曰：“然则人固有尸居而龙见，雷声而渊默，发动如天地者乎？赐亦可得而观乎？”遂以孔子声见老聃。老聃方将倨堂而应，微曰：“予年运而往矣，子将何以戒我乎？”子贡曰：“夫三皇五帝之治天下不同，其系声名一也。而先生独以为非圣人，如何哉？”老聃曰：“小子少进！子何以谓不同？”对曰：“尧授舜，舜授禹。禹用力而汤用兵，文王顺纣而不敢逆，武王逆纣而不肯顺，故曰不同。”老聃曰：“小子少进，余语汝三皇五帝之治天下：黄帝之治天下，使民心一。民有其亲死不哭而民不非也。尧之治天下，使民心亲。民有为其亲杀其服而民不非也。舜之治天下，使民心竞。民孕妇十月生子，子生五月而能言，不至乎孩而始谁，则人始有夭矣。禹之治天下，使民心变，人有心而兵有顺，杀盗非杀人。自为种而‘天下’耳。是以天下大骇，儒墨皆起。其作始有伦，而今乎妇女，何言哉！余语汝：三皇五帝之治天下，名曰治之，而乱莫甚焉。三皇之知，上悖日月之明，下睽山川之精，中堕四时之施。其知憯于蛎虿之尾，鲜规之兽，莫得安其性命之情者，而犹自以为圣人，不可耻乎？其无耻也！”子贡蹴蹴然立不安。

孔子谓老聃曰：“丘治《诗》、《书》、《礼》、《乐》、《易》、《春秋》六经，自以为久矣，孰知其故矣，以奸者七十二君，论先王之道而明周、召之迹，一君无所钩用。甚矣！夫人之难说也？道之难明邪？”老子曰：“幸矣，子之不遇治世之君也！夫六经，先王之陈迹也，岂其所以迹哉！今子之所言，犹迹也。夫迹，履之所出，而迹岂履哉！夫白鶂之相视，眸子不运而风化；虫，雄鸣于上风，雌应于下风而风化。类自为雌雄，故风化。性不可易，命不可变，时不可止，道不可壅。苟得于道，无自而不可；失焉者，无自而可。”孔子不出三月，复见，曰：“丘得之矣。乌鹊孺，鱼傅沫，细要者化，有弟而兄啼。久矣，夫丘不与化为人！不与化为人，安能化人。”老子曰：“可，丘得之矣！”

庄子·外篇·刻意第十五

刻意尚行，离世异俗，高论怨诽，为亢而已矣。此山谷之士，非世之人，枯槁赴渊者之所好也。语仁义忠信，恭俭推让，为修而已矣。此平世之士，教诲之人，游居学者之所好也。语大功，立大名，礼君臣，正上下，为治而已矣。此朝廷之士，尊主强国之人，致功并兼者之所好也。就薮泽，处闲旷，钓鱼闲处，无为而已矣。此江海之士，避世之人，闲暇者之所好也。吹呴呼吸，吐故纳新，熊经鸟申，为寿而已矣。此道引之士，养形之人，彭祖寿考者之所好也。若夫不刻意而高，无仁义而修，无功名而治，无江海而闲，不道引而寿，无不忘也，无不有也。淡然无极而众美从之。此天地之道，圣人之德也。

故曰：夫恬惔寂漠，虚无无为，此天地之平而道德之质也。故曰：圣人休休焉则平易矣。平易则恬惔矣。平易恬惔，则忧患不能入，邪气不能袭，故其德全而神不亏。故曰：圣人之生也天行，其死也物化。静而与阴同德，动而与阳同波。不为福先，不为祸始。感而后应，迫而后动，不得已而后起。去知与故，循天之理。故无天灾，无物累，无人非，无鬼责。其生若浮，其死若休。不思虑，不豫谋。光矣而不耀，信矣而不期。其寝不梦，其觉无忧。其神纯粹，其魂不罢。虚无恬惔，乃合天德。故曰：悲乐者，德之邪也；喜怒者，道之过也；好恶者，德之失也。故心不忧乐，德之至也；一而不变，静之至也；无所于忤，虚之至也；不与物交，惔之至也；无所于逆，粹之至也。故曰：形劳而不休则弊，精用而不已则劳，劳则竭。水之性，不杂则清，莫动则平；郁闭而不流，亦不能清；天德之象也。故曰：纯粹而不杂，静一而不变，惔而无为，动而以天行，此养神之道也。

夫有干越之剑者，柙而藏之，不敢用也，宝之至也。精神四达并流，无所不极，上际于天，下蟠于地，化育万物，不可为象，其名为同帝。纯素之道，唯神是守。守而勿失，与神为一。一之精通，合于天伦。野语有之曰：“众人重利，廉士重名，贤士尚志，圣人贵精。”故素也者，谓其无所与杂也；纯也者，谓其不亏其神也。能体纯素，谓之真人。

庄子·外篇·缮性第十六

缮性于俗学，以求复其初；滑欲于俗思，以求致其明：谓之蔽蒙之民。

古之治道者，以恬养知。生而无以知为也，谓之以知养恬。知与恬交相养，而和理出其性。夫德，和也；道，理也。德无不容，仁也；道无不理，义也；义明而物亲，忠也；中纯实而反乎情，乐也；信行容体而顺乎文，礼也。礼乐遍行，则天下乱矣。彼正而蒙已德，德则不冒，冒则物必失其性也。古之人，在混芒之中，与一世而得淡漠焉。当是时也，阴阳和静，鬼神不扰，四时得节，万物不伤，群生不夭，人虽有知，无所用之，此之谓至一。当是时也，莫之为而常自然。

逮德下衰，及燧人、伏羲始为天下，是故顺而不一。德又下衰，及神农、黄帝始为天下，是故安而不顺。德又下衰，及唐、虞始为天下，兴治化之流，澆淳散朴，离道以善，险德以行，然后去性而从于心。心与心识知，而不足以定天下，然后附之以文，益之以博。文灭质，博溺心，然后民始惑乱，无以反其性情而复其初。由是观之，世丧道矣，道丧世矣，世与道交相丧也。道之人何由兴乎世，世亦何由兴乎道哉！道无以兴乎世，世无以兴乎道，虽圣人不在山林之中，其德隐矣。隐故不自隐。古之所谓隐士者，非伏其身而弗见也，非闭其言而不出也，非藏其知而不发也，时命大谬也。当时命而大行乎天下，则反一无迹；不当时命而大穷乎天下，则深根宁极而待：此存身之道也。古之存身者，不以辩饰知，不以知穷天下，不以知穷德，危然处其所而反其性，己又何为哉！道固不小行，德固不小识。小识伤德，小行伤道。故曰：正己而已矣。乐全之谓得志。

古之所谓得志者，非轩冕之谓也，谓其无以益其乐而已矣。今之所谓得志者，轩冕之谓也。轩冕在身，非性命也，物之傥来，寄者也。寄之，其来不可圉，其去不可止。故不为轩冕肆志，不为穷约趋俗，其乐彼与此同，故无忧而已矣！今寄去则不乐。由是观之，虽乐，未尝不荒也。故曰：丧己于物，失性于俗者，谓之倒置之民。

庄子·外篇·秋水第十七

秋水时至，百川灌河。泾流之大，两涘渚崖之间，不辩牛马。于是焉河伯欣然自喜，以天下之美为尽在己。顺流而东行，至于北海，东面而视，不见水端。于是焉河伯始旋其面目，望洋向若而叹曰："野语有之曰：'闻道百，以为莫己若者。'我之谓也。且夫我尝闻少仲尼之闻而轻伯夷之义者，始吾弗信。今我睹子之难穷也，吾非至于子之门则殆矣，吾长见笑于大方之家。"北海若曰："井蛙不可以语于海者，拘于虚也；夏虫不可以语于冰者，笃于时也；曲士不可以语于道者，束于教也。今尔出于崖涘，观于大海，乃知尔丑，尔将可与语大理矣。天下之水，莫大于海：万川归之，不知何时止而不盈；尾闾泄之，不知何时已而不虚；春秋不变，水旱不知。此其过江河之流，不可为量数。而吾未尝以此自多者，自以比形于天地，而受气于阴阳，吾在于天地之间，犹小石小木之在大山也。方存乎见小，又奚以自多！计四海之在天地之间也，不似礨空之在大泽乎？计中国之在海内，不似稊米之在大仓乎？号物之数谓之万，人处一焉；人卒九州，谷食之所生，舟车之所通。此其比万物也，不似豪末之在于马体乎？五帝之所连，三王之所争，仁人之所忧，任士之所劳，尽此矣！伯夷辞之以为名，仲尼语之以为博。此其自多也，不似尔向之自多于水乎？"

河伯曰："然则吾大天地而小毫末，可乎？"北海若曰："否。夫物，量无穷，时无止，分无常，终始无故。是故大知观于远近，故小而不寡，大而不多：知量无穷。证曏今故，故遥而不闷，掇而不跂：知时无止。察乎盈虚，故得而不喜，失而不忧：知分之无常也。明乎坦涂，故生而不说，死而不祸：知终始之不可故也。计人之所知，不若其所不知；其生之时，不若未生之时；以其至小，求穷其至大之域，是故迷乱而不能自得也。由此观之，又何以知毫末之足以定至细之倪，又何以知天地之足以穷至大之域！"

河伯曰："世之议者皆曰：'至精无形，至大不可围。'是信情乎？"北海若曰："夫自细视大者不尽，自大视细者不明。夫精，小之微也；垺，大之殷也：故异便。此势之有也。夫精粗者，期于有形者也；无形者，数之所不能分也；不可围者，数之所不能穷也。可以言论者，物之粗也；可以意致者，物之精也；言之所不能论，意之所不能察致者，不期精粗焉。是故大人之行：不出乎害人，不多仁恩；动不为利，不贱门隶；货财弗争，不多辞让；事焉不借人，不多食乎力，不贱贪污；行殊乎俗，不多辟异；为在从众，不贱佞谄；世之爵禄不足以为劝，戮耻不足以为辱；知是非之不可为分，细大之不可为倪。闻曰：'道人不闻，至德不得，大人无己。'约分之至也。"

河伯曰："若物之外，若物之内，恶至而倪贵贱？恶至而倪小大？"北海若曰："以道观之，物无贵贱；以物观之，自贵而相贱；以俗观之，贵贱不在己。以差观之，因其所大而大之，则万物莫不大；因其所小而小之，则万物莫不小。知天地之为稊米也，知毫末之为丘山也，则差数睹矣。以功观之，因其所有而有之，则万物莫不有；因其所无而无之，则万物莫不无。知东西之相反而不可以相无，则功分定矣。以趣观之，因其所然而然之，则万物莫不然；因其所非而非之，则万物莫不非。知尧、桀之自然而相非，则趣操睹矣。昔者尧、舜让而帝，之、哙让而绝；汤、武争而王，白公争而灭。由此观之，争让之礼，尧、桀之行，贵贱有时，未可以为常也。梁丽可以冲城而不可以窒穴，言殊器也；骐骥骅骝一日而驰千里，捕鼠不如狸狌，言殊技也；鸱鸺夜撮蚤，察豪末，昼出瞋目而不见丘山，言殊性也。故曰：盖师是而无非，师治而无乱乎？是未明天地之理，万物之情者也。是犹师天而无地，师阴而无阳，其不可行明矣！然且语而不舍，非愚则诬也！帝王殊禅，三代殊继。差其时，逆其俗者，谓之篡夫；当其时，顺其俗者，谓之义之徒。默默乎河伯，女恶知贵贱之门，小大之家！"

河伯曰："然则我何为乎？何不为乎？吾辞受趣舍，吾终奈何？"北海若曰："以道观之，何贵何贱，是谓反衍；无拘而志，与道大蹇。何少何多，是谓谢施；无一而行，与道参差。严乎若国之有君，其无私德；繇繇乎若祭之有社，其无私福；泛泛乎其若四方之无穷，其无所畛域。兼怀万物，其孰承翼？是谓无方。万物一齐，孰短孰长？道无终始，物有死生，不恃其成。一虚一满，不位乎其形。年不可举，时不可止。消息盈虚，终则有始。是所以语大义之方，论万物之理也。物之生也，若骤若驰。无动而不变，无时而不移。何为乎，何为不乎？夫固将自化。"

河伯曰："然则何贵于道邪？"北海若曰："知道者必达于理，达于理者必明于权，明于权者不以物害己。至德者，火弗能热，水沸能溺，寒暑弗能害，禽兽弗能贼。非谓其薄之也，言察乎安危，宁于祸福，谨于去就，莫之能害也。故曰：'天在内，人在外，德在乎天。'知天人之行，本乎天，位乎得，蹢躅而屈伸，反要而语极。"曰："何谓天？何谓人？"北海若曰："牛马四足，是谓天；落马首，穿牛鼻，是谓人。故曰：

'无以人灭天，无以故灭命，无以得殉名。谨守而勿失，是谓反其真。'"

夔怜蚿，蚿怜蛇，蛇怜风，风怜目，目怜心。夔谓蚿曰："吾以一足跉踔而行，予无如矣。今子之使万足，独奈何？"蚿曰："不然。子不见夫唾者乎？喷则大者如珠，小者如雾，杂而下者不可胜数也。今予动吾天机，而不知其所以然。"蚿谓蛇曰："吾以众足行，而不及子之无足，何也？"蛇曰："夫天机之所动，何可易邪？吾安用足哉！"蛇谓风曰："予动吾脊胁而行，则有似也。今子蓬蓬然起于北海，蓬蓬然入于南海，而似无有，何也？"风曰："然，予蓬蓬然起于北海而入于南海也，然而指我则胜我，鰌我亦胜我。虽然，夫折大木，蜚大屋者，唯我能也。"故以众小不胜为大胜也。为大胜者，唯圣人能之。

孔子游于匡，宋人围之数匝，而弦歌不惙。子路入见，曰："何夫子之娱也？"孔子曰："来，吾语女。我讳穷久矣，而不免，命也；求通久矣，而不得，时也。当尧、舜而天下无穷人，非知得也；当桀、纣而天下无通人，非知失也：时势适然。夫水行不避蛟龙者，渔父之勇也；陆行不避兕虎者，猎夫之勇也；白刃交于前，视死若生者，烈士之勇也；知穷之有命，知通之有时，临大难而不惧者，圣人之勇也。由，处矣！吾命有所制矣！"无几何，将甲者进，辞曰："以为阳虎也，故围之；今非也，请辞而退。"

公孙龙问于魏牟曰："龙少学先王之道，长而明仁义之行；合同异，离坚白；然不然，可不可；困百家之知，穷众口之辩：吾自以为至达已。今吾闻庄子之言，汒然异之。不知论之不及与？知之弗若与？今吾无所开吾喙，敢问其方。"公子牟隐机大息，仰天而笑曰："子独不闻夫坎井之蛙乎？谓东海之鳖曰：'吾乐与！出跳梁乎井干之上，入休乎缺甃之崖。赴水则接腋持颐，蹶泥则没足灭跗。还虷蟹与科斗，莫吾能若也。且夫擅一壑之水，而跨跱坎井之乐，此亦至矣。夫子奚不时来入观乎？'东海之鳖左足未入，而右膝已絷矣。于是逡巡而却，告之海曰：'夫千里之远，不足以举其大；千仞之高，不足以极其深。禹之时，十年九潦，而水弗为加益；汤之时，八年七旱，而崖不为加损。夫不为顷久推移，不以多少进退者，此亦东海之大乐也。'于是坎井之蛙闻之，适适然惊，规规然自失也。且夫知不知是非之竟，而犹欲观于庄子之言，是犹使蚊负山，商蚷驰河也，必不胜任矣。且夫知不知论极妙之言，而自适一时之利者，是非坎井之蛙与？且彼方跐黄泉而登大皇，无南无北，奭然四解，沦于不测；无东无西，始于玄冥，反于大通。子乃规规然而求之以察，索之以辩，是直用管窥天，用锥指地也，不亦小乎？子往矣！且子独不闻夫寿陵余子之学行于邯郸与？未得国能，又失其故行矣，直匍匐而归耳。今子不去，将忘子之故，失子之业。”公孙龙口呿而不合，舌举而不下，乃逸而走。

庄子钓于濮水。楚王使大夫二人往先焉，曰：“愿以境内累矣！”庄子持竿不顾，曰：“吾闻楚有神龟，死已三千岁矣。王巾笥而藏之庙堂之上。此龟者，宁其死为留骨而贵乎？宁其生而曳尾于涂中乎？”二大夫曰：“宁生而曳尾途中。”庄子曰：“往矣！吾将曳尾于涂中。”

惠子相梁，庄子往见之。或谓惠子曰：“庄子来，欲代子相。”于是惠子恐，搜于国中三日三夜。庄子往见之，曰：“南方有鸟，其名为鹓鸰子知之乎？夫鹓鸰发于南海而飞于北海，非梧桐不止，非练实不食，非醴泉不饮。于是鸱得腐鼠，鹓鸰过之，仰而视之曰：‘吓！’今子欲以子之梁国而吓我邪？”

庄子与惠子游于濠梁之上。庄子曰：“儵鱼出游从容，是鱼之乐也。”惠子曰：“子非鱼，安知鱼之乐？”庄子曰：“子非我，安知我不知鱼之乐？”惠子曰：“我非子，固不知子矣；子固非鱼也，子之不知鱼之乐，全矣！”庄子曰：“请循其本。子曰‘汝安知鱼乐’云者，既已知吾知之而问我。我知之濠上也。”

庄子·外篇·至乐第十八

天下有至乐无有哉？有可以活身者无有哉？今奚为奚据？奚避奚处？奚就奚去？奚乐奚恶？夫天下之所尊者，富贵寿善也；所乐者，身安厚味美服好色音声也；所下者，贫贱夭恶也；所苦者，身不得安逸，口不得厚味，形不得美服，目不得好色，耳不得音声。若不得者，则大忧以惧，其为形也亦愚哉！夫富者，苦身疾作，多积财而不得尽用，其为形也亦外矣！夫贵者，夜以继日，思虑善否，其为形也亦疏矣！人之生也，与忧俱生。寿者惛惛，久忧不死，何苦也！其为形也亦远矣！烈士为天下见善矣，未足以活身。吾未知善之诚善邪？诚不善邪？若以显善矣，不足活身；以为不善矣，足以活人。故曰：“忠谏不听，蹲循勿争。”故夫子胥争之，以残其形；不争，名亦不成。诚有善无有哉？今俗之所为与其所乐，吾又未知乐之果乐邪？果不乐邪？吾观夫俗之所乐，举群趣者，诬诬然如将不得已，而皆曰乐者，吾未之乐也，亦未之不乐也。果有乐无有哉？吾以无为诚乐矣，又俗之所大苦也。故曰：“至乐无乐，至誉无誉。”天下是非果未可定也。虽然，无为可以定是非。至乐活身，唯无为几存。请尝试言之：天无为以之清，地无为以之宁。故两无为相合，万物皆化生。芒乎芴乎，而无从出乎！芴乎芒乎，而无有象乎！万物职职，皆从无为殖。故曰：“天地无为也而无不为也。”人也孰能得无为哉！

庄子妻死，惠子吊之，庄子则方箕踞鼓盆而歌。惠子曰：“与人居，长子、老、身死，不哭亦足矣，又鼓盆而歌，不亦甚乎！”庄子曰：“不然。是其始死也，我独何能无概！然察其始而本无生；非徒无生也，而本无形；非徒无形也，而本无气。杂乎芒芴之间，变而有气，气变而有形，形变而有生，今又变而之死。是相与为春秋冬夏四时行也。人且偃然寝于巨室，而我噭噭然随而哭之，自以为不通乎命，故止也。”

支离叔与滑介叔观于冥伯之丘，昆仑之虚，黄帝之所休。俄而柳生其左肘，其意蹶蹶然恶之。支离叔曰：“子恶之乎？”滑介叔曰：“亡，予何恶！生者，假借也。假之而生生者，尘垢也。死生为昼夜。且吾与子观化而化及我，我又何恶焉！”

庄子之楚，见空髑髅，髐然有形。撽以马捶，因而问之，曰：“夫子贪生失理而为此乎？将子有亡国之事、斧钺之诛而为此乎？将子有不善之行，愧遗父母妻子之丑而为此乎？将子有冻馁之患而为此乎？将子之春秋故及此乎？”于是语卒，援髑髅，枕而卧。夜半，髑髅见梦曰：“向子之谈者似辩士，视子所言，皆生人之累也，死则无此矣。子欲闻死之说乎？”庄子曰：“然。”髑髅曰：“死，无君于上，无臣于下，亦无四时之事，从然以天地为春秋，虽南面王乐，不能过也。”庄子不信，曰：“吾使司命复生子形，为子骨肉肌肤，反子父母、妻子、闾里、知识，子欲之乎？”髑髅深矉蹙頞曰：“吾安能弃南面王乐而复为人间之劳乎！”

颜渊东之齐，孔子有忧色。子贡下席而问曰：“小子敢问：回东之齐，夫子有忧色，何邪？”孔子曰：“善哉汝问。昔者管子有言，丘甚善之，曰：‘褚小者不可以怀大，绠短者不可以汲深。’夫若是者，以为命有所成而形有所适也，夫不可损益。吾恐回与齐侯言尧、舜、黄帝之道，而重以燧人、神农之言。彼将内求于己而不得，不得则惑，人惑则死。且女独不闻邪？昔者海鸟止于鲁郊，鲁侯御而觞之于庙，奏九韶以为乐，具太牢以为膳。鸟乃眩视忧悲，不敢食一脔，不敢饮一杯，三日而死。此以己养养鸟也，非以鸟养养鸟也。夫以鸟养养鸟者，宜栖之深林，游之坛陆，浮之江湖，食之鳅鲦，随行列而止，委蛇而处。彼唯人言之恶闻，奚以夫譊譊为乎！咸池九韶之乐，张之洞庭之野，鸟闻之而飞，兽闻之而走，鱼闻之而下入，人卒闻之，相与还而观之。鱼处水而生，人处水而死。彼必相与异，其好恶故异也。故先圣不一其能，不同其事。名止于实，义设于适，是之谓条达而福持。"

列子行，食于道，从见百岁髑髅，攓蓬而指之曰："唯予与汝知而未尝死、未尝生也。若果养乎？予果欢乎？"种有几，得水则为㡭，得水土之际则为蛙蠙之衣，生于陵屯则为陵舄，陵舄得郁栖则为乌足，乌足之根为蛴螬，其叶为胡蝶。胡蝶胥也化而为虫，生于竈下，其状若脱，其名为鸲掇。鸲掇千日为鸟，其名为干余骨。干余骨之沫为斯弥，斯弥为食醯。颐辂生乎食醯，黄軦九猷，瞀芮生乎腐蠸，羊奚比乎不箰，久竹生青宁，青宁生程，程生马，马生人，人又反入于机。万物皆出于机，皆入于机。

庄子·外篇·达生第十九

达生之情者，不务生之所无以为；达命之情者，不务知之所无奈何。养形必先之以物，物有余而形不养者有之矣。有生必先无离形，形不离而生亡者有之矣。生之来不能却，其去不能止。悲夫！世之人以为养形足以存生，而养形果不足以存生，则世奚足为哉！虽不足为而不可不为者，其为不免矣！夫欲免为形者，莫如弃世。弃世则无累，无累则正平，正平则与彼更生，更生则几矣！事奚足弃而生奚足遗？弃事则形不劳，遗生则精不亏。夫形全精复，与天为一。天地者，万物之父母也。合则成体，散则成始。形精不亏，是谓能移。精而又精，反以相天。

子列子问关尹曰："至人潜行不窒，蹈火不热，行乎万物之上而不栗。请问何以至于此？"关尹曰："是纯气之守也，非知巧果敢之列。居，予语女。凡有貌象声色者，皆物也，物与物何以相远！夫奚足以至乎先！是色而已。则物之造乎不形，而止乎无所化。夫得是而穷之者，物焉得而止焉！彼将处乎不淫之度，而藏乎无端之纪，游乎万物之所终始。壹其性，养其气，合其德，以通乎物之所造。夫若是者，其天守全，其神无郤，物奚自入焉！夫醉者之坠车，虽疾不死。骨节与人同而犯害与人异，其神全也。乘亦不知也，坠亦不知也，死生惊惧不入乎其胸中，是故遻物而不慴。彼得全于酒而犹若是，而况得全于天乎？圣人藏于天，故莫之能伤也。复仇者，不折镆干；虽有忮心者，不怨飘瓦，是以天下平均。故无攻战之乱，无杀戮之刑者，由此道也。不开人之天，而开天之天。开天者德生，开人者贼生。不厌其天，不忽于人，民几乎以其真。"

仲尼适楚，出于林中，风痀偻者承蜩，犹掇之也。仲尼曰："子巧乎，有道邪？"曰："我有道也。五六月累丸二而不坠，则失者锱铢；累三而不坠，则失者十一；累五而不坠，犹掇之也。吾处身也，若厥株拘；吾执臂也，若槁木之枝。虽天地之大，万物之多，而唯蜩翼之知。吾不反不侧，不以万物易蜩之翼，何为而不得！"孔子顾谓弟子曰："用志不分，乃凝于神。其痀偻丈人之谓乎！"

颜渊问仲尼曰："吾尝济乎觞深之渊，津人操舟若神。吾问焉曰：'操舟可学邪？'曰：'可。善游者数能。若乃夫没人，则未尝见舟而便操之也。'吾问焉而不吾告，敢问何谓也？"仲尼曰："善游者数能，忘水也；若乃夫没人之未尝见舟而便操之也，彼视渊若陵，视舟之覆，犹其车却也。覆却万方陈乎前而不得入其舍，恶往而不暇！以瓦注者巧，以钩注者惮，以黄金注者殙。其巧一也，而有所矜，则重外也。凡外重者内拙。"

田开之见周威公，威公曰："吾闻祝肾学生，吾子与祝肾游，亦何闻焉？"田开之曰："开之操拔篲以侍门庭，亦何闻于夫子！"威公曰："田子无让，寡人愿闻之。"开之曰："闻之夫子曰：'善养生者，若牧羊然，视其后者而鞭之。'"威公曰："何谓也？"田开之曰："鲁有单豹者，岩居而水饮，不与民共利，行年七十而犹有婴儿之色。不幸遇饿虎，饿虎杀而食之。有张毅者，高门县薄，无不走也，行年四十而有内热之病以死。豹养其内而虎食其外，毅养其外而病攻其内。此二子者，皆不鞭其后者也。"仲尼曰："无入而藏，无出而阳，柴立其中央。三者若得，其名必极。夫畏涂者，十杀一人，则父子兄弟相戒也，必盛卒徒而后敢出焉，不亦知乎！人之所取畏者，衽席之上，饮食之间，而不知为之戒者，过也！"

祝宗人玄端以临牢筴说彘，曰："汝奚恶死！吾将三月豢汝，十日戒，三日齐，藉白茅，加汝肩尻乎雕俎之上，则汝为之乎？"为彘谋曰："不知食以糠糟而错之牢筴之中。”自为谋，则苟生有轩冕之尊，死得于腞楯之上、聚偻之中则为之。为彘谋则去之，自为谋则取之，所异彘者何也！

桓公田于泽，管仲御，见鬼焉。公抚管仲之手曰：“仲父何见？”对曰：“臣无所见。”公反，诶诒为病，数日不出。齐士有皇子告敖者，曰：“公则自伤，鬼恶能伤公！夫忿滀之气，散而不反，则为不足；上而不下，则使人善怒；下而不上，则使人善忘；不上不下，中身当心，则不病。”桓公曰：“然则有鬼乎？”曰：“有。沈有履。竈有髻。户内之烦壤，雷霆处之；东北方之下者倍阿，鲑蠪跃之；西北方之下者，则泆阳处之。水有罔象，丘有峷，山有夔，野有彷徨，泽有委蛇。”公曰：“请问委蛇之状何如？”皇子曰：“委蛇，其大如毂，其长如辕，紫衣而朱冠。其为物也恶，闻雷车之声则捧其首而立。见之者殆乎霸。”桓公辴然而笑曰：“此寡人之所见者也。”于是正衣冠与之坐，不终日而不知病之去也。

纪渻子为王养斗鸡。十日而问：“鸡已乎？”曰：“未也，方虚憍而恃气。”十日又问，曰：“未也，犹应向景。”十日又问，曰：“未也，犹疾视而盛气。”十日又问，曰：“几矣，鸡虽有鸣者，已无变矣，望之似木鸡矣，其德全矣。异鸡无敢应者，反走矣。”

孔子观于吕梁，县水三十仞，流沫四十里，鼋鼍鱼鳖之所不能游也。见一丈夫游之，以为有苦而欲死也。使弟子并流而拯之。数百步而出，被发行歌而游于塘下。孔子从而问焉，曰：“吾以子为鬼，察子则人也。请问：蹈水有道乎？”曰：“亡，吾无道。吾始乎故，长乎性，成乎命。与齐俱入，与汩偕出，从水之道而不为私焉。此吾所以蹈之也。”孔子曰：“何谓始乎故，长乎性，成乎命？”曰：“吾生于陵而安于陵，故也；长于水而安于水，性也；不知吾所以然而然，命也。”

梓庆削木为鐻，鐻成，见者惊犹鬼神。鲁侯见而问焉，曰：“子何术以为焉？”对曰：“臣，工人，何术之有！虽然，有一焉：臣将为鐻，未尝敢以耗气也，必齐以静心。齐三日，而不敢怀庆赏爵禄；齐五日，不敢怀非誉巧拙；齐七日，辄然忘吾有四枝形体也。当是时也，无公朝。其巧专而外骨消，然后入山林，观天性形躯，至矣，然后成见鐻，然后加手焉，不然则已。则以天合天，器之所以疑神者，其是与！”

东野稷以御见庄公，进退中绳，左右旋中规。庄公以为文弗过也。使之钩百而反。颜阖遇之，入见曰：“稷之马将败。”公密而不应。少焉，果败而反。公曰：“子何以知之？”曰：“其马力竭矣而犹求焉，故曰败。”

工倕旋而盖规矩，指与物化而不以心稽，故其灵台一而不桎。忘足，履之适也；忘要，带之适也；知忘是非，心之适也；不内变，不外从，事会之适也；始乎适而未尝不适者，忘适之适也。

有孙休者，踵门而诧子扁庆子曰：“休居乡不见谓不修，临难不见谓不勇。然而田原不遇岁，事君不遇世，宾于乡里，逐于州部，则胡罪乎天哉？休恶遇此命也？”扁子曰：“子独不闻夫至人之自行邪？忘其肝胆，遗其耳目，芒然彷徨乎尘垢之外，逍遥乎无事之业，是谓为而不恃，长而不宰。今汝饰知以惊愚，修身以明污，昭昭乎若揭日月而行也。汝得全而形躯，具而九窍，无中道夭于聋盲跛蹇而比于人数亦幸矣，又何暇乎天之怨哉！子往矣！”孙子出，扁子入。坐有间，仰天而叹。弟子问曰：“先生何为叹乎？”扁子曰：“向者休来，吾告之以至人之德，吾恐其惊而遂至于惑也。”弟子曰：“不然。孙子之所言是邪，先生之所言非邪，非固不能惑是；孙子所言非邪，先生所言是邪，彼固惑而来矣，又奚罪焉！”扁子曰：“不然。昔者有鸟止于鲁郊，鲁君说之，为具太牢以飨之，奏九韶以乐之。鸟乃始忧悲眩视，不敢饮食。此之谓以己养养鸟也。若夫以鸟养养鸟者，宜栖之深林，浮之江湖，食之以委蛇，则安平陆而已矣。今休，款启寡闻之民也，吾告以至人之德，譬之若载鼷以车马，乐鴳以钟鼓也，彼又恶能无惊乎哉！”

庄子·外篇·山木第二十

庄子行于山中，见大木，枝叶盛茂。伐木者止其旁而不取也。问其故，曰：“无所可用。”庄子曰：“此木以不材得终其天年。”夫子出于山，舍于故人之家。故人喜，命竖子杀雁而烹之。竖子请曰：“其一能鸣，其一不能鸣，请奚杀？”主人曰：“杀不能鸣者。”明日，弟子问于庄子曰：“昨日山中之木，以不材得终其天年；今主人之雁，以不材死。先生将何处？”庄子笑曰：“周将处乎材与不材之间。材与不材之间，似之而非也，故未免乎累。若夫乘道德而浮游则不然，无誉无訾，一龙一蛇，与时俱化，而无肯专为。一上一下，以和为量，浮游乎万物之祖。物物而不物于物，则胡可得而累邪！此神农、黄帝之法则也。若夫万物之情，人伦之传则不然：合则离，成则毁，廉则挫，尊则议，有为则亏，贤则谋，不肖则欺。胡可得而必乎哉！悲夫，弟子志之，其唯道德之乡乎！”

市南宜僚见鲁侯，鲁侯有忧色。市南子曰：“君有忧色，何也？”鲁侯曰：“吾学先王之道，修先君之业；吾敬鬼尊贤，亲而行之，无须臾离。居然不免于患，吾是以忧。”市南子曰：“君之除患之术浅矣！夫丰狐文豹，栖于山林，伏于岩穴，静也；夜行昼居，戒也；虽饥渴隐约，犹且胥疏于江湖之上而求食焉，定也。然且不免于罔罗机辟之患，是何罪之有哉？其皮为之灾也。今鲁国独非君之皮邪？吾愿君刳形去皮，洒心去欲，而游于无人之野。南越有邑焉，名为建德之国。其民愚而朴，少私而寡欲；知作而不知藏，与而不求其报；不知义之所适，不知礼之将。猖狂妄行，乃蹈乎大方。其生可乐，其死可葬。吾愿君去国捐俗，与道相辅而行。”君曰：“彼其道远而险，又有江山，我无舟车，奈何？”市南子曰：“君无形倨，无留居，以为君车。”君曰：“彼其道幽远而无人，吾谁与为邻？吾无粮，我无食，安得而至焉？”市南子曰：“少君之费，寡君之欲，虽无粮而乃足。君其涉于江而浮于海，望之而不见其崖，愈往而不知其所穷。送君者皆自崖而反。君自此远矣！故有人者累，见有于人者忧。故尧非有人，非见有于人也。吾愿去君之累，除君之忧，而独与道游于大莫之国。方舟而济于河，有虚船来触舟，虽有惼心之人不怒。有一人在其上，则呼张歙之。一呼而不闻，再呼而不闻，于是三呼邪，则必以恶声随之。向也不怒而今也怒，向也虚而今也实。人能虚己以游世，其孰能害之！”

北宫奢为卫灵公赋敛以为钟，为坛乎郭门之外。三月而成上下之县。王子庆忌见而问焉，曰：“子何术之设？”奢曰：“一之间，无敢设也。奢闻之：‘既雕既琢，复归于朴。’侗乎其无识，傥乎其怠疑。萃乎芒乎，其送往而迎来。来者勿禁，往者勿止。从其强梁，随其曲傅，因其自穷。故朝夕赋敛而毫毛不挫，而况有大途者乎！”

孔子围于陈蔡之间，七日不火食。大公任往吊之，曰：“子几死乎？”曰：“然。”“子恶死乎？”曰：“然。”任曰：“予尝言不死之道。东海有鸟焉，其名曰意怠。其为鸟也，翂翂翐翐，而似无能；引援而飞，迫胁而栖；进不敢为前，退不敢为后；食不敢先尝，必取其绪。是故其行列不斥，而外人卒不得害，是以免于患。直木先伐，甘井先竭。子其意者饰知心惊愚，修身以明污，昭昭乎如揭日月而行，故不免也。昔吾闻之大成之人曰：‘自伐者无功，功成者堕，名成者亏。’孰能去功与名而还与众人！道流而不明居，得行而不名处；纯纯常常，乃比于狂；削迹捐势，不为功名。是故无责于人，人亦无责焉。至人不闻，子何喜哉！”孔子曰：“善哉！”辞其交游，去其弟子，逃于大泽，衣裘褐，食杼栗，入兽不乱群，入鸟不乱行。鸟兽不恶，而况人乎！

孔子问子桑雽曰：“吾再逐于鲁，伐树于宋，削迹于卫，穷不商周，围于陈蔡之间。吾犯此数患，亲交益疏，徒友益散，何与？”子桑雽曰：“子独不闻假人之亡与？林回弃千金之璧，负赤子而趋。或曰：‘为其布与？赤子之布寡矣；为其累与？赤子之累多矣。弃千金之璧，负赤子而趋，何也？’林回曰：‘彼以利合，此以天属也。’夫以利合者，迫穷祸患害相弃也；以天属者，迫穷祸患害相收也。夫相收之与相弃亦远矣，且君子之交淡若水，小人之交甘若醴。君子淡以亲，小人甘以绝，彼无故以合者，则无故以离。”孔子曰：“敬闻命矣！”徐行翔佯而归，绝学捐书，弟子无挹于前，其爱益加进。异日，桑雽又曰：“舜之将死，真泠禹曰：‘汝戒之哉！形莫若缘，情莫若率。’缘则不离，率则不劳。不离不劳，则不求文以待形。不求文以待形，固不待物。”

庄子衣大布而补之，正緳系履而过魏王。魏王曰：“何先生之惫邪？”庄子曰：“贫也，非惫也。士有道德不能行，惫也；衣弊履穿，贫也，非惫也，此所谓非遭时也。王独不见夫腾猿乎？其得柟梓豫章也，揽蔓其枝而王长其间，虽羿、蓬蒙不能眄睨也。及其得柘棘枳枸之间也，危行侧视，振动悼栗，此筋骨非有加急而不柔也，处势不便，未足以逞其能也。今处昏上乱相之间而欲无惫，奚可得邪？此比干之见剖心，征也夫！”

孔子穷于陈蔡之间，七日不火食。左据槁木，右击槁枝，而歌猋氏之风，有其具而无其数，有其声而无宫角。木声与人声，犁然有当于人之心。颜回端拱还目而窥之。仲尼恐其广己而造大也，爱己而造哀也，曰：“回，无受天损易，无受人益难。无始而非卒也，人与天一也。夫今之歌者其谁乎！”回曰：“敢问无受天损易。”仲尼曰：“饥渴寒暑，穷桎不行，天地之行也，运物之泄也，言与之偕逝之谓也。为人臣者，不敢去之。执臣之道犹若是，而况乎所以待天乎？”“何谓无受人益难？”仲尼曰：“始用四达，爵禄并至而不穷。物之所利，乃非己也，吾命其在外者也。君子不为盗，贤人不为窃，吾若取之何哉？故曰：鸟莫知于鷾鸸，目之所不宜处不给视，虽落其实，弃之而走。其畏人也而袭诸人间。社稷存焉尔！”“何谓无始而非卒？”仲尼曰：“化其万物而不知其禅之者，焉知其所终？焉知其所始？正而待之而已耳。”“何谓人与天一邪？”仲尼曰：“有人，天也；有天，亦天也。人之不能有天，性也。圣人晏然体逝而终矣！”

庄周游于雕陵之樊，睹一异鹊自南方来者。翼广七尺，目大运寸，感周之颡，而集于栗林。庄周曰：“此何鸟哉！翼殷不逝，目大不睹。”蹇裳躩步，执弹而留之。睹一蝉方得美荫而忘其身。螳螂执翳而搏之，见得而忘其形。异鹊从而利之，见利而忘其真。庄周怵然曰：“噫！物固相累，二类相召也。”捐弹而反走，虞人逐而谇之。庄周反入，三日不庭。蔺且从而问之：“夫子何为顷间甚不庭乎？”庄周曰：“吾守形而忘身，观于浊水，而迷于清渊。且吾闻诸夫子曰：‘入其俗，从其令。’今吾游于雕陵而忘吾身，异鹊感吾颡，游于栗林而忘真。栗林虞人以吾为戮，吾所以不庭也。”

阳子之宋，宿于逆旅。逆旅人有妾二人，其一人美，其一人恶。恶者贵而美者贱。阳子问其故，逆旅小子对曰：“其美者自美，吾不知其美也；其恶者自恶，吾不知其恶也。”阳子曰：“弟子记之：行贤而去自贤之行，安往而不爱哉！”

庄子·外篇·田子方第二十一

田子方侍坐于魏文侯，数称谿工。文侯曰：“谿工，子之师邪？”子方曰：“非也，无择之里人也。称道数当，故无择称之。”文侯曰：“然则子无师邪？”子方曰：“有。”曰：“子之师谁邪？”子方曰：“东郭顺子。”文侯曰：“然则夫子何故未尝称之？”子方曰：“其为人也真。人貌而天虚，缘而葆真，清而容物。物无道，正容以悟之，使人之意也消。无择何足以称之！”子方出，文侯傥然，终日不言。召前立臣而语之曰：“远矣，全德之君子！始吾以圣知之言、仁义之行为至矣。吾闻子方之师，吾形解而不欲动，口钳而不欲言。吾所学者，直土埂耳！夫魏真为我累耳！”

温伯雪子适齐，舍于鲁。鲁人有请见之者，温伯雪子曰：“不可。吾闻中国之君子，明乎礼义而陋于知人心。吾不欲见也。”至于齐，反舍于鲁，是人也又请见。温伯雪子曰："往也蕲见我，今也又蕲见我，是必有以振我也。"出而见客，入而叹。明日见客，又入而叹。其仆曰："每见之客也，必入而叹，何耶？"曰："吾固告子矣：中国之民，明乎礼义而陋乎知人心。昔之见我者，进退一成规、一成矩，从容一若龙、一若虎。其谏我也似子，其道我也似父，是以叹也。"仲尼见之而不言。子路曰："吾子欲见温伯雪子久矣。见之而不言，何邪？"仲尼曰："若夫人者，目击而道存矣，亦不可以容声矣！"

颜渊问于仲尼曰："夫子步亦步，夫子趋亦趋，夫子驰亦驰，夫子奔逸绝尘，而回瞠若乎后矣！"夫子曰："回，何谓邪？"曰："夫子步亦步也，夫子言亦言也；夫子趋亦趋也，夫子辩亦辩也；夫子驰亦驰也，夫子言道，回亦言道也；及奔逸绝尘而回瞠若乎后者，夫子不言而信，不比而周，无器而民滔乎前，而不知所以然而已矣。"仲尼曰："恶！可不察与！夫哀莫大于心死，而人死亦次之。日出东方而入于西极，万物莫不比方，有目有趾者，待是而后成功。是出则存，是入则亡。万物亦然，有待也而死，有待也而生。吾一受其成形，而不化以待尽。效物而动，日夜无隙，而不知其所终。薰然其成形，知命不能规乎其前。丘以是日徂。吾终身与汝交一臂而失之，可不哀与？女殆著乎吾所以著也。彼已尽矣，而女求之以为有，是求马于唐肆也。吾服，女也甚忘；女服，吾也亦甚忘。虽然，女奚患焉！虽忘乎故吾，吾有不忘者存。"

孔子见老聃，老聃新沐，方将被发而干，慹然似非人。孔子便而待之。少焉见，曰："丘也眩与？其信然与？向者先生形体掘若槁木，似遗物离人而立于独也。"老聃曰："吾游心于物之初。"孔子曰："何谓邪？"曰："心困焉而不能知，口辟焉而不能言。尝为汝议乎其将：至阴肃肃，至阳赫赫。肃肃出乎天，赫赫发乎地。两者交通成和而物生焉，或为之纪而莫见其形。消息满虚，一晦一明，日改月化，日有所为而莫见其功。生有所乎萌，死有所乎归，始终相反乎无端，而莫知乎其所穷。非是也，且孰为之宗！"孔子曰："请问游是。"老聃曰："夫得是至美至乐也。得至美而游乎至乐，谓之至人。"孔子曰："愿闻其方。"曰："草食之兽，不疾易薮；水生之虫，不疾易水。行小变而不失其大常也，喜怒哀乐不入于胸次。夫天下也者，万物之所一也。得其所一而同焉，则四支百体将为尘垢，而死生终始将为昼夜，而莫之能滑，而况得丧祸福之所介乎！弃隶者若弃泥涂，知身贵于隶也。贵在于我而不失于变。且万化而未始有极也，夫孰足以患心！已为道者解乎此。”孔子曰：“夫子德配天地，而犹假至言以修心。古之君子，孰能脱焉！”老聃曰：“不然。夫水之于汋也，无为而才自然矣；至人之于德也，不修而物不能离焉。若天之自高，地之自厚，日月之自明，夫何修焉！”孔子出，以告颜回曰：“丘之于道也，其犹醯鸡与！微夫子之发吾覆也，吾不知天地之大全也。”

庄子见鲁哀公，哀公曰：“鲁多儒士，少为先生方者。”庄子曰：“鲁少儒。”哀公曰：“举鲁国而儒服，何谓少乎？”庄子曰：“周闻之：儒者冠圜冠者知天时，履句屦者知地形，缓佩玦者事至而断。君子有其道者，未必为其服也；为其服者，未必知其道也。公固以为不然，何不号于国中曰：‘无此道而为此服者，其罪死！’”于是哀公号之五日，而鲁国无敢儒服者。独有一丈夫，儒服而立乎公门。公即召而问以国事，千转万变而不穷。庄子曰：“以鲁国而儒者一人耳，可谓多乎？”

百里奚爵禄不入于心，故饭牛而牛肥，使秦穆公忘其贱，与之政也。有虞氏死生不入于心，故足以动人。

宋元君将画图，众史皆至，受揖而立，舐笔和墨，在外者凌半。有一史后至者，儃儃然不趋，受揖不立，因之舍。公使人视之，则解衣般礴裸。君曰：“可矣，是真画者也。”

文王观于臧，见一丈夫钓，而其钓莫钓。非持其钓有钓者也，常钓也。文王欲举而授之政，而恐大臣父兄之弗安也；欲终而释之，而不忍百姓之无天也。于是旦而属之大夫曰：“昔者寡人梦见良人，黑色而颟，乘驳马而偏朱蹄，号曰：‘寓而政于臧丈人，庶几乎民有瘳乎！’”诸大夫蹴然曰：“先君王也。”文王曰：“然则卜之。”诸大夫曰：“先君之命，王其无它，又何卜焉。”遂迎臧丈人而授之政。典法无更，偏令无出。三年，文王观于国，则列士坏植散群，长官者不成德，斔斛不敢入于四竟。列士坏植散群，则尚同也；长官者不成德，则同务也，斔斛不敢入于四竟，则诸侯无二心也。文王于是焉以为大师，北面而问曰：“政可以及天下乎？”臧丈人昧然而不应，泛然而辞，朝令而夜遁，终身无闻。颜渊问于仲尼曰：“文王其犹未邪？又何以梦为乎？”仲尼曰：“默，汝无言！夫文王尽之也，而又何论刺焉！彼直以循斯须也。”

列御寇为伯昏无人射，引之盈贯，措杯水其肘上，发之，適矢复沓，方矢复寓。当是时，犹象人也。伯昏无人曰：“是射之射，非不射之射也。尝与汝登高山，履危石，临百仞之渊，若能射乎？”于是无人遂登高山，履危石，临百仞之渊，背逡巡，足二分垂在外，揖御寇而进之。御寇伏地，汗流至踵。伯昏无人曰：“夫至人者，上窥青天，下潜黄泉，挥斥八极，神气不变。今汝怵然有恂目之志，尔于中也殆矣夫！”

肩吾问于孙叔敖曰：“子三为令尹而不荣华，三去之而无忧色。吾始也疑子，今视子之鼻间栩栩然，子之用心独奈何？”孙叔敖曰：“吾何以过人哉！吾以其来不可却也，其去不可止也。吾以为得失之非我也，而无忧色而已矣。我何以过人哉！且不知其在彼乎？其在我乎？其在彼邪亡乎我，在我邪亡乎彼。方将踌躇，方将四顾，何暇至乎人贵人贱哉！”仲尼闻之曰：“古之真人，知者不得说，美人不得滥，盗人不得劫，伏戏、黄帝不得友。死生亦大矣，而无变乎己，况爵禄乎！若然者，其神经乎大山而无介，入乎渊泉而不濡，处卑细而不惫，充满天地，既以与人己愈有。”

楚王与凡君坐，少焉，楚王左右曰“凡亡”者三。凡君曰：“凡之亡也，不足以丧吾存。夫凡之亡不足以丧吾存，则楚之存不足以存存。由是观之，则凡未始亡而楚未始存也。”

庄子·外篇·知北游第二十二

知北游于玄水之上，登隐弅之丘，而适遭无为谓焉。知谓无为谓曰：“予欲有问乎若：何思何虑则知道？何处何服则安道？何从何道则得道？”三问而无为谓不答也。非不答，不知答也。知不得问，反于白水之南，登孤阕之上，而睹狂屈焉。知以之言也问乎狂屈。狂屈曰：“唉！予知之，将语若。”中欲言而忘其所欲言。知不得问，反于帝宫，见黄帝而问焉。黄帝曰：“无思无虑始知道，无处无服始安道，无从无道始得道。”知问黄帝曰：“我与若知之，彼与彼不知也，其孰是邪？”黄帝曰：“彼无为谓真是也，狂屈似之，我与汝终不近也。夫知者不言，言者不知，故圣人行不言之教。道不可致，德不可至。仁可为也，义可亏也，礼相伪也。故曰：‘失道而后德，失德而后仁，失仁而后义，失义而后礼。’礼者，道之华而乱之首也。故曰：‘为道者日损，损之又损之，以至于无为。无为而无不为也。’今已为物也，欲复归根，不亦难乎！其易也其唯大人乎！生也死之徒，死也生之始，孰知其纪！人之生，气之聚也。聚则为生，散则为死。若死生为徒，吾又何患！故万物一也。是其所美者为神奇，其所恶者为臭腐。臭腐复化为神奇，神奇复化为臭腐。故曰：‘通天下一气耳。’圣人故贵一。”知谓黄帝曰：“吾问无为谓，无为谓不应我，非不我应，不知应我也；吾问狂屈，狂屈中欲告我而不我告，非不我告，中欲告而忘之也；今予问乎若，若知之，奚故不近？”黄帝曰：“彼其真是也，以其不知也；此其似之也，以其忘之也；予与若终不近也，以其知之也。”狂屈闻之，以黄帝为知言。

天地有大美而不言，四时有明法而不议，万物有成理而不说。圣人者，原天地之美而达万物之理。是故至人无为，大圣不作，观于天地之谓也。今彼神明至精，与彼百化。物已死生方圆，莫知其根也。扁然而万物，自古以固存。六合为巨，未离其内；秋豪为小，待之成体；天下莫不沉浮，终身不故；阴阳四时运行，各得其序；惛然若亡而存；油然不形而神；万物畜而不知：此之谓本根，可以观于天矣！

齧缺问道乎被衣，被衣曰：“若正汝形，一汝视，天和将至；摄汝知，一汝度，神将来舍。德将为汝美，道将为汝居。汝瞳焉如新生之犊而无求其故。”言未卒，齧缺睡寐。被衣大说，行歌而去之，曰：“形若槁骸，心若死灰，真其实知，不以故自持。媒媒晦晦，无心而不可与谋。彼何人哉！”

舜问乎丞曰：“道可得而有乎？”曰：“汝身非汝有也，汝何得有夫道！”舜曰：“吾身非吾有也，孰有之哉？”曰：“是天地之委形也；生非汝有，是天地之委和也；性命非汝有，是天地之委顺也；子孙非汝有，是天地之委蜕也。故行不知所往，处不知所持，食不知所味。天地之强阳气也，又胡可得而有邪！”

孔子问于老聃曰：“今日晏闲，敢问至道。”老聃曰：“汝齐戒，疏瀹而心，澡雪而精神，掊击而知。夫道，窅然难言哉！将为汝言其崖略：夫昭昭生于冥冥，有伦生于无形，精神生于道，形本生于精，而万物以形相生。故九窍者胎生，八窍者卵生。其来无迹，其往无崖，无门无房，四达之皇皇也。邀于此者，四肢彊，思虑恂达，耳目聪明。其用心不劳，其应物无方，天不得不高，地不得不广，日月不得不行，万物不得不昌，此其道与！且夫博之不必知，辩之不必慧，圣人以断之矣！若夫益之而不加益，损之而不加损者，圣人之所保也。渊渊乎其若海，魏魏乎其终则复始也。运量万物而不遗。则君子之道，彼其外与！万物皆往资焉而不匮。此其道与！

“中国有人焉，非阴非阳，处于天地之间，直且为人，将反于宗。自本观之，生者，暗醷物也。虽有寿夭，相去几何？须臾之说也，奚足以为尧、桀之是非！果蓏有理，人伦虽难，所以相齿。圣人遭之而不违，过之而不守。调而应之，德也；偶而应之，道也。帝之所兴，王之所起也。

“人生天地之间，若白驹之过郤，忽然而已。注然勃然，莫不出焉；油然漻然，莫不入焉。已化而生，又化而死。生物哀之，人类悲之。解其天弢，堕有天帙。纷乎宛乎，魂魄将往，乃身从之。乃大归乎！不形之形，形之不形，是人之所同知也，非将至之所务也，此众人之所同论也。彼至则不论，论则不至；明见无值，辩不若默；道不可闻，闻不若塞：此之谓大得。”

东郭子问于庄子曰：“所谓道，恶乎在？”庄子曰：“无所不在。”东郭子曰：“期而后可。”庄子曰：“在蝼蚁。”曰：“何其下邪？”曰：“在稊稗。”曰：“何其愈下邪？”曰：“在瓦甓。”曰：“何其愈甚邪？”曰：“在屎溺。”东郭子不应。庄子曰：“夫子之问也，固不及质。正、获之问于监市履狶也，‘每下愈况’。汝唯莫必，无乎逃物。至道若是，大言亦然。周遍咸三者，异名同实，其指一也。尝相与游乎无何有之宫，同合而论，无所终穷乎？尝相与无为乎？澹而静乎！漠而清乎！调而闲乎！寥已吾志，吾往焉而不知其所至，去而来而不知其所止。吾已往来焉而不知其所终，彷徨乎冯闳，大知入焉而不知其所穷。物物者与物无际，而物有际者，所谓物际者也。不际之际，际之不际者也。谓盈虚衰杀，彼为盈虚非盈虚，彼为衰杀非衰杀，彼为本末非本末，彼为积散非积散也。”

妸荷甘与神农同学于老龙吉。神农隐几，阖户昼瞑。妸荷甘日中奓户而入，曰：“老龙死矣！”神农隐几拥杖而起，嚗然放杖而笑，曰：“天知予僻陋慢訑，故弃予而死。已矣，夫子无所发予之狂言而死矣夫！”弇堈吊闻之，曰：“夫体道者，天下之君子所系焉。今于道，秋豪之端万分未得处一焉，而犹知藏其狂言而死，又况夫体道者乎！视之无形，听之无声，于人之论者，谓之冥冥，所以论道而非道也。”

于是泰清问乎无穷，曰：“子知道乎？”无穷曰：“吾不知。”又问乎无为，无为曰：“吾知道。”曰：“子之知道，亦有数乎？”曰：“有。”曰：“其数若何？”无为曰：“吾知道之可以贵、可以贱、可以约、可以散，此吾所以知道之数也。”泰清以之言也问乎无始，曰：“若是，则无穷之弗知与无为之知，孰是而孰非乎？”无始曰：

"不知深矣，知之浅矣；弗知内矣，知之外矣。"于是泰清印而叹曰："弗知乃知乎，知乃不知乎！孰知不知之知？"无始曰："道不可闻，闻而非也；道不可见，见而非也；道不可言，言而非也！知形形之不形乎？道不当名。"无始曰："有问道而应之者，不知道也；虽问道者，亦未闻道。道无问，问无应。无问问之，是问穷也；无应应之，是无内也。以无内待问穷，若是者，外不观乎宇宙，内不知乎大初。是以不过乎昆仑，不游乎太虚。"

光曜问乎无有曰："夫子有乎？其无有乎？"光曜不得问而孰视其状貌：窅然空然。终日视之而不见，听之而不闻，搏之而不得也。光曜曰："至矣，其孰能至此乎！予能有无矣，而未能无无也。及为无有矣，何从至此哉！"

大马之捶钩者，年八十矣，而不失豪芒。大马曰："子巧与！有道与？"曰："臣有守也。臣之年二十而好捶钩，于物无视也，非钩无察也。"是用之者假不用者也，以长得其用，而况乎无不用者乎！物孰不资焉。

冉求问于仲尼曰："未有天地可知邪？"仲尼曰："可。古犹今也。"冉求失问而退。明日复见，曰："昔者吾问：'未有天地可知乎？'夫子曰：'可。古犹今也。'昔日吾昭然，今日吾昧然。敢问何谓也？"仲尼曰："昔之昭然也，神者先受之；今之昧然也，且又为不神者求邪！无古无今，无始无终。未有子孙而有子孙可乎？"冉求未对。仲尼曰："已矣，未应矣！不以生生死，不以死死生。死生有待邪？皆有所一体。有先天地生者物邪？物物者非物，物出不得先物也，犹其有物也。犹其有物也无已！圣人之爱人也终无已者，亦乃取于是者也。"

颜渊问乎仲尼曰："回尝闻诸夫子曰：'无有所将，无有所迎。'回敢问其游。"仲尼曰："古之人外化而内不化，今之人内化而外不化。与物化者，一不化者也。安化安不化？安与之相靡？必与之莫多。狶韦氏之囿，黄帝之圃，有虞氏之宫，汤武之室。君子之人，若儒墨者师，故以是非相齑也，而况今之人乎！圣人处物不伤物。不伤物者，物亦不能伤也。唯无所伤者，为能与人相将迎。山林与，皋壤与，使我欣欣然而乐与！乐未毕也，哀又继之。哀乐之来，吾不能御，其去弗能止。悲夫，世人直为物逆旅耳！夫知遇而不知所不遇，能能而不能所不能。无知无能者，固人之所不免也。夫务免乎人之所不免者，岂不亦悲哉！至言去言，至为去为。齐知之，所知则浅矣！"

庄子·杂篇·庚桑楚第二十三

老聃之役有庚桑楚者，偏得老聃之道，以北居畏垒之山。其臣之画然知者去之，其妾之挈然仁者远之。拥肿之与居，鞅掌之为使。居三年，畏垒大壤。畏垒之民相与言曰：“庚桑子之始来，吾洒然异之。今吾日计之而不足，岁计之而有余。庶几其圣人乎！子胡不相与尸而祝之，社而稷之乎？”庚桑子闻之，南面而不释然。弟子异之。庚桑子曰：“弟子何异于予？夫春气发而百草生，正得秋而万宝成。夫春与秋，岂无得而然哉？天道已行矣。吾闻至人，尸居环堵之室，而百姓猖狂，不知所如往。今以畏垒之细民，而窃窃焉欲俎豆予于贤人之间，我其杓之人邪？吾是以不释于老聃之言。”弟子曰：“不然。夫寻常之沟，巨鱼无所还其体，而鲵鳅为之制；步仞之丘陵，巨兽无所隐其躯，而孽狐为之祥。且夫尊贤授能，先善与利，自古尧、舜以然，而况畏垒之民乎！夫子亦听矣！”庚桑子曰：“小子来！夫函车之兽，介而离山，则不免于网罟之患；吞舟之鱼，砀而失水，则蚁能苦之。故鸟兽不厌高，鱼鳖不厌深。夫全其形生之人，藏其身也，不厌深眇而已矣！且夫二子者，又何足以称扬哉！是其于辩也，将妄凿垣墙而殖蓬蒿也，简发而栉，数米而炊，窃窃乎又何足以济世哉！举贤则民相轧，任知则民相盗。之数物者，不足以厚民。民之于利甚勤，子有杀父，臣有杀君；正昼为盗，日中穴阫。吾语女：大乱之本，必生于尧、舜之间，其末存乎千世之后。千世之后，其必有人与人相食者也。”

南荣趎蹴然正坐曰：“若趎之年者已长矣，将恶乎托业以及此言邪？”庚桑子曰：“全汝形，抱汝生，无使汝思虑营营。若此三年，则可以及此言矣！”南荣趎曰：“目之与形，吾不知其异也，而盲者不能自见；耳之与形，吾不知其异也，而聋者不能自闻；心之与形，吾不知其异也，而狂者不能自得。形之与形亦辟矣，而物或间之邪？欲相求而不能相得。今谓趎曰：‘全汝形，抱汝生，勿使汝思虑营营。’趎勉闻道达耳矣！”庚桑子曰：“辞尽矣，奔蜂不能化藿蠋，越鸡不能伏鹄卵，鲁鸡固能矣！鸡之与鸡，其德非不同也。有能与不能者，其才固有巨小也。今吾才小，不足以化子。子胡不南见老子！”南荣趎赢粮，七日七夜至老子之所。老子曰：“子自楚之所来乎？”南荣趎曰：“唯。”老子曰：“子何与人偕来之众也？”南荣趎惧然顾其后。老子曰：“子不知吾所谓乎？”南荣趎俯而惭，仰而叹，曰：“今者吾忘吾答，因失吾问。”老子曰：“何谓也？”南荣趎曰：“不知乎人谓我朱愚，知乎反愁我躯；不仁则害人，仁则反愁我身；不义则伤彼，义则反愁我己。我安逃此而可？此三言者，趎之所患也。愿因楚而问之。”老子曰：“向吾见若眉睫之间，吾因以得汝矣。今汝又言而信之。若规规然若丧父母，揭竿而求诸海也，女亡人哉！惘惘乎，汝欲反汝情性而无由入，可怜哉！”南荣趎请入就舍，召其所好，去其所恶。十日自愁，复见老子。老子曰：“汝自洒濯，熟哉郁郁乎！然而其中津津乎犹有恶也。夫外韄者不可繁而捉，将内揵；内韄者不可缪而捉，将外揵；外内揵者，道德不能持，而况放道而行者乎！”南荣趎曰：“里人有病，里人问之，病者能言其病，病者犹未病也。若趎之闻大道，譬犹饮药以加病也。趎愿闻卫生之经而已矣。”老子曰：“卫生之经，能抱一乎！能勿失乎！能无卜筮而知吉凶乎！能止乎！能已乎！能舍诸人而求诸己乎！能翛然乎！能侗然乎！能儿子乎！儿子终日嗥而嗌不嗄，和之至也；终日握而手不掜，共其德也；终日视而目不瞚，偏不在外也。行不知所之，居不知所为，与物委蛇而同其波。是卫生之经已。”南荣趎曰：“然则是至人之德已乎？”曰：“非也。是乃所谓冰解冻释者，能乎？夫至人者，相与交食乎地而交乐乎天，不以人物利害相撄，不相与为怪，不相与为谋，不相与为事，翛然而往，侗然而来。是谓卫生之经已。”曰：“然则是至乎？”曰：“未也。吾固告汝曰：‘能儿子乎！’儿子动不知所为，行不知所之，身若槁木之枝而心若死灰。若是者，祸亦不至，福亦不来。祸福无有，恶有人灾也！”

宇泰定者，发乎天光。发乎天光者，人见其人，物见其物。人有修者，乃今有恒。有恒者，人舍之，天助之。人之所舍，谓之天民；天之所助，谓之天子。

学者，学其所不能学也？行者，行其所不能行也？辩者，辩其所不能辩也？知止乎其所不能知，至矣！若有不即是者，天钧败之。备物以将形，藏不虞以生心，敬中以达彼。若是而万恶至者，皆天也，而非人也，不足以滑成，不可内于灵台。灵台者有持，而不知其所持而不可持者也。不见其诚己而发，每发而不当；业入而不舍，每更为失。为不善乎显明之中者，人得而诛之；为不善乎幽间之中者，鬼得而诛之。明乎人、明乎鬼者，然后能独行。券内者，行乎无名；券外者，志乎期费。行乎无名者，唯庸有光；志乎期费者，唯贾人也。人见其跂，犹之魁然。与物穷者，物入焉；与物且者，其身之不能容，焉能容人！不能容人者无亲，无亲者尽人。兵莫憯于志，镆铘为下；寇莫大于阴阳，无所逃于天地之间。非阴阳贼之，心则使之也。

道通其分也，其成也毁也。所恶乎分者，其分也以备。所以恶乎备者？其有以备。故出而不反，见其鬼。出而得，是谓得死。灭而有实，鬼之一也。以有形者象无形者而定矣！出无本，入无窍，有实而无乎处，有长而无乎本剽，有所出而无窍者有实。有实而无乎处者，宇也；有长而无本剽者，宙也。有乎生，有乎死；有乎出，有乎入，入出而无见其形，是谓天门。天门者，无有也。万物出乎无有。有不能以有为有，必出乎无有，而无有一无有。圣人藏乎是。

古之人，其知有所至矣。恶乎至？有以为未始有物者，至矣，尽矣，弗可以加矣！其次以为有物矣，将以生为丧也，以死为反也，是以分已。其次曰始无有，既而有生，生俄而死。以无有为首，以生为体，以死为尻。孰知有无死生之一守者，吾与之为友。是三者虽异，公族也。昭景也，著戴也；甲氏也，著封也：非一也。

有生黬也，披然曰“移是”。尝言“移是”，非所言也。虽然，不可知者也。腊者之有膍胲，可散而不可散也；观室者周于寝庙，又适其偃焉！为是举“移是”。请尝言“移是”：是以生为本，以知为师，因以乘是非。果有名实，因以己为质，使人以为己节，因以死偿节。若然者，以用为知，以不用为愚；以彻为名，以穷为辱。“移是”，今之人也，是蜩与学鸠同于同也。

蹍市人之足，则辞以放骜，兄则以妪，大亲则已矣。故曰：至礼有不人，至义不物，至知不谋，至仁无亲，至信辟金。彻志之勃，解心之谬，去德之累，达道之塞。贵富显严名利六者，勃志也；容动色理气意六者，谬心也；恶欲喜怒哀乐六者，累德也；去就取与知能六者，塞道也。此四六者不荡胸中则正，正则静，静则明，明则虚，虚则无为而无不为也。

道者，德之钦也；生者，德之光也；性者，生之质也。性之动谓之为，为之伪谓之失。知者，接也；知者，谟也。知者之所不知，犹睨也。动以不得已之谓德，动无非我之谓治，名相反而实相顺也。羿工乎中微而拙乎使人无己誉；圣人工乎天而拙乎人；夫工乎天而俍乎人者，唯全人能之。虽虫能虫，虽虫能天。全人恶天，恶人之天，而况吾天乎人乎！一雀适羿，羿必得之，或也。以天下为之笼，则雀无所逃。是故汤以胞人笼伊尹，秦穆公以五羊之皮笼百里奚。是故非以其所好笼之而可得者，无有也。介者拸画，外非誉也。胥靡登高而不惧，遗死生也。夫复謵不馈而忘人，忘人，因以为天人矣！故敬之而不喜，侮之而不怒者，唯同乎天和者为然。出怒不怒，则怒出于不怒矣；出为无为，则为出于无为矣！欲静则平气，欲神则顺心。有为也欲当，则缘于不得已。不得已之类，圣人之道。

庄子·杂篇·徐无鬼第二十四

徐无鬼因女商见魏武侯，武侯劳之曰："先生病矣，苦于山林之劳，故乃肯见于寡人。"徐无鬼曰："我则劳于君，君有何劳于我！君将盈耆欲，长好恶，则性命之情病矣；君将黜耆欲，掔好恶，则耳目病矣。我将劳君，君有何劳于我！"武侯超然不对。少焉，徐无鬼曰："尝语君吾相狗也：下之质，执饱而止，是狸德也；中之质，若视日；上之质，若亡其一。吾相狗又不若吾相马也。吾相马：直者中绳，曲者中钩，方者中矩，圆者中规。是国马也，而未若天下马也。天下马有成材，若恤若失，若丧其一。若是者，超轶绝尘，不知其所。"武侯大悦而笑。徐无鬼出，女商曰："先生独何以说吾君乎？吾所以说吾君者，横说之则以《诗》、《书》、《礼》、《乐》，从说之则以《金板》、《六弢》，奉事而大有功者不可为数，而吾君未尝启齿。今先生何以说吾君？使吾君说若此乎？"徐无鬼曰："吾直告之吾相狗马耳。"女商曰："若是乎？"曰："子不闻夫越之流人乎？去国数日，见其所知而喜；去国旬月，见所尝见于国中者喜；及期年也，见似人者而喜矣。不亦去人滋久思人滋深乎？夫逃虚空者，藜藋柱乎鼪鼬之径，踉位其空，闻人足音跫然而喜矣，又况乎昆弟亲戚之謦欬其侧者乎！久矣夫，莫以真人之言謦欬吾君之侧乎！"

徐无鬼见武侯，武侯曰："先生居山林，食芧栗，厌葱韭，以宾寡人，久矣夫！今老邪？其欲干酒肉之味邪？其寡人亦有社稷之福邪？"徐无鬼曰："无鬼生于贫贱，未尝敢饮食君之酒肉，将来劳君也。"君曰："何哉！奚劳寡人？"曰："劳君之神与形。"武侯曰："何谓邪？"徐无鬼曰："天地之养也一，登高不可以为长，居下不可以为短。君独为万乘之主，以苦一国之民，以养耳目鼻口，夫神者不自许也。夫神者，好和而恶奸。夫奸，病也，故劳之。唯君所病之何也？"武侯曰："欲见先生久矣！吾欲爱民而为义偃兵，其可乎？"徐无鬼曰："不可。爱民，害民之始也；为义偃兵，造兵之本也。君自此为之，则殆不成。凡成美，恶器也。君虽为仁义，几且伪哉！形固造形，成固有伐，变固外战。君亦必无盛鹤列于丽谯之间，无徒骥于锱坛之宫，无藏逆于得，无以巧胜人，无以谋胜人，无以战胜人。夫杀人之士民，兼人之土地，以养吾私与吾神者，其战不知孰善？胜之恶乎在？君若勿已矣！修胸中之诚以应天地之情而勿撄。夫民死已脱矣，君将恶乎用夫偃兵哉！”

黄帝将见大隗乎具茨之山，方明为御，昌寓骖乘，张若、謵朋前马，昆阍、滑稽后车。至于襄城之野，七圣皆迷，无所问涂。适遇牧马童子，问涂焉，曰：“若知具茨之山乎？”曰：“然。”“若知大隗之所存乎？”曰：“然。”黄帝曰：“异哉小童！非徒知具茨之山，又知大隗之所存。请问为天下。”小童曰：“夫为天下者，亦若此而已矣，又奚事焉！予少而自游于六合之内，予适有瞀病，有长者教予曰：‘若乘日之车而游于襄城之野。’今予病少痊，予又且复游于六合之外。夫为天下亦若此而已。予又奚事焉！”黄帝曰：“夫为天下者，则诚非吾子之事，虽然，请问为天下。”小童辞。黄帝又问。小童曰：“夫为天下者，亦奚以异乎牧马者哉！亦去其害马者而已矣！”黄帝再拜稽首，称天师而退。

知士无思虑之变则不乐；辩士无谈说之序则不乐；察士无凌谇之事则不乐：皆囿于物者也。招世之士兴朝；中民之士荣官；筋力之士矜难；勇敢之士奋患；兵革之士乐战；枯槁之士宿名；法律之士广治；礼教之士敬容；仁义之士贵际。农夫无草莱之事则不比；商贾无市井之事则不比；庶人有旦暮之业则劝；百工有器械之巧则壮。钱财不积则贪者忧，权势不尤则夸者悲，势物之徒乐变。遭时有所用，不能无为也，此皆顺比于岁，不物于易者也。驰其形性，潜之万物，终身不反，悲夫！

庄子曰：“射者非前期而中谓之善射，天下皆羿也，可乎？”惠子曰：“可。”庄子曰：“天下非有公是也，而各是其所是，天下皆尧也，可乎？”惠子曰：“可。”庄子曰：“然则儒墨杨秉四，与夫子为五，果孰是邪？或者若鲁遽者邪？其弟子曰：‘我得夫子之道矣！吾能冬爨鼎而夏造冰矣！’鲁遽曰：‘是直以阳召阳，以阴召阴，非吾所谓道也。吾示子乎吾道。’于是为之调瑟，废一于堂，废一于室，鼓宫宫动，鼓角角动，音律同矣！夫或改调一弦，于五音无当也，鼓之，二十五弦皆动，未始异于声而音之君已！且若是者邪！”惠子曰：“今乎儒墨杨秉，且方与我以辩，相拂以辞，相镇以声，而未始吾非也，则奚若矣？”庄子曰：“齐人蹢子于宋者，其命阍也不以完；其求钘钟也以束缚；其求唐子也而未始出域：有遗类矣！夫楚人寄而蹢阍者；夜半于无人之时而与舟人斗，未始离于岑而足以造于怨也。”

庄子送葬，过惠子之墓，顾谓从者曰：“郢人垩慢其鼻端若蝇翼，使匠石斲之。匠石运斤成风，听而斲之，尽垩而鼻不伤，郢人立不失容。宋元君闻之，召匠石曰：‘尝试为寡人为之。’匠石曰：‘臣则尝能斲之。虽然，臣之质死久矣！’自夫子之死也，吾无以为质矣，吾无与言之矣！”

管仲有病，桓公问之曰：“仲父之病病矣，可不讳云，至于大病，则寡人恶乎属国而可？”管仲曰：“公谁欲与？”公曰：“鲍叔牙。”曰：“不可。其为人洁廉，善士也；其于不己若者不比之；又一闻人之过，终身不忘。使之治国，上且钩乎君，下且逆乎民。其得罪于君也将弗久矣！”公曰：“然则孰可？”对曰：“勿已则隰朋可。其为人也，上忘而下畔，愧不若黄帝，而哀不已若者。以德分人谓之圣；以财分人谓之贤。以贤临人，未有得人者也；以贤下人，未有不得人者也。其于国有不闻也，其于家有不见也。勿已则隰朋可。”

吴王浮于江，登乎狙之山，众狙见之，恂然弃而走，逃于深蓁。有一狙焉，委蛇攫搔，见巧乎王。王射之，敏给搏捷矢。王命相者趋射之，狙执死。王顾谓其友颜不疑曰：“之狙也，伐其巧、恃其便以敖予，以至此殛也。戒之哉！嗟乎！无以汝色骄人哉？”颜不疑归而师董梧，以锄其色，去乐辞显，三年而国人称之。

南伯子綦隐几而坐，仰天而嘘。颜成子入见曰：“夫子，物之尤也。形固可使若槁骸，心固可使若死灰乎？”曰：“吾尝居山穴之中矣。当是时也，田禾一睹我而齐国之众三贺之。我必先之，彼固知之；我必卖之，彼故鬻之。若我而不有之，彼恶得而知之？若我而不卖之，彼恶得而鬻之？嗟乎！我悲人之自丧者；吾又悲夫悲人者；吾又悲夫悲人之悲者；其后而日远矣！”

仲尼之楚，楚王觞之。孙叔敖执爵而立。市南宜僚受酒而祭，曰：“古之人乎！于此言已。”曰：“丘也闻不言之言矣，未之尝言，于此乎言之：市南宜僚弄丸而两家之难解；孙叔敖甘寝秉羽而郢人投兵；丘愿有喙三尺。”彼之谓不道之道，此之谓不言之辩。故德总乎道之所一，而言休乎知之所不知，至矣。道之所一者，德不能同也。知之所不能知者，辩不能举也。名若儒墨而凶矣。故海不辞东流，大之至也。圣人并包天地，泽及天下，而不知其谁氏。是故生无爵，死无谥，实不聚，名不立，此之谓大人。狗不以善吠为良，人不以善言为贤，而况为大乎！夫为大不足以为大，而况为德乎！夫大备矣，莫若天地。然奚求焉，而大备矣！知大备者，无求，无失，无弃，不以物易己也。反己而不穷，循古而不摩，大人之诚！

子綦有八子，陈诸前，召九方歅曰："为我相吾子，孰为祥。"九方歅曰："梱也为祥。"子綦瞿然喜曰："奚若？"曰："梱也，将与国君同食以终其身。"子綦索然出涕曰："吾子何为以至于是极也？"九方歅曰："夫与国君同食，泽及三族，而况父母乎！今夫子闻之而泣，是御福也。子则祥矣，父则不祥。"子綦曰："歅，汝何足以识之。而梱祥邪？尽于酒肉，入于鼻口矣，而何足以知其所自来！吾未尝为牧而牂生于奥，未尝好田而鹑生于宎，若勿怪，何邪？吾所与吾子游者，游于天地，吾与之邀乐于天，吾与之邀食于地。吾不与之为事，不与之为谋，不与之为怪。吾与之乘天地之诚而不以物与之相撄，吾与之一委蛇而不与之为事所宜。今也然有世俗之偿焉？凡有怪征者必有怪行，殆乎！非我与吾子之罪，几天与之也！吾是以泣也。"无几何而使梱之于燕，盗得之于道，全而鬻之则难，不若刖之则易，于是乎刖而鬻之于齐，适当渠公之街，然身食肉而终。

啮缺遇许由曰："子将奚之？"曰："将逃尧。"曰："奚谓邪？"曰："夫尧畜畜然仁，吾恐其为天下笑。后世其人与人相食与！夫民不难聚也，爱之则亲，利之则至，誉之则劝，致其所恶则散。爱利出乎仁义，捐仁义者寡，利仁义者众。夫仁义之行，唯且无诚，且假乎禽贪者器。是以一人之断制天下，譬之犹一覕也。夫尧知贤人之利天下也，而不知其贼天下也。夫唯外乎贤者知之矣。"

有暖姝者，有濡需者，有卷娄者。所谓暖姝者，学一先生之言，则暖暖姝姝而私自说也，自以为足矣，而未知未始有物也。是以谓暖姝者也。濡需者，豕虱是也，择疏鬣长毛，自以为广宫大囿。奎蹏曲隈，乳间股脚，自以为安室利处。不知屠者之一旦鼓臂布草操烟火，而己与豕俱焦也。此以域进，此以域退，此其所谓濡需者也。卷娄者，舜也。羊肉不慕蚁，蚁慕羊肉，羊肉膻也。舜有膻行，百姓悦之，故三徙成都，至邓之虚而十有万家。尧闻舜之贤，举之童土之地，曰："冀得其来之泽。"舜举乎童土之地，年齿长矣，聪明衰矣，而不得休归，所谓卷娄者也。是以神人恶众至，众至则不比，不比则不利也。故无所甚亲，无所甚疏，抱德炀和，以顺天下，此谓真人。于蚁弃知，于鱼得计，于羊弃意。以目视目，以耳听耳，以心复心。若然者，其平也绳，其变也循。古之真人！以天待人，不以人入天，古之真人！

得之也生，失之也死；得之也死，失之也生：药也。其实堇也，桔便也，鸡廱也，豕零也，是时为帝者也，何可胜言！

句践也以甲楯三千栖于会稽，唯种也能知亡之所以存，唯种也不知其身之所以愁。故曰：鸱目有所适，鹤胫有所节，解之也悲。故曰：风之过，河也有损焉；日之过，河也有损焉；请只风与日相与守河，而河以为未始其撄也，恃源而往者也。故水之守士也审，影之守人也审，物之守物也审。故目之于明也殆，耳之于聪也殆，心之于殉也殆，凡能其于府也殆，殆之成也不给改。祸之长也兹萃，其反也缘功，其果也待久。而人以为己宝，不亦悲乎！故有亡国戮民无已，不知问是也。故足之于地也践，虽践，恃其所不蹍而后善博也；人之于知也少，虽少，恃其所不知而后知天之所谓也。知大一，知大阴，知大目，知大钧，知大方，知大信，知大定，至矣！大一通之，大阴解之，大目视之，大均缘之，大方体之，大信稽之，大定持之。尽有天，循有照，冥有枢，始有彼。则其解之也似不解之者，其知之也似不知之也，不知而后知之。其问之也，不可以有崖，而不可以无崖。颉滑有实，古今不代，而不可以亏，则可不谓有大扬搉乎！阖不亦问是已，奚惑然为！以不惑解惑，复于不惑，是尚大不惑。

庄子·杂篇·则阳第二十五

则阳游于楚，夷节言之于王，王未之见。夷节归。彭阳见王果曰："夫子何不谭我于王？"王果曰："我不若公阅休。"彭阳曰："公阅休奚为者邪？"曰："冬则擉鳖于江，夏则休乎山樊。有过而问者，曰：'此予宅也。'夫夷节已不能，而况我乎！吾又不若夷节。夫夷节之为人也，无德而有知，不自许，以之神其交，固颠冥乎富贵之地。非相助以德，相助消也。夫冻者假衣于春，暍者反冬乎冷风。夫楚王之为人也，形尊而严。其于罪也，无赦如虎。非夫佞人正德，其孰能桡焉。故圣人其穷也，使家人忘其贫；其达也，使王公忘爵禄而化卑；其于物也，与之为娱矣；其于人也，乐物之通而保己焉。故或不言而饮人以和，与人并立而使人化，父子之宜。彼其乎归居，而一闲其所施。其于人心者，若是其远也。故曰‘待公阅休’。”

圣人达绸缪，周尽一体矣，而不知其然，性也。复命摇作而以天为师，人则从而命之也。忧乎知，而所行恒无几时，其有止也，若之何！生而美者，人与之鉴，不告则不知其美于人也。若知之，若不知之，若闻之，若不闻之，其可喜也终无已，人之好之亦无已，性也。圣人之爱人也，人与之名，不告则不知其爱人也。若知之，若不知之，若闻之，若不闻之，其爱人也终无已，人之安之亦无已，性也。旧国旧都，望之畅然。虽使丘陵草木之缗入之者十九，犹之畅然，况见见闻闻者也，以十仞之台县众间者也。冉相氏得其环中以随成，与物无终无始，无几无时。日与物化者，一不化者也。阖尝舍之！夫师天而不得师天，与物皆殉。其以为事也，若之何！夫圣人未始有天，未始有人，未始有始，未始有物，与世偕行而不替，所行之备而不洫，其合之也，若之何！

汤得其司御，门尹登恒为之傅之。从师而不囿，得其随成。为之司其名之名赢法得其两见。仲尼之尽虑，为之傅之。容成氏曰：“除日无岁，无内无外。”

魏莹与田侯牟约，田侯牟背之，魏莹怒，将使人刺之。犀首公孙衍闻而耻之，曰：“君为万乘之君也，而以匹夫从仇。衍请受甲二十万，为君攻之，虏其人民，系其牛马，使其君内热发于背，然后拔其国。忌也出走，然后抶其背，折其脊。”季子闻而耻之，曰：“筑十仞之城，城者既十仞矣，则又坏之，此胥靡之所苦也。今兵不起七年矣，此王之基也。衍，乱人也，不可听也。”华子闻而丑之，曰：“善言伐齐者，乱人也；善言勿伐者，亦乱人也；谓‘伐之与不伐乱人也’者，又乱人也。”君曰：“然则若何？”曰：“君求其道而已矣。”惠子闻之，而见戴晋人。戴晋人曰：“有所谓蜗者，君知之乎？”曰：“然。”“有国于蜗之左角者，曰触氏；有国于蜗之右角者，曰蛮氏。时相与争地而战，伏尸数万，逐北旬有五日而后反。”君曰：“噫！其虚言与？”曰：“臣请为君实之。君以意在四方上下有穷乎？”君曰：“无穷。”曰：“知游心于无穷，而反在通达之国，若存若亡乎？”君曰：“然。”曰：“能达之中有魏，于魏中有梁，于梁中有王，王与蛮氏有辩乎？”君曰：“无辩。”客出而君惝然若有亡也。客出，惠子见。君曰：“客，大人也，圣人不足以当之。”惠子曰：“夫吹管也，犹有嗃也；吹剑首者，吷而已矣。尧、舜，人之所誉也。道尧、舜于戴晋人之前，譬犹一吷也。”

孔子之楚，舍于蚁丘之浆。其邻有夫妻臣妾登极者，子路曰："是稯稯何为者邪？"仲尼曰："是圣人仆也。是自埋于民，自藏于畔。其声销，其志无穷，其口虽言，其心未尝言。方且与世违，而心不屑与之俱。是陆沈者也，是其市南宜僚邪？"子路请往召之。孔子曰："已矣！彼知丘之著于己也，知丘之适楚也，以丘为必使楚王之召己也。彼且以丘为佞人也。夫若然者，其于佞人也，羞闻其言，而况亲见其身乎！而何以为存！"子路往视之，其室虚矣。

长梧封人问子牢曰："君为政焉勿卤莽，治民焉勿灭裂。昔予为禾，耕而卤莽之，则其实亦卤莽而报予；芸而灭裂之，其实亦灭裂而报予。予来年变齐，深其耕而熟櫌之，其禾蘩以滋，予终年厌飧。"庄子闻之曰："今人之治其形，理其心，多以似封人之所谓：遁其天，离其性，减其情，亡其神，以众为。故卤莽其性者，欲恶之孽为性，萑苇蒹葭始萌，以扶吾形，寻擢吾性。并溃漏发，不择所出，漂疽疥痈，内热溲膏是也。"

柏矩学于老聃，曰："请之天下游。"老聃曰："已矣！天下犹是也。"又请之，老聃曰："汝将何始？"曰："始于齐。"至齐，见辜人焉，推而强之，解朝服而幕之，号天而哭之，曰："子乎！子乎！天下有大菑，子独先离之。曰'莫为盗，莫为杀人'。荣辱立然后睹所病，货财聚然后睹所争。今立人之所病，聚人之所争，穷困人之身，使无休时。欲无至此得乎？古之君人者，以得为在民，以失为在己；以正为在民，以枉为在己。故一形有失其形者，退而自责。今则不然，匿为物而愚不识，大为难而罪不敢，重为任而罚不胜，远其涂而诛不至。民知力竭，则以伪继之。日出多伪，士民安取不伪。夫力不足则伪，知不足则欺，财不足则盗。盗窃之行，于谁责而可乎？"

蘧伯玉行年六十而六十化，未尝不始于是之，而卒诎之以非也。未知今之所谓是之非五十九非也。万物有乎生而莫见其根，有乎出而莫见其门。人皆尊其知之所知，而莫知恃其知之所不知而后知，可不谓大疑乎！已乎！已乎！且无所逃。此所谓然与然乎！

仲尼问于大史大弢、伯常骞、狶韦曰："夫卫灵公饮酒湛乐，不听国家之政；田猎毕弋，不应诸侯之际：其所以为灵公者何邪？"大弢曰："是因是也。"伯常骞曰："夫灵公有妻三人，同滥而浴。史鰌奉御而进所，搏币而扶翼。其慢若彼之甚也，见贤人若此其肃也，是其所以为灵公也。”狶韦曰：“夫灵公也，死，卜葬于故墓，不吉；卜葬于沙丘而吉。掘之数仞，得石椁焉，洗而视之，有铭焉，曰：‘不冯其子，灵公夺而里之。’夫灵公之为灵也久矣！之二人何足以识之。”

少知问于大公调曰：“何谓丘里之言？”大公调曰：“丘里者，合十姓百名而以为风俗也，合异以为同，散同以为异。今指马之百体而不得马，而马系于前者，立其百体而谓之马也。是故丘山积卑而为高，江河合水而为大，大人合并而为公。是以自外入者，有主而不执；由中出者，有正而不距。四时殊气，天不赐，故岁成；五官殊职，君不私，故国治；文武殊材，大人不赐，故德备；万物殊理，道不私，故无名。无名故无为，无为而无不为。时有终始，世有变化，祸福淳淳，至有所拂者而有所宜，自殉殊面；有所正者有所差，比于大宅，百材皆度；观于大山，木石同坛。此之谓丘里之言。”少知曰：“然则谓之道足乎？”大公调曰：“不然，今计物之数，不止于万，而期曰万物者，以数之多者号而读之也。是故天地者，形之大者也；阴阳者，气之大者也；道者为之公。因其大以号而读之则可也，已有之矣，乃将得比哉！则若以斯辩，譬犹狗马，其不及远矣。”少知曰：“四方之内，六合之里，万物之所生恶起？”大公调曰：“阴阳相照相盖相治，四时相代相生相杀。欲恶去就，于是桥起。雌雄片合，于是庸有。安危相易，祸福相生，缓急相摩，聚散以成。此名实之可纪，精微之可志也。随序之相理，桥运之相使，穷则反，终则始，此物之所有。言之所尽，知之所至，极物而已。睹道之人，不随其所废，不原其所起，此议之所止。”少知曰：“季真之莫为，接子之或使。二家之议，孰正于其情，孰偏于其理？”大公调曰：“鸡鸣狗吠，是人之所知。虽有大知，不能以言读其所自化，又不能以意其所将为。斯而析之，精至于无伦，大至于不可围。或之使，莫之为，未免于物而终以为过。或使则实，莫为则虚。有名有实，是物之居；无名无实，在物之虚。可言可意，言而愈疏。未生不可忌，已死不可阻。死生非远也，理不可睹。或之使，莫之为，疑之所假。吾观之本，其往无穷；吾求之末，其来无止。无穷无止，言之无也，与物同理。或使莫为，言之本也，与物终始。道不可有，有不可无。道之为名，所假而行。或使莫为，在物一曲，夫胡为于大方！言而足，则终日言而尽道；言而不足，则终日言而尽物。道，物之极，言默不足以载。非言非默，议有所极。”

庄子·杂篇·外物第二十六

外物不可必，故龙逢诛，比干戮，箕子狂，恶来死，桀、纣亡。人主莫不欲其臣之忠，而忠未必信，故伍员流于江，苌弘死于蜀，藏其血，三年而化为碧。人亲莫不欲其子之孝，而孝未必爱，故孝己忧而曾参悲。木与木相摩则然，金与火相守则流，阴阳错行，则天地大絯，于是乎有雷有霆，水中有火，乃焚大槐。有甚忧两陷而无所逃。螴蜳不得成，心若县于天地之间，慰暋沈屯，利害相摩，生火甚多，众人焚和，月固不胜火，于是乎有僓然而道尽。

庄周家贫，故往贷粟于监河侯。监河侯曰："诺。我将得邑金，将贷子三百金，可乎？"庄周忿然作色曰："周昨来，有中道而呼者，周顾视车辙，中有鲋鱼焉。周问之曰：'鲋鱼来！子何为者耶？'对曰：'我，东海之波臣也。君岂有斗升之水而活我哉！'周曰：'诺，我且南游吴越之王，激西江之水而迎子，可乎？'鲋鱼忿然作色曰：'吾失我常与，我无所处。我得斗升之水然活耳。君乃言此，曾不如早索我于枯鱼之肆。'"

任公子为大钩巨缁，五十犗以为饵，蹲于会稽，投竿东海，旦旦而钓，期年不得鱼。已而大鱼食之，牵巨钩，錎没而下骛，扬而奋鬐，白波若山，海水震荡，声侔鬼神，惮赫千里。任公子得若鱼，离而腊之，自制河以东，苍梧已北，莫不厌若鱼者。已而后世辁才讽说之徒，皆惊而相告也。夫揭竿累，趣灌渎，守鲵鲋，其于得大鱼难矣！饰小说以干县令，其于大达亦远矣。是以未尝闻任氏之风俗，其不可与经于世亦远矣！

儒以《诗》、《礼》发冢，大儒胪传曰："东方作矣，事之何若？"小儒曰："未解裙襦，口中有珠。《诗》固有之曰：'青青之麦，生于陵陂。生不布施，死何含珠为？'""接其鬓，压其顪，儒以金椎控其颐，徐别其颊，无伤口中珠。"

老莱子之弟子出薪，遇仲尼，反以告，曰："有人于彼，修上而趋下，末偻而后耳，视若营四海，不知其谁氏之子。"老莱子曰："是丘也，召而来。"仲尼至。曰："丘，去汝躬矜与汝容知，斯为君子矣。"仲尼揖而退，蹙然改容而问曰："业可得进乎？"老莱子曰："夫不忍一世之伤，而骜万世之患。抑固窭邪？亡其略弗及邪？惠以欢为，骜终身之丑，中民之行易进焉耳！相引以名，相结以隐。与其誉尧而非桀，不如两忘而闭其所誉。反无非伤也，动无非邪也，圣人踌躇以兴事，以每成功。奈何哉，其载焉终矜尔！”

宋元君夜半而梦人被发窥阿门，曰：“予自宰路之渊，予为清江使河泊之所，渔者余且得予。”元君觉，使人占之，曰：“此神龟也。”君曰：“渔者有余且乎？”左右曰：“有。”君曰：“令余且会朝。”明日，余且朝。君曰：“渔何得？”对曰：“且之网得白龟焉，其圆五尺。”君曰：“献若之龟。”龟至，君再欲杀之，再欲活之。心疑，卜之。曰：“杀龟以卜吉。”乃刳龟，七十二钻而无遗筴。仲尼曰：“神龟能见梦于元君，而不能避余且之网；知能七十二钻而无遗筴，不能避刳肠之患。如是则知有所困，神有所不及也。虽有至知，万人谋之。鱼不畏网而畏鹈鹕。去小知而大知明，去善而自善矣。婴儿生，无硕师而能言，与能言者处也。”

惠子谓庄子曰：“子言无用。”庄子曰：“知无用而始可与言用矣。天地非不广且大也，人之所用容足耳，然则厕足而垫之致黄泉，人尚有用乎？”惠子曰：“无用。”庄子曰：“然则无用之为用也亦明矣。”

庄子曰：“人有能游，且得不游乎！人而不能游，且得游乎！夫流遁之志，决绝之行，噫，其非至知厚德之任与！覆坠而不反，火驰而不顾。虽相与为君臣，时也。易世而无以相贱。故曰：至人不留行焉。夫尊古而卑今，学者之流也。且以狶韦氏之流观今之世，夫孰能不波！唯至人乃能游于世而不僻，顺人而不失己。彼教不学，承意不彼。目彻为明，耳彻为聪，鼻彻为颤，口彻为甘，心彻为知，知彻为德。凡道不欲壅，壅则哽，哽而不止则跈，跈则众害生。物之有知者恃息。其不殷，非天之罪。天之穿之，日夜无降，人则顾塞其窦。胞有重阆，心有天游。室无空虚，则妇姑勃谿；心无天游，则六凿相攘。大林丘山之善于人也，亦神者不胜。德溢乎名，名溢乎暴，谋稽乎誸，知出乎争，柴生乎守，官事果乎众宜。春雨日时，草木怒生，铫鎒于是乎始修，草木之倒植者过半而不知其然。静然可以补病，眦搣可以沐老，宁可以止遽。虽然，若是劳者之务也，非佚者之所未尝过而问焉；圣人之所以骇天下，神人未尝过而问焉；贤人所以骇世，圣人未尝过而问焉；君子所以骇国，贤人未尝过而问焉；小人所以合时，君子未尝过而问焉。

演门有亲死者，以善毁爵为官师，其党人毁而死者半。尧与许由天下，许由逃之；汤与务光，务光怒之；纪他闻之，帅弟子而踆于窾水，诸侯吊之。三年，申徒狄因以踣河。

荃者所以在鱼，得鱼而忘荃；蹄者所以在兔，得兔而忘蹄；言者所以在意，得意而忘言。吾安得夫忘言之人而与之言哉！”

庄子·杂篇·寓言第二十七

寓言十九，重言十七，卮言日出，和以天倪。寓言十九，藉外论之。亲父不为其子媒。亲父誉之，不若非其父者也。非吾之罪也，人之罪也。与己同则应，不与己同则反。同于己为是之，异于己为非之。重言十七，所以已言也。是为耆艾，年先矣，而无经纬本末以期来者，是非先也。人而无以先人，无人道也。人而无人道，是之谓陈人。卮言日出，和以天倪，因以曼衍，所以穷年。不言则齐，齐与言不齐，言与齐不齐也。故曰："言无言。"言无言：终身言，未尝言；终身不言，未尝不言。有自也而可，有自也而不可；有自也而然，有自也而不然。恶乎然？然于然；恶乎不然？不然于不然。恶乎可？可于可；恶乎不可？不可于不可。物固有所然，物固有所可。无物不然，无物不可。非卮言日出，和以天倪，孰得其久！万物皆种也，以不同形相禅，始卒若环，莫得其伦，是谓天均。天均者，天倪也。

庄子谓惠子曰："孔子行年六十而六十化。始时所是，卒而非之。未知今之所谓是之非五十九非也。"惠子曰："孔子勤志服知也。"庄子曰："孔子谢之矣，而其未之言也。孔子云：夫受才乎大本，复灵以生。鸣而当律，言而当法。利义陈乎前，而好恶是非直服人之口而已矣。使人乃以心服而不敢蘁，立定天下之定。已乎，已乎！吾且不得及彼乎！"

曾子再仕而心再化，曰："吾及亲仕，三釜而心乐；后仕，三千锺而不洎，吾心悲。"弟子问于仲尼曰："若参者，可谓无所县其罪乎？"曰："既已县矣！夫无所县者，可以有哀乎？彼视三釜、三千锺，如观雀蚊虻相过乎前也。"

颜成子游谓东郭子綦曰："自吾闻子之言，一年而野，二年而从，三年而通，四年而物，五年而来，六年而鬼入，七年而天成，八年而不知死、不知生，九年而大妙。生有为，死也。劝公以其私，死也有自也，而生阳也，无自也。而果然乎？恶乎其所适，恶乎其所不适？天有历数，地有人据，吾恶乎求之？莫知其所终，若之何其无命也？莫知其所始，若之何其有命也？有以相应也，若之何其无鬼邪？无以相应也，若之何其有鬼邪？”

众罔两问于景曰：“若向也俯而今也仰，向也括撮而今也被发；向也坐而今也起；向也行而今也止：何也？”景曰：“搜搜也，奚稍问也！予有而不知其所以。予，蜩甲也，蛇蜕也，似之而非也。火与日，吾屯也；阴与夜，吾代也。彼，吾所以有待邪，而况乎以无有待者乎！彼来则我与之来，彼往则我与之往，彼强阳则我与之强阳。强阳者，又何以有问乎！”

阳子居南之沛，老聃西游于秦。邀于郊，至于梁而遇老子。老子中道仰天而叹曰：“始以汝为可教，今不可也。”阳子居不答。至舍，进盥漱巾栉，脱屦户外，膝行而前，曰：“向者弟子欲请夫子，夫子行不闲，是以不敢；今闲矣，请问其过。”老子曰：“而睢睢盱盱，而谁与居！大白若辱，盛德若不足。”阳子居蹴然变容曰：“敬闻命矣！”其往也，舍者迎将其家，公执席，妻执巾栉，舍者避席，炀者避竈。其反也，舍者与之争席矣！

庄子·杂篇·让王第二十八

尧以天下让许由，许由不受。又让于子州支父，子州支父曰：“以我为天子，犹之可也。虽然，我适有幽忧之病，方且治之，未暇治天下也。”夫天下至重也，而不以害其生，又况他物乎！唯无以天下为者可以托天下也。舜让天下于子州支伯，子州支伯曰：“予适有幽忧之病，方且治之，未暇治天下也。”故天下大器也，而不以易生。此有道者之所以异乎俗者也。舜以天下让善卷，善卷曰：“余立于宇宙之中，冬日衣皮毛，夏日衣葛絺。春耕种，形足以劳动；秋收敛，身足以休食。日出而作，日入而息，逍遥于天地之间，而心意自得。吾何以天下为哉！悲夫，子之不知余也。”遂不受。于是去而入深山，莫知其处。舜以天下让其友石户之农。石户之农曰：“捲捲乎，后之为人，葆力之士也。”以舜之德为未至也。于是夫负妻戴，携子以入于海，终身不反也。

大王亶父居邠，狄人攻之。事之以皮帛而不受，事之以犬马而不受，事之以珠玉而不受。狄人之所求者土地也。大王亶父曰："与人之兄居而杀其弟，与人之父居而杀其子，吾不忍也。子皆勉居矣！为吾臣与为狄人臣奚以异。且吾闻之：不以所用养害所养。"因杖筴而去之。民相连而从之。遂成国于岐山之下。夫大王亶父可谓能尊生矣。能尊生者，虽贵富不以养伤身，虽贫贱不以利累形。今世之人居高官尊爵者，皆重失之。见利轻亡其身，岂不惑哉！

越人三世弑其君，王子搜患之，逃乎丹穴，而越国无君。求王子搜不得，从之丹穴。王子搜不肯出，越人熏之以艾。乘以王舆。王子搜援绥登车，仰天而呼曰："君乎，君乎，独不可以舍我乎！"王子搜非恶为君也，恶为君之患也。若王子搜者，可谓不以国伤生矣！此固越人之所欲得为君也。

韩魏相与争侵地，子华子见昭僖侯，昭僖侯有忧色。子华子曰："今使天下书铭于君之前，书之言曰：'左手攫之则右手废，右手攫之则左手废。然而攫之者必有天下。'君能攫之乎？"昭僖侯曰："寡人不攫也。"子华子曰："甚善！自是观之，两臂重于天下也。身亦重于两臂。韩之轻于天下亦远矣！今之所争者，其轻于韩又远。君固愁身伤生以忧戚不得也。"僖侯曰："善哉！教寡人者众矣，未尝得闻此言也。"子华子可谓知轻重矣！

鲁君闻颜阖得道之人也，使人以币先焉。颜阖守陋闾，苴布之衣，而自饭牛。鲁君之使者至，颜阖自对之。使者曰："此颜阖之家与？"颜阖对曰："此阖之家也。"使者致币。颜阖对曰："恐听者谬而遗使者罪，不若审之。"使者还，反审之，复来求之，则不得已！故若颜阖者，真恶富贵也。

故曰：道之真以治身，其绪余以为国家，其土苴以治天下。由此观之，帝王之功，圣人之余事也，非所以完身养生也。今世俗之君子，多危身弃生以殉物，岂不悲哉！凡圣人之动作也，必察其所以之与其所以为。今且有人于此，以随侯之珠，弹千仞之雀，世必笑之。是何也？则其所用者重而所要者轻也。夫生者岂特随侯之重哉！

子列子穷，容貌有饥色。客有言之于郑子阳者，曰："列御寇，盖有道之士也，居君之国而穷，君无乃为不好士乎？"郑子阳即令官遗之粟。子列子见使者，再拜而辞。使者去，子列子入，其妻望之而拊心曰："妾闻为有道者之妻子，皆得佚乐。今有饥色，君过而遗先生食，先生不受，岂不命邪？"子列子笑，谓之曰："君非自知我也，以人之言而遗我粟；至其罪我也，又且以人之言，此吾所以不受也。"其卒，民果作难而杀子阳。

楚昭王失国，屠羊说走而从于昭王。昭王反国，将赏从者。及屠羊说。屠羊说曰："大王失国，说失屠羊。大王反国，说亦反屠羊。臣之爵禄已复矣，又何赏之有。"王曰："强之。"屠羊说曰："大王失国，非臣之罪，故不敢伏其诛；大王反国，非臣之功，故不敢当其赏。"王曰："见之。"屠羊说曰："楚国之法，必有重赏大功而后得见。今臣之知不足以存国，而勇不足以死寇。吴军入郢，说畏难而避寇，非故随大王也。今大王欲废法毁约而见说，此非臣之所以闻于天下也。"王谓司马之綦曰："屠羊说居处卑贱而陈义甚高，子綦为我延之以三旌之位。"屠羊说曰："夫三旌之位，吾知其贵于屠羊之肆也；万锺之禄，吾知其富于屠羊之利也。然岂可以贪爵禄而使吾君有妄施之名乎？说不敢当，愿复反吾屠羊之肆。"遂不受也。

原宪居鲁，环堵之室，茨以生草，蓬户不完，桑以为枢而瓮牖，二室，褐以为塞，上漏下湿，匡坐而弦歌。子贡乘大马，中绀而表素，轩车不容巷，往见原宪。原宪华冠縰履，杖藜而应门。子贡曰："嘻！先生何病？"原宪应之曰："宪闻之，无财谓之贫，学而不能行谓之病。今宪贫也，非病也。"子贡逡巡而有愧色。原宪笑曰："夫希世而行，比周而友，学以为人，教以为己，仁义之慝，舆马之饰，宪不忍为也。"

曾子居卫，缊袍无表，颜色肿哙，手足胼胝，三日不举火，十年不制衣。正冠而缨绝，捉衿而肘见，纳屦而踵决。曳縰而歌《商颂》，声满天地，若出金石。天子不得臣，诸侯不得友。故养志者忘形，养形者忘利，致道者忘心矣。

孔子谓颜回曰："回，来！家贫居卑，胡不仕乎？"颜回对曰："不愿仕。回有郭外之田五十亩，足以给饦粥；郭内之田十亩，足以为丝麻；鼓琴足以自娱；所学夫子之道者足以自乐也。回不愿仕。"孔子愀然变容，曰："善哉，回之意！丘闻之，'知足者，不以利自累也；审自得者，失之而不惧；行修于内者，无位而不怍。'丘诵之久矣，今于回而后见之，是丘之得也。"

中山公子牟谓瞻子曰："身在江海之上，心居乎魏阙之下，奈何？"瞻子曰："重生。重生则利轻。"中山公子牟曰："虽知之，未能自胜也。"瞻子曰："不能自胜则从，神无恶乎！不能自胜而强不从者，此之谓重伤。重伤之人，无寿类矣！"魏牟，万乘之公子也，其隐岩穴也，难为于布衣之士，虽未至乎道，可谓有其意矣！

孔子穷于陈蔡之间，七日不火食，藜羹不糁，颜色甚惫，而弦歌于室。颜回择菜，子路、子贡相与言曰："夫子再逐于鲁，削迹于卫，伐树于宋，穷于商周，围于陈蔡。杀夫子者无罪，藉夫子者无禁。弦歌鼓琴，未尝绝音，君子之无耻也若此乎？"颜回无以应，入告孔子。孔子推琴，喟然而叹曰："由与赐，细人也。召而来，吾语之。"子路、子贡入。子路曰："如此者，可谓穷矣！"孔子曰："是何言也！君子通于道之谓通，穷于道之谓穷。今丘抱仁义之道以遭乱世之患，其何穷之为？故内省而不穷于道，临难而不失其德。天寒既至，霜雪既降，吾是以知松柏之茂也。陈蔡之隘，于丘其幸乎。"孔子削然反琴而弦歌，子路扢然执干而舞。子贡曰："吾不知天之高也，地之下也。"古之得道者，穷亦乐，通亦乐，所乐非穷通也。道德于此，则穷通为寒暑风雨之序矣。故许由娱于颍阳，而共伯得乎丘首。

舜以天下让其友北人无择，北人无择曰："异哉，后之为人也，居于畎亩之中，而游尧之门。不若是而已，又欲以其辱行漫我。吾羞见之。"因自投清泠之渊。

汤将伐桀，因卞随而谋，卞随曰："非吾事也。"汤曰："孰可？"曰："吾不知也。"汤又因瞀光而谋，瞀光曰："非吾事也。"汤曰："孰可？"曰："吾不知也。"汤曰："伊尹何如？"曰："强力忍垢，吾不知其他也。"汤遂与伊尹谋伐桀，剋之。以让卞随，卞随辞曰："后之伐桀也谋乎我，必以我为贼也；胜桀而让我，必以我为贪也。吾生乎乱世，而无道之人再来漫我以其辱行，吾不忍数闻也！"乃自投椆水而死。汤又让瞀光，曰："知者谋之，武者遂之，仁者居之，古之道也。吾子胡不立乎？"瞀光辞曰："废上，非义也；杀民，非仁也；人犯其难，我享其利，非廉也。吾闻之曰，'非其义者，不受其禄；无道之世，不践其土。'况尊我乎！吾不忍久见也。"乃负石而自沈于庐水。

昔周之兴，有士二人处于孤竹，曰伯夷、叔齐。二人相谓曰："吾闻西方之人，似有道者，试往观焉。"至于岐阳，武王闻之，使叔旦往见之。与盟曰："加富二等，就官一列。"血牲而埋之。二人相视而笑，曰："嘻，异哉！此非吾所谓道也。昔者神农之有天下也，时祀尽敬而不祈喜；其于人也，忠信尽治而无求焉。乐与政为政，乐与治为治。不以人之坏自成也，不以人之卑自高也，不以遭时自利也。今周见殷之乱而遽为政，上谋而行货，阻兵而保威，割牲而盟以为信，扬行以说众，杀伐以要利。是推乱以易暴也。吾闻古之士，遭治世不避其任，遇乱世不为苟存。今天下闇，殷德衰，其并乎周以涂吾身也，不如避之，以絜吾行。"二子北至于首阳之山，遂饿而死焉。若伯夷、叔齐者，其于富贵也，苟可得已，则必不赖高节戾行，独乐其志，不事于世。此二士之节也。

庄子·杂篇·盗跖第二十九

孔子与柳下季为友，柳下季之弟名曰盗跖。盗跖从卒九千人，横行天下，侵暴诸侯。穴室枢户，驱人牛马，取人妇女。贪得忘亲，不顾父母兄弟，不祭先祖。所过之邑，大国守城，小国入保，万民苦之。孔子谓柳下季曰："夫为人父者，必能诏其子；为人兄者，必能教其弟。若父不能诏其子，兄不能教其弟，则无贵父子兄弟之亲矣。今先生，世之才士也，弟为盗跖，为天下害，而弗能教也，丘窃为先生羞之。丘请为先生说往说之。"柳下季曰："先生言为人父者必能诏其子，为人兄者必能教其弟，若子不听父之诏，弟不受兄之教，虽今先生之辩，将奈之何哉？且跖之为人也，心如涌泉，意如飘风，强足以距敌，辩足以饰非。顺其心则喜，逆其心则怒，易辱人以言。先生必无往。"孔子不听，颜回为驭，子贡为右，往见盗跖。

盗跖乃方休卒徒大山之阳，脍人肝而餔之。孔子下车而前，见谒者曰："鲁人孔丘，闻将军高义，敬再拜谒者。"谒者入通。盗跖闻之大怒，目如明星，发上指冠，曰："此夫鲁国之巧伪人孔丘非邪？为我告之：尔作言造语，妄称文、武，冠枝木之冠，带死牛之胁，多辞缪说，不耕而食，不织而衣，摇唇鼓舌，擅生是非，以迷天下之主，使天下学士不反其本，妄作孝弟，而侥幸于封侯富贵者也。子之罪大极重，疾走归！不然，我将以子肝益昼餔之膳。"

孔子复通曰："丘得幸于季，愿望履幕下。"谒者复通。盗跖曰："使来前！"孔子趋而进，避席反走，再拜盗跖。盗跖大怒，两展其足，案剑瞋目，声如乳虎，曰："丘来前！若所言顺吾意则生，逆吾心则死。"

孔子曰："丘闻之，凡天下有三德：生而长大，美好无双，少长贵贱见而皆说之，此上德也；知维天地，能辩诸物，此中德也；勇悍果敢，聚众率兵，此下德也。凡人有此一德者，足以南面称孤矣。今将军兼此三者，身长八尺二寸，面目有光，唇如激丹，齿如齐贝，音中黄钟，而名曰盗跖，丘窃为将军耻不取焉。将军有意听臣，臣请南使吴越，北使齐鲁，东使宋卫，西使晋楚，使为将军造大城数百里，立数十万户之邑，尊将军为诸侯，与天下更始，罢兵休卒，收养昆弟，共祭先祖。此圣人才士之行，而天下之愿也。”

盗跖大怒曰：“丘来前！夫可规以利而可谏以言者，皆愚陋恒民之谓耳。今长大美好，人见而悦之者，此吾父母之遗德也。丘虽不吾誉，吾独不自知邪？且吾闻之，好面誉人者，亦好背而毁之。今丘告我以大城众民，是欲规我以利而恒民畜我也，安可久长也！城之大者，莫大乎天下矣。尧、舜有天下，子孙无置锥之地；汤、武立为天子，而后世绝灭。非以其利大故邪？且吾闻之，古者禽兽多而人少，于是民皆巢居以避之。昼拾橡栗，暮栖木上，故命之曰‘有巢氏之民’。古者民不知衣服，夏多积薪，冬则炀之，故命之曰‘知生之民’。神农之世，卧则居居，起则于于。民知其母，不知其父，与麋鹿共处，耕而食，织而衣，无有相害之心。此至德之隆也。然而黄帝不能致德，与蚩尤战于涿鹿之野，流血百里。尧、舜作，立群臣，汤放其主，武王杀纣。自是之后，以强陵弱，以众暴寡。汤、武以来，皆乱人之徒也。今子修文、武之道，掌天下之辩，以教后世。缝衣浅带，矫言伪行，以迷惑天下之主，而欲求富贵焉。盗莫大于子，天下何故不谓子为盗丘，而乃谓我为盗跖？子以甘辞说子路而使从之，使子路去其危冠，解其长剑，而受教于子。天下皆曰‘孔丘能止暴禁非’，其卒之也，子路欲杀卫君而事不成，身菹于卫东门之上，是子教之不至也。子自谓才士圣人邪，则再逐于鲁，削迹于卫，穷于齐，围于陈蔡，不容身于天下。子教子路菹。此患，上无以为身，下无以为人，子之道岂足贵邪？世之所高，莫若黄帝。黄帝尚不能全德，而战涿鹿之野，流血百里。尧不慈，舜不孝，禹偏枯，汤放其主，武王代纣，文王拘羑里。此六子者，世之所高也。孰论之，皆以利惑其真而强反其情性，其行乃甚可羞也。世之所谓贤士：伯夷、叔齐。伯夷、叔齐辞孤竹之君，而饿死于首阳之山，骨肉不葬。鲍焦饰行非世，抱木而死。申徒狄谏而不听，负石自投于河，为鱼鳖所食。介子推至忠也，自割其股以食文公。文公后背之，子推怒而去，抱木而燔死。尾生与女子期于梁下，女子不来，水至不去，抱梁柱而死。此六子者，无异于磔犬流豕、操瓢而乞者，皆离名轻死，不念本养寿命者也。世之所谓忠臣者，莫若王子比干、伍子胥。子胥沉江，比干剖心。此二子者，世谓忠臣也，然卒为天下笑。自上观之，至于子胥、比干，皆不足贵也。丘之所以说我者，若告我以鬼事，则我不能知也；若告我以人事者，不过此矣，皆吾所闻知也。今吾告子以人之情：目欲视色，耳欲听声，口欲察味，志气欲盈。人上寿百岁，中寿八十，下寿六十，除病瘦死丧忧患，其中开口而笑者，一月之中不过四五日而已矣。天与地无穷，人死者有时。操有时之具，而托于无穷之间，忽然无异骐骥之驰过隙也。不能说其志意、养其寿命者，皆非通道者也。丘之所言，皆吾之所弃也。亟去走归，无复言之！子之道狂狂汲汲，诈巧虚伪事也，非可以全真也，奚足论哉！”

孔子再拜趋走，出门上车，执辔三失，目芒然无见，色若死灰，据轼低头，不能出气。

归到鲁东门外，适遇柳下季。柳下季曰：“今者阙然，数日不见，车马有行色，得微往见跖邪？”孔子仰天而叹曰：“然！”柳下季曰：“跖得逆汝意若前乎？”孔子曰：“然。丘所谓无病而自灸也。疾走料虎头，编虎须，几不免虎口哉！”

子张问于满苟得曰：“盍不为行？无行则不信，不信则不任，不任则不利。故观之名，计之利，而义真是也。若弃名利，反之于心，则夫士之为行，不可一日不为乎！”满苟得曰：“无耻者富，多信者显。夫名利之大者，几在无耻而信。故观之名，计之利，而信真是也。若弃名利，反之于心，则夫士之为行，抱其天乎！”子张曰：“昔者桀、纣贵为天子，富有天下。今谓臧聚曰：‘汝行如桀、纣。’则有怍色，有不服之心者，小人所贱也。仲尼、墨翟，穷为匹夫，今谓宰相曰，‘子行如仲尼、墨翟。’则变容易色，称不足者，士诚贵也。故势为天子，未必贵也；穷为匹夫，未必贱也。贵贱之分，在行之美恶。”满苟得曰：“小盗者拘，大盗者为诸侯。诸侯之门，义士存焉。昔者桓公小白杀兄入嫂，而管仲为臣；田成子常杀君窃国，而孔子受币。论则贱之，行则下之，则是言行之情悖战于胸中也，不亦拂乎！故《书》曰：‘孰恶孰美，成者为首，不成者为尾。’”子张曰：“子不为行，即将疏戚无伦，贵贱无义，长幼无序。五纪六位，将何以为别乎？”满苟得曰：“尧杀长子，舜流母弟，疏戚有伦乎？汤放桀，武王杀纣，贵贱有义乎？王季为適，周公杀兄，长幼有序乎？儒者伪辞，墨子兼爱，五纪六位，将有别乎？且子正为名，我正为利。名利之实，不顺于理，不监于道。吾日与子讼于无约，曰：‘小人殉财，君子殉名，其所以变其情、易其性则异矣；乃至于弃其所为而殉其所不为则一也。’故曰：无为小人，反殉而天；无为君子，从天之理。若枉若直，相而天极。面观四方，与时消息。若是若非，执而圆机。独成而意，与道徘徊。无转而行，无成而义，将失而所为。无赴而富，无殉而成，将弃其天。比干剖心，子胥抉眼，忠之祸也；直躬证父，尾生溺死，信之患也；鲍子立干，申子不自理，廉之害也；孔子不见母，匡子不见父，义之失也。此上世之所传、下世之所语以为士者，正其言，必其行，故服其殃、离其患也。”

无足问于知和曰：“人卒未有不兴名就利者。彼富则人归之，归则下之，下则贵之。夫见下贵者，所以长生安体乐意之道也。今子独无意焉，知不足邪？意知而力不能行邪？故推正不妄邪？”知和曰：“今夫此人，以为与己同时而生，同乡而处者，以为夫绝俗过世之士焉，是专无主正，所以览古今之时、是非之分也。与俗化世，去至重，弃至尊，以为其所为也。此其所以论长生安体乐意之道，不亦远乎！惨怛之疾，恬愉之安，不监于体；怵惕之恐，欣欢之喜，不监于心。知为为而不知所以为。是以贵为天子，富有天下，而不免于患也。”无足曰：“夫富之于人，无所不利。穷美究执，至人之所不得逮，贤人之所不得及。侠人之勇力而以为威强，秉人之知谋以为明察，因人之德以为贤良，非享国而严若君父。且夫声色滋味权势之于人，心不待学而乐之，体不待象而安之。夫欲恶避就，固不待师，此人之性也。天下虽非我，孰能辞之！”知和曰：“知者之为，故动以百姓，不违其度，是以足而不争，无以为故不求。不足故求之，争四处而不自以为贪；有余故辞之，弃天下而不自以为廉。廉贪之实，非以迫外也，反监之度。势为天子，而不以贵骄人；富有天下，而不以财戏人。计其患，虑其反，以为害于性，故辞而不受也，非以要名誉也。尧、舜为帝而雍，非仁天下也，不以美害生；善卷、许由得帝而不受，非虚辞让也，不以事害己。此皆就其利、辞其害，而天下称贤焉，则可以有之，彼非以兴名誉也。”无足曰：“必持其名，苦体绝甘，约养以持生，则亦久病长厄而不死者也。”知和曰：“平为福，有余为害者，物莫不然，而财其甚者也。今富人，耳营钟鼓管籥之声，口嗛于刍豢醪醴之味，以感其意，遗忘其业，可谓乱矣；侅溺于冯气，若负重行而上阪，可谓苦矣；贪财而取慰，贪权而取竭，静居则溺，体泽则冯，可谓疾矣；为欲富就利，故满若堵耳而不知避，且冯而不舍，可谓辱矣；财积而无用，服膺而不舍，满心戚醮，求益而不止，可谓忧矣；内则疑劫请之贼，外则畏寇盗之害，内周楼疏，外不敢独行，可谓畏矣。此六者，天下之至害也，皆遗忘而不知察。及其患至，求尽性竭财单以反一日之无故而不可得也。故观之名则不见，求之利则不得。缭意绝体而争此，不亦惑乎！”

庄子·杂篇·说剑第三十

昔赵文王喜剑，剑士夹门而客三千余人，日夜相击于前，死伤者岁百余人。好之不厌。如是三年，国衰。诸侯谋之。太子悝患之，募左右曰：“孰能说王之意止剑士者，赐之千金。”左右曰：“庄子当能。”太子乃使人以千金奉庄子。庄子弗受，与使者俱往见太子，曰：“太子何以教周，赐周千金？”太子曰：“闻夫子明圣，谨奉千金以币从者。夫子弗受，悝尚何敢言。”庄子曰：“闻太子所欲用周者，欲绝王之喜好也。使臣上说大王而逆王意，下不当太子，则身刑而死，周尚安所事金乎？使臣上说大王，下当太子，赵国何求而不得也！”太子曰：“然。吾王所见，唯剑士也。”庄子曰：“诺。周善为剑。”太子曰：“然吾王所见剑士，皆蓬头突鬓，垂冠，曼胡之缨，短后之衣，瞋目而语难，王乃说之。今夫子必儒服而见王，事必大逆。”庄子曰：“请治剑服。”治剑服三日，乃见太子。太子乃与见王。王脱白刃待之。庄子入殿门不趋，见王不拜。王曰：“子欲何以教寡人，使太子先。”曰：“臣闻大王喜剑，故以剑见王。”王曰：“子之剑何能禁制？”曰：“臣之剑十步一人，千里不留行。”王大悦之，曰：“天下无敌矣。”庄子曰：“夫为剑者，示之以虚，开之以利，后之以发，先之以至。愿得试之。”王曰：“夫子休，就舍待命，令设戏请夫子。”王乃校剑士七日，死伤者六十余人，得五六人，使奉剑于殿下，乃召庄子。王曰：“今日试使士敦剑。”庄子曰：“望之久矣！”王曰：“夫子所御杖，长短何如？”曰：“臣之所奉皆可。然臣有三剑，唯王所用。请先言而后试。”王曰：“愿闻三剑。”曰：“有天子剑，有诸侯剑，有庶人剑。”王曰：“天子之剑何如？”曰：“天子之剑，以燕谿石城为锋，齐岱为锷，晋魏为脊，周宋为镡，韩魏为夹，包以四夷，裹以四时，绕以渤海，带以常山，制以五行，论以刑德，开以阴阳，持以春夏，行以秋冬。此剑直之无前，举之无上，案之无下，运之无旁。上决浮云，下绝地纪。此剑一用，匡诸侯，天下服矣。此天子之剑也。”文王芒然自失，曰：“诸侯之剑何如？”曰：“诸侯之剑，以知勇士为锋，以清廉士为锷，以贤良士为脊，以忠圣士为镡，以豪桀士为夹。此剑直之亦无前，举之亦无上，案之亦无下，运之亦无旁。上法圆天，以顺三光；下法方地，以顺四时；中和民意，以安四乡。此剑一用，如雷霆之震也，四封之内，无不宾服而听从君命者矣。此诸侯之剑也。”王曰：“庶人之剑何如？”曰：“庶人之剑，蓬头突鬓，垂冠，曼胡之缨，短后之衣，瞋目而语难，相击于前，上斩颈领，下决肝肺。此庶人之剑，无异于斗鸡，一旦命已绝矣，无所用于国事。今大王有天子之位而好庶人之剑，臣窃为大王薄之。”王乃牵而上殿，宰人上食，王三环之。庄子曰：“大王安坐定气，剑事已毕奏矣！”于是文王不出宫三月，剑士皆服毙其处也。

庄子·杂篇·渔父第三十一

孔子游乎缁帷之林，休坐乎杏坛之上。弟子读书，孔子弦歌鼓琴。奏曲未半，有渔父者，下船而来，须眉交白，被发揄袂，行原以上，距陆而止，左手据膝，右手持颐以听。曲终而招子贡、子路二人俱对。客指孔子曰：“彼何为者也？”子路对曰：“鲁之君子也。”客问其族。子路对曰：“族孔氏。”客曰：“孔氏者何治也？”子路未应，子贡对曰：“孔氏者，性服忠信，身行仁义，饰礼乐，选人伦。上以忠于世主，下以化于齐民，将以利天下。此孔氏之所治也。”又问曰：“有土之君与？”子贡曰：“非也。”“侯王之佐与？”子贡曰：“非也。”客乃笑而还行，言曰：“仁则仁矣，恐不免其身。苦心劳形以危其真。呜呼！远哉，其分于道也。”

子贡还，报孔子。孔子推琴而起，曰：“其圣人与？”乃下求之，至于泽畔，方将杖拏而引其船，顾见孔子，还乡而立。孔子反走，再拜而进。客曰：“子将何求？”孔子曰：“曩者先生有绪言而去，丘不肖，未知所谓，窃待于下风，幸闻咳唾之音，以卒相丘也。”客曰：“嘻！甚矣，子之好学也！”孔子再拜而起，曰：“丘少而修学，以至于今，六十九岁矣，无所得闻至教，敢不虚心！”客曰：“同类相从，同声相应，固天之理也。吾请释吾之所有而经子之所以。子之所以者，人事也。天子诸侯大夫庶人，此四者自正，治之美也；四者离位而乱莫大焉。官治其职，人忧其事，乃无所陵。故田荒室露，衣食不足，征赋不属，妻妾不和，长少无序，庶人之忧也；能不胜任，官事不治，行不清白，群下荒怠，功美不有，爵禄不持，大夫之忧也；廷无忠臣，国家昏乱，工技不巧，贡职不美，春秋后伦，不顺天子，诸侯之忧也；阴阳不和，寒暑不时，以伤庶物，诸侯暴乱，擅相攘伐，以残民人，礼乐不节，财用穷匮，人伦不饬，百姓淫乱，天子有司之忧也。今子既上无君侯有司之势，而下无大臣职事之官，而擅饰礼乐，选人伦，以化齐民，不泰多事乎？且人有八疵，事有四患，不可不察也。非其事而事之，谓之摠；莫之顾而进之，谓之佞；希意道言，谓之谄；不择是非而言，谓之谀；好言人之恶，谓之谗；析交离亲，谓之贼；称誉诈伪以败恶人，谓之慝；不择善否，两容颊适，偷拔其所欲，谓之险。此八疵者，外以乱人，内以伤身，君子不友，明君不臣。所谓四患者：好经大事，变更易常，以挂功名，谓之叨；专知擅事，侵人自用，谓之贪；见过不更，闻谏愈甚，谓之很；人同于己则可，不同于己，虽善不善，谓之矜。此四患也。能去八疵，无行四患，而始可教已。”

孔子愀然而叹，再拜而起，曰：“丘再逐于鲁，削迹于卫，伐树于宋，围于陈蔡。丘不知所失，而离此四谤者何也？”客凄然变容曰：“甚矣，子之难悟也！人有畏影恶迹而去之走者，举足愈数而迹愈多，走愈疾而影不离身，自以为尚迟，疾走不休，绝力而死。不知处阴以休影，处静以息迹，愚之甚矣！子审仁义之间，察同异之际，观动静之变，适受与之度，理好恶之情，和喜怒之节，而几于不免矣。谨修而身，慎守其真，还以物与人，则无所累矣。今不修之身而求之人，不亦外乎！”

孔子愀然曰：“请问何谓真？”客曰：“真者，精诚之至也。不精不诚，不能动人。故强哭者，虽悲不哀；强怒者，虽严不威；强亲者，虽笑不和。真悲无声而哀，真怒未发而威，真亲未笑而和。真在内者，神动于外，是所以贵真也。其用于人理也，事亲则慈孝，事君则忠贞，饮酒则欢乐，处丧则悲哀。忠贞以功为主，饮酒以乐为主，处丧以哀为主，事亲以适为主。功成之美，无一其迹矣；事亲以适，不论所以矣；饮酒以乐，不选其具矣；处丧以哀，无问其礼矣。礼者，世俗之所为也；真者，所以受于天也，自然不可易也。故圣人法天贵真，不拘于俗。愚者反此。不能法天而恤于人，不知贵真，禄禄而受变于俗，故不足。惜哉，子之蚤湛于人伪而晚闻大道也！”

孔子又再拜而起曰：“今者丘得遇也，若天幸然。先生不羞而比之服役而身教之。敢问舍所在，请因受业而卒学大道。”客曰：“吾闻之，可与往者，与之至于妙道；不可与往者，不知其道。慎勿与之，身乃无咎。子勉之，吾去子矣，吾去子矣！”乃刺船而去，延缘苇间。

颜渊还车，子路授绥，孔子不顾，待水波定，不闻拏音而后敢乘。子路旁车而问曰：“由得为役久矣，未尝见夫子遇人如此其威也。万乘之主，千乘之君，见夫子未尝不分庭伉礼，夫子犹有倨敖之容。今渔父杖拏逆立，而夫子曲要磬折，言拜而应，得无太甚乎！门人皆怪夫子矣，渔人何以得此乎！”孔子伏轼而叹，曰：“甚矣，由之难化也！湛于礼仪有间矣，而朴鄙之心至今未去。进，吾语汝：夫遇长不敬，失礼也；见贤不尊，不仁也。彼非至人，不能下人。下人不精，不得其真，故长伤身。惜哉！不仁之于人也，祸莫大焉，而由独擅之。且道者，万物之所由也。庶物失之者死，得之者生。为事逆之则败，顺之则成。故道之所在，圣人尊之。今渔父之于道，可谓有矣，吾敢不敬乎！”

庄子·杂篇·列御寇第三十二

列御寇之齐，中道而反，遇伯昏瞀人。伯昏瞀人曰：“奚方而反？”曰：“吾惊焉。”曰：“恶乎惊？”曰：“吾尝食于十浆而五浆先馈。”伯昏瞀人曰：“若是则汝何为惊已？”曰：“夫内诚不解，形谍成光，以外镇人心，使人轻乎贵老，而𩐋其所患。夫浆人特为食羹之货，无多余之赢，其为利也薄，其为权也轻，而犹若是，而况于万乘之主乎！身劳于国而知尽于事。彼将任我以事，而效我以功。吾是以惊。”伯昏瞀人曰：“善哉观乎！女处已，人将保汝矣！”无几何而往，则户外之屦满矣。伯昏瞀人北面而立，敦杖蹙之乎颐。立有间，不言而出。宾者以告列子，列子提屦，跣而走，暨乎门，曰：“先生既来，曾不发药乎？”曰：“已矣，吾固告汝曰：人将保汝。果保汝矣！非汝能使人保汝，而汝不能使人无保汝也，而焉用之感豫出异也。必且有感，摇而本性，又无谓也。与汝游者，又莫汝告也。彼所小言，尽人毒也。莫觉莫悟，何相孰也。巧者劳而知者忧，无能者无所求，饱食而敖游，汎若不系之舟，虚而敖游者也！”

“郑人缓也，呻吟裘氏之地。祇三年而缓为儒。河润九里，泽及三族，使其弟墨。儒墨相与辩，其父助翟。十年而缓自杀。其父梦之曰：‘使而子为墨者’予也，阖尝视其良？既为秋柏之实矣。”夫造物者之报人也，不报其人而报其人之天，彼故使彼。夫人以己为有以异于人，以贱其亲。齐人之井饮者相捽也。故曰：今之世皆缓也。自是有德者以不知也，而况有道者乎！古者谓之遁天之刑。圣人安其所安，不安其所不安；众人安其所不安，不安其所安。

“庄子曰：‘知道易，勿言难。知而不言，所以之天也。知而言之，所以之人也。

古之人，天而不人。’朱泙漫学屠龙于支离益，单千金之家，三年技成而无所用其巧。圣人以必不必，故无兵；众人以不必必之，故多兵。顺于兵，故行有求。兵，恃之则亡。小夫之知，不离苞苴竿牍，敝精神乎蹇浅，而欲兼济道物，太一形虚。若是者，迷惑于宇宙，形累不知太初。彼至人者，归精神乎无始，而甘冥乎无何有之乡。水流乎无形，发泄乎太清。悲哉乎！汝为知在毫毛而不知大宁。”

宋人有曹商者，为宋王使秦。其往也，得车数乘。王说之，益车百乘。反于宋，见庄子，曰：“夫处穷闾厄巷，困窘织屦，槁项黄馘者，商之所短也；一悟万乘之主而从车百乘者，商之所长也。”庄子曰：“秦王有病召医。破痈溃痤者得车一乘，舐痔者得车五乘，所治愈下，得车愈多。子岂治其痔邪？何得车之多也？子行矣！”

鲁哀公问乎颜阖曰：“吾以仲尼为贞幹，国其有瘳乎？”曰：“殆哉圾乎！仲尼方且饰羽而画，从事华辞。以支为旨，忍性以视民，而不知不信。受乎心，宰乎神，夫何足以上民！彼宜女与予颐与，误而可矣！今使民离实学伪，非所以视民也。为后世虑，不若休之。难治也！”施于人而不忘，非天布也，商贾不齿。虽以事齿之，神者弗齿。为外刑者，金与木也；为内刑者，动与过也。宵人之离外刑者，金木讯之；离内刑者，阴阳食之。夫免乎外内之刑者，唯真人能之。

孔子曰：“凡人心险于山川，难于知天。天犹有春秋冬夏旦暮之期，人者厚貌深情。故有貌愿而益，有长若不肖，有慎憬而达，有坚而缦，有缓而釬。故其就义若渴者，其去义若热。故君子远使之而观其忠，近使之而观其敬，烦使之而观其能，卒然问焉而观其知，急与之期而观其信，委之以财而观其仁，告之以危而观其节，醉之以酒而观其则，杂之以处而观其色。九征至，不肖人得矣。”

正考父一命而伛，再命而偻，三命而俯，循墙而走，孰敢不轨！如而夫者，一命而吕钜，再命而于车上儛，三命而名诸父。孰协唐许？贼莫大乎德有心而心有睫，及其有睫也而内视，内视而败矣！凶德有五，中德为首。何谓中德？中德也者，有以自好也而吡其所不为者也。穷有八极，达有三必，形有六府。美、髯、长、大、壮、丽、勇、敢，八者俱过人也，因以是穷；缘循、偃侠、困畏，不若人三者俱通达；智慧外通，勇动多怨，仁义多责，六者所以相刑也。达生之情者傀，达于知者肖，达大命者随，达小命者遭。

人有见宋王者，锡车十乘。以其十乘骄稚庄子。庄子曰：“河上有家贫恃纬萧而食者，其子没于渊，得千金之珠。其父谓其子曰：‘取石来锻之！夫千金之珠，必在九重之渊而骊龙颔下。子能得珠者，必遭其睡也。使骊龙而寤，子尚奚微之有哉！’今宋国之深，非直九重之渊也；宋王之猛，非直骊龙也。子能得车者，心遭其睡也；使宋王而寤，子为整粉夫。”

或聘于庄子，庄子应其使曰：“子见夫牺牛乎？衣以文绣，食以刍叔。及其牵而入于大庙，虽欲为孤犊，其可得乎！”

庄子将死，弟子欲厚葬之。庄子曰：“吾以天地为棺椁，以日月为连璧，星辰为珠玑，万物为赍送。吾葬具岂不备邪？何以加此！”弟子曰：“吾恐乌鸢之食夫子也。”庄子曰：“在上为乌鸢食，在下为蝼蚁食，夺彼与此，何其偏也。”以不平平，其平也不平；以不征征，其征也不征。明者唯为之使，神者征之。夫明之不胜神也久矣，而愚者恃其所见入于人，其功外也，不亦悲乎！

庄子·杂篇·天下第三十三

天下之治方术者多矣，皆以其有为不可加矣！古之所谓道术者，果恶乎在？曰：“无乎不在。”曰：“神何由降？明何由出？”“圣有所生，王有所成，皆原于一。”不离于宗，谓之天人；不离于精，谓之神人；不离于真，谓之至人。以天为宗，以德为本，以道为门，兆于变化，谓之圣人；以仁为恩，以义为理，以礼为行，以乐为和，薰然慈仁，谓之君子；以法为分，以名为表，以参为验，以稽为决，其数一二三四是也，百官以此相齿；以事为常，以衣食为主，蕃息畜藏，老弱孤寡为意，皆有以养，民之理也。古之人其备乎！配神明，醇天地，育万物，和天下，泽及百姓，明于本数，系于末度，六通四辟，小大精粗，其运无乎不在。其明而在数度者，旧法、世传之史尚多有之；其在于《诗》、《书》、《礼》、《乐》者，邹鲁之士、搢绅先生多能明之。《诗》以道志，《书》以道事，《礼》以道行，《乐》以道和，《易》以道阴阳，《春秋》以道名分。其数散于天下而设于中国者，百家之学时或称而道之。

天下大乱，贤圣不明，道德不一。天下多得一察焉以自好。譬如耳目鼻口，皆有所明，不能相通。犹百家众技也，皆有所长，时有所用。虽然，不该不遍，一曲之士也。

判天地之美，析万物之理，察古人之全。寡能备于天地之美，称神明之容。是故内圣外王之道，闇而不明，郁而不发，天下之人各为其所欲焉以自为方。悲夫！百家往而不反，必不合矣！后世之学者，不幸不见天地之纯，古人之大体。道术将为天下裂。

不侈于后世，不靡于万物，不晖于数度，以绳墨自矫，而备世之急。古之道术有在于是者，墨翟、禽滑厘闻其风而说之。为之大过，已之大顺。作为《非乐》，命之曰《节用》。生不歌，死无服。墨子泛爱兼利而非斗，其道不怒。又好学而博，不异，不与先王同，毁古之礼乐。黄帝有《咸池》，尧有《大章》，舜有《大韶》，禹有《大夏》，汤有《大濩》，文王有辟雍之乐，武王、周公作《武》。古之葬礼，贵贱有仪，上下有等。天子棺椁七重，诸侯五重，大夫三重，士再重。今墨子独生不歌，死不服，桐棺三寸而无椁，以为法式。以此教人，恐不爱人；以此自行，固不爱己。未败墨子道。虽然，歌而非歌，哭而非哭，乐而非乐，是果类乎？其生也勤，其死也薄，其道大觳。使人忧，使人悲，其行难为也。恐其不可以为圣人之道，反天下之心。天下不堪。墨子虽独能任，奈天下何！离于天下，其去王也远矣！墨子称道曰："昔禹之湮洪水，决江河而通四夷九州也。名山三百，支川三千，小者无数。禹亲自操橐耜而九杂天下之川。腓无胈，胫无毛，沐甚雨，栉疾风，置万国。禹大圣也，而形劳天下也如此。"使后世之墨者，多以裘褐为衣，以跂蹻为服，日夜不休，以自苦为极，曰："不能如此，非禹之道也，不足谓墨。"相里勤之弟子，五侯之徒，南方之墨者若获、已齿、邓陵子之属，俱诵《墨经》，而倍谲不同，相谓别墨。以坚白同异之辩相訾，以觭偶不仵之辞相应，以巨子为圣人。皆愿为之尸，冀得为其后世，至今不决。墨翟、禽滑厘之意则是，其行则非也。将使后世之墨者，必自苦以腓无胈、胫无毛相进而已矣。乱之上也，治之下也。虽然，墨子真天下之好也，将求之不得也，虽枯槁不舍也，才士也夫！

不累于俗，不饰于物，不苟于人，不忮于众，愿天下之安宁以活民命，人我之养，毕足而止，以此白心。古之道术有在于是者，宋钘、尹文闻其风而悦之。作为华山之冠以自表，接万物以别宥为始。语心之容，命之曰"心之行"。以聏合欢，以调海内。请欲置之以为主。见侮不辱，救民之斗，禁攻寝兵，救世之战。以此周行天下，上说下教。虽天下不取，强聒而不舍者也。故曰：上下见厌而强见也。虽然，其为人太多，其自为太少，曰："请欲固置五升之饭足矣。"先生恐不得饱，弟子虽饥，不忘天下，日夜不休。曰："我必得活哉！"图傲乎救世之士哉！曰："君子不为苛察，不以身假物。"以为无益于天下者，明之不如已也。以禁攻寝兵为外，以情欲寡浅为内。其小大精粗，其行适至是而止。

公而不党，易而无私，决然无主，趣物而不两，不顾于虑，不谋于知，于物无择，与之俱往。古之道术有在于是者，彭蒙、田骈、慎到闻其风而悦之。齐万物以为首，曰："天能覆之而不能载之，地能载之而不能覆之，大道能包之而不能辩之。"知万物皆有所可，有所不可。故曰："选则不遍，教则不至，道则无遗者矣。"是故慎到弃知去己，而缘不得已。泠汰于物，以为道理。曰："知不知，将薄知而后邻伤之者也。"謑髁无任，而笑天下之尚贤也；纵脱无行，而非天下之大圣；椎拍輐断，与物宛转；舍是与非，苟可以免。不师知虑，不知前后，魏然而已矣。推而后行，曳而后往。若飘风之还，若羽之旋，若磨石之隧，全而无非，动静无过，未尝有罪。是何故？夫无知之物，无建己之患，无用知之累，动静不离于理，是以终身无誉。故曰："至于若无知之物而已，无用贤圣。夫块不失道。"豪桀相与笑之曰："慎到之道，非生人之行，而至死人之理。"适得怪焉。田骈亦然，学于彭蒙，得不教焉。彭蒙之师曰："古之道人，至于莫之是、莫之非而已矣。其风窢然，恶可而言。"常反人，不见观，而不免于魭断。其所谓道非道，而所言之韪不免于非。彭蒙、田骈、慎到不知道。虽然，概乎皆尝有闻者也。

以本为精，以物为粗，以有积为不足，澹然独与神明居。古之道术有在于是者，关尹、老聃闻其风而悦之。建之以常无有，主之以太一。以濡弱谦下为表，以空虚不毁万物为实。关尹曰："在己无居，形物自著。"其动若水，其静若镜，其应若响。芴乎若亡，寂乎若清。同焉者和，得焉者失。未尝先人而常随人。老聃曰："知其雄，守其雌，为天下溪；知其白，守其辱，为天下谷。"人皆取先，己独取后。曰："受天下之垢。"人皆取实，己独取虚。"无藏也故有余。"岿然而有余。其行身也，徐而不费，无为也而笑巧。人皆求福，己独曲全。曰："苟免于咎。"以深为根，以约为纪。曰："坚则毁矣，锐则挫矣。"常宽容于物，不削于人。虽未至于极，关尹、老聃乎，古之博大真人哉！

寂漠无形，变化无常，死与？生与？天地并与？神明往与？芒乎何之？忽乎何适？万物毕罗，莫足以归。古之道术有在于是者，庄周闻其风而悦之。以谬悠之说，荒唐之言，无端崖之辞，时恣纵而傥，不以觭见之也。以天下为沈浊，不可与庄语。以卮言为曼衍，以重言为真，以寓言为广。独与天地精神往来，而不敖倪于万物。不谴是非，以与世俗处。其书虽瑰玮，而连犿无伤也。其辞虽参差，而諔诡可观。彼其充实，不可以已。上与造物者游，而下与外死生、无终始者为友。其于本也，弘大而辟，深闳而肆；其于宗也，可谓稠适而上遂矣。虽然，其应于化而解于物也，其理不竭，其来不蜕，芒乎昧乎，未之尽者。

惠施多方，其书五车，其道舛驳，其言也不中。历物之意，曰："至大无外，谓之大一；至小无内，谓之小一。无厚，不可积也，其大千里。天与地卑，山与泽平。日方中方睨，物方生方死。大同而与小同异，此之谓'小同异'；万物毕同毕异，此之谓'大同异'。南方无穷而有穷。今日适越而昔来。连环可解也。我知天之中央，燕之北、越之南是也。泛爱万物，天地一体也。"惠施以此为大，观于天下而晓辩者，天下之辩者相与乐之。卵有毛。鸡三足。郢有天下。犬可以为羊。马有卵。丁子有尾。火不热。山出口。轮不蹍地。目不见。指不至，至不绝。龟长于蛇。矩不方，规不可以为圆。凿不围枘。飞鸟之景未尝动也。镞矢之疾，而有不行、不止之时。狗非犬。黄马骊牛三。白狗黑。孤驹未尝有母。一尺之捶，日取其半，万世不竭。辩者以此与惠施相应，终身无穷。桓团、公孙龙辩者之徒，饰人之心，易人之意，能胜人之口，不能服人之心，辩者之囿也。惠施日以其知与之辩，特与天下之辩者为怪，此其柢也。然惠施之口谈，自以为最贤，曰："天地其壮乎，施存雄而无术。"南方有倚人焉，曰黄缭，问天地所以不坠不陷，风雨雷霆之故。惠施不辞而应，不虑而对，遍为万物说。说而不休，多而无已，犹以为寡，益之以怪，以反人为实，而欲以胜人为名，是以与众不适也。弱于德，强于物，其涂隩矣。由天地之道观惠施之能，其犹一蚊一虻之劳者也。其于物也何庸！夫充一尚可，曰愈贵，道几矣！惠施不能以此自宁，散于万物而不厌，卒以善辩为名。惜乎！惠施之才，骀荡而不得，逐万物而不反，是穷响以声，形与影竞走也，悲夫！

◆ 出版缘起

于丹是我的师姐，也是我的老师。1995 年，我刚到北京师范大学中文系读书时，于丹正在艺术系任教。在校时，我常听艺术系的同学谈起于丹，但一直没见过。后来我从事出版工作，于老师也因为在《百家讲坛》的精彩讲演，成了被整个出版行业追捧的明星作家，这才有了真正的交集。于老师出于对我的信任，将她 2012 年为中央电视台春节特别讲座《丹韵词音》所写作的原稿交给磨铁图书策划出版，名为《于丹：重温最美古诗词》。

对我而言，于丹畅销书作家的身份固然重要，但母校老师的身份更让我不敢有丝毫怠慢。为了做好于丹新书的出版工作，我又重读于丹在《百家讲坛》热播时期出版的三本最重要的图书：《于丹〈论语〉心得》《于丹〈论语〉感悟》和《于丹〈庄子〉心得》。距离《百家讲坛》时期的那种全民于丹热，已经过去五六年了，这时的阅读，恐怕也才更能读出真实的味道，因此感触良深。

于丹讲《论语》也好，讲《庄子》也好，为什么能讲得那么亲切，能有那么高的收视率和图书销量？我在当年看《百家讲坛》时，曾经将此归功于于丹的演讲能力。还曾表达过这样一个看法：《百家讲坛》的成功，是教师这个行业的胜利，是高校里讲课讲得好的教师们千锤百炼的讲课艺术的胜利。但再读于丹这几本书时，有了更真切的阅读感受，才意识到当年这一看法的偏颇。之所以于丹能把《论语》和《庄子》讲得那么亲切和生动，是因为于丹心中装着一个鲜活的孔子，一个鲜活的庄子。她在书中，真是做到了把孔子和庄子还原成了真实的人。我尤其喜欢于丹对《论语》的阅读体会，她反复强调《论语》的朴素和温暖，她在书中讲述了一个朴素而温暖的孔子。

《于丹〈论语〉心得》也好，《于丹〈论语〉感悟》也好，都只是心得和感悟，并不是学术研究，是作为一个人在体会另一个人，是于丹在体会孔子的体温，从孔子的言论里，体会孔子这个人。与其说《论语》是朴素和温暖的，不如说孔子是朴素和温暖的。什么是朴素？朴素就是坚持最根本的道理。什么是温暖？温暖就是对这个世界有爱，对人有爱，对生活有爱。于丹的这种对孔子的还原，于我心有戚戚焉。也正是这种将孔子还原成一个朴素和温暖的人的感悟和心得，才会让读者读起来觉得生动和亲切，觉得自己的人生可以遵循《论语》中所说的那些根本的为人道理。更何况于丹在书中还几乎尽了最大努力，试图做到深入浅出，将《论语》中那些根本的道理尽量还原到现代人的日常生活情景中。

同样，于丹对《庄子》的阅读，也是贴着庄子这个人而生发感受。所以在她的笔下，庄子是一个充满人生进取心的人，只不过庄子的追求，并非常人所追求的功名利禄，而是在追求精神的自由，追求对人生的超越，追求思想和真理。在于丹看来，《庄子》一书中，之所以很多时候在讨论生死问题时，都显得那么坦然、天真，将生死视为一体，视为自然，是因为庄子理解生命的本质，尊重和热爱活着的过程，并相信和追求精神之自由和无垠。庄子在《秋水》中说“往矣，吾将曳尾于涂中”，普遍的解释当然都是，宁可拖着尾巴活在烂泥中，也不愿意装模作样，失去自由地站在朝堂上。而于丹却从中读出了“曳尾于涂中”另一重意思：哪怕是拖着尾巴活在烂泥中，毕竟也是自由地活着啊。于丹读出了庄子对自由的渴望，也读出了庄子对活着和生命本身的尊重和热爱。我也很喜欢于丹这样的心得和体会。

《论语》是儒家思想的发源，《庄子》是道家思想的发端之一。因此中国人在谈到《论语》和《庄子》时，几乎同时也在指称儒家和道家。中国人没有普遍信奉的宗教，儒家思想和道家思想代替宗教，构成了几千年来中国人的基本人生哲学。对于中国一代代知识分子而言，他们的人生态度往往非儒即道，时儒时道，儒道交融……但儒家也好，道家也好，都是经过后世无数知识分子的各种解读、注述和集成，而形成了复杂广大的思想体系。有时我们在讲“儒”时，还能回到《论语》的朴素和温暖吗？我们在讲“道”时，还能感受到庄子对真理的追求和对自由精神的向往吗？

我还想起了中国历史上最伟大的两个诗人：杜甫和李白。杜甫苦难的一生中，有一种大天真，一种对世界，对生活，对人的根本的热爱，这种热爱，令他即使活在泥淖里，活在哀号中，活在惨烈中，也是一种有温度的，有人生进取心的，有内心根本的活着，最好的那个杜甫是“儒”的！而李白对超拔精神的追求，对自由意志的追求，又岂是“未就丹砂愧葛洪”式的求仙问道可以概括的？他真是“逍遥游”的信徒，追求的是更超拔的，更无拘的精神遨游式的活着，最好的那个李白是“道”的！一个孔子，一个庄子；一个杜甫，一个李白，几乎是传统中国人的基本灵魂构造。

正是因为有了这样一些对于丹前述几本书的阅读感受，当我得知于丹老师的《于丹〈论语〉感悟》和《于丹〈庄子〉心得》这两本书的版权即将到期时，我再次找到于老师，提出了一个想法，由磨铁图书来完成这两本书的再版工作。感谢于丹老师，再次选择了对我的信任。

磨铁图书　沈浩波